Axel N. Halbhuber • Helmut Kutin
Wie aus einer zerstörten Kindheit ein gutes Leben wurde

AXEL N. HALBHUBER
HELMUT KUTIN

Wie aus einer zerstörten Kindheit ein gutes Leben wurde

METROVERLAG

Dieser Roman basiert auf dem Leben des Helmut Kutin. Ich empfand dieses Leben in der Recherche zu diesem Buch bald als zu tief und zu weit, als dass ich es nur nacherzählen wollte. Es verdient, zwischen den Zeilen gelesen zu werden.
Einige der Begegnungen haben anders stattgefunden. Einige Namen sind geändert, einige Gespräche erfunden. Ein paar Figuren sind nicht real.
Dieser Roman basiert auf den Fakten von Helmut Kutins Leben. Und seinen Erinnerungen.
Aber er widmet sich dem Wesentlichen.

Axel N. Halbhuber

Tag 1.
Ende März 1947. Bozen.

Der fünfeinhalbjährige Helmut läuft seinem Bruder hinterher. Wie immer ist er langsamer. Wenn sie die steile Almwiese bergab rennen, haben Helmuts Beine keine Chance gegen die weiten Schritte des Dreizehnjährigen. Viktor dreht sich um und sieht Helmut fast stolpern. Er macht kleinere Schritte, bleibt schließlich stehen. Zum Dank ein Lachen in Helmuts Gesicht, zusammengekniffene Augen. Bei den letzten Schritten im hohen Gras lässt Helmut die Beine nur mehr nach vorne fallen und prallt schließlich sanft gegen seinen Bruder. Viktor greift in Helmuts Achseln, der lässt sich fallen, Viktor richtet ihn auf. Helmut kneift die Augen wieder zusammen, gleich würde Viktor ihn hochheben und zu Boden werfen, kitzeln und wälzen. Aber Viktor beugt sich hinunter.

„Du wirst auch einmal so schnell laufen. Bist halt erst fünf."

„Fünfeinhalb", antwortet Helmut, die Augen zum Protest weit offen.

„Und frech bist du", sagt Viktor, hebt ihn hoch, wirft ihn ins hohe Gras und reißt den Mund weit auf, bevor er Helmut kitzelt. Die beiden rollen die Wiese ein Stück hinunter, bis sie im Flachen auf dem Rücken zum Liegen kommen. Helmut lacht noch immer, obwohl Viktor einen Meter weit weg liegt.

Helmut schaut den großen Viktor an. Viktor schaut auf die Wiese, den Hang hinauf, dann hinunter. Er holt seinen Blick aus der Ferne zurück auf die Blumen vor seiner Nase. Weißviolette Frühlings-Krokusse. Nicht erst aus dem Boden geschlüpft, sicher seit einer Woche da. Er blickt noch einmal auf die Wiese. Voll mit Krokussen. Er schaut in den Himmel.

„Es ist früh warm geworden."

Helmut nickt. Er würde seinem Bruder nie widersprechen.

„Dabei ist's erst März." Viktor rückt mit dem Gesicht näher an den Krokus. „Aber gut, dass es warm ist. Es war eh so kalt im Winter."

„Ja, gut ist das", sagt Helmut.

„Fast zu warm für März, weißt du. Normal ist es im März nicht so warm." Er schaut Helmut tief in die Augen. Der nickt gelehrig.

Helmut deutet auf die Wolken hinter dem Salten. „Wird das ein Regen?", Viktor schaut Richtung Tschögglberg. Dann dreht er den Kopf nach links und ins Tal. Bozen. Die Heimatstadt.

Der Salten ist ein Teil des Tschögglbergs, der nördlich von Bozen das Etsch- vom Sarntal trennt. Von dort kommt meistens das Wetter, sagen die Großen. Wirklich kam das Wetter in den drei Jahren, seit Viktor und Helmut oben auf dem Ritten wohnen, meistens vom Salten. Im Sommer 1943 hatte der deutschsprachige Südtiroler Rechtsanwalt Eduard Kutin seine Familie erstmals auf den Bozner Hausberg gebracht. Wegen der ersten schweren Bomben auf die Stadt. Im Jahr darauf war Bozen zerstört, aber die Bombardierungen hielten an. Also blieben die Kutins in der Ferienwohnung auf dem Rittener Sallrainhof.

In Bozen waren sie eine angesehene Familie, auf dem Ritten eine geduldete. Den „Städtern" Zuflucht zu geben, war ein Gebot Gottes. Sonst nichts. Und während die Menschen das traumatisierte Bozen aus der Asche hoben und sich eine neue Welt aufbauten, halfen die Kutins auf dem Hof, bei der Ernte, beim Viehtrieb, um sich durchzuschlagen. Der Krieg hatte ihnen nicht nur die Würde genommen. Die Familie der Mutter Josefine Kutin, die Kaufmannsfamilie Rössler, hatte sogar die Seilerei verloren. Der Großmutter war nur eine Wohnung geblieben. Das wenige Wertvolle hatte Josefine Kutin nach und nach auf dem Ritten verkauft. Für Lächerlichkeiten. In harten Zeiten braucht niemand eine Taschenuhr. Trotzdem bekam sie ab und zu einen Laib Brot für Schmuck oder Mode.

„Ich weiß nicht", sagt Viktor, den Blick noch immer zwischen Bozen und den Wolken hinter dem Salten. „Vielleicht ein Frühlingsgewitter."

„Gehen wir zu den Pferden!“ Helmut rutscht näher zu Viktor.

„Psst! Heute nicht.“ Viktor flüstert, obwohl nicht einmal jemand in Sichtweite ist. Aber Helmut muss verstehen, dass das Reiten verboten ist. Auch wenn sie es oft machen, heimlich auf dem Haflinger ein paar Runden. „Heute müssen wir Holz holen, diesmal aber wirklich aus dem Wald.“

Helmut grinst.

„Hör auf zu grinsen!“ Mit einer Bewegung steht Viktor auf und zieht den Bruder mit. Er lässt seine Hand auf dem Weg zum Wald nicht los. Helmut stolpert hinterher und denkt an gestern. Da waren sie bei den Pferden, statt wie aufgetragen, Holz zu sammeln. Auf dem Nachhauseweg haben sie wie immer Holz aus dem Keller von der alten Nachbarin genommen. Das geht immer gleich: Helmut klettert durch das kleine Kellerfenster, da passt Viktor nicht durch. Er gibt Viktor ein paar Äste, am Schluss kleine Zweige. Aber gestern hat die Alte sie erwischt. Eigentlich hat sie nur Viktor erwischt und Helmut sah durch das Fenster, wie Viktor sauber ein paar draufgekriegt hat. „Mach das nie wieder, sonst gibt's noch mehr Wichs!“, hat die Alte gesagt.

Beim Waldrand grinst Helmut noch immer.

Helmut war das Nesthäkchen der Kutins, seine Geschwister waren alle älter: Gertrud, Christine, Eduard und Viktor. Der Vater kam nach dem Krieg in ein Internierungslager bei Rimini. Die Alliierten hatten ihm nicht getraut, weil er während der deutschen Besatzung Direktor des Bozner Gefängnisses gewesen war. Aber seit Kurzem war er wieder da, zumindest am Wochenende. Unter der Woche suchte er in Bozen Arbeit. Die Mutter war streng. Aber sie hielt die Familie zusammen. Viel mehr braucht ein Kind nicht. Viel mehr brauchte Helmut nicht.

Außer den Kutins lebte noch die Familie Peroni in einem Notquartier auf dem Sallrainhof. Robert Peroni würde später einer der Erstbegeher des Nordpols sein. Auf dem Ritten war er aber einfach nur der Jüngste, noch drei Jahre jünger als Helmut. Peroni besuchte die Schule auf dem Ritten nie, Helmut schon, erste und zweite Klasse Volksschule. Er mochte seine Italienischlehrerin.

Den Bauern mochte Helmut auch. Der war ein bisschen irre und hatte eine Platte im Hirn, Kriegsbeschädigung. Aber der Bauer konnte nett sein. Einmal sagte er: „Weißt', Bub, manches Mal belasten mich die Menschen. Da bin ich lieber beim Vieh." Er wollte seine Städter eigentlich, aber es war eben nur für einen Sommer vorgesehen gewesen. Jetzt waren es schon vier Sommer. Und drei Winter. Bei den seltenen Festen auf dem Sallrainhof wurde der Bauer aber lustig. Dann bekamen die beiden Brüder sogar die Erlaubnis, auf dem Haflinger zu reiten. Ja, Helmut mochte den Bauern. Aber heute war der Bauer mürrisch. Alle waren heute mürrisch. Vielleicht weil das Wetter so drückte.

Viktor und Helmut schlichten das Holz an die Hauswand, der Wald war heute großzügig. Bis zum Schluss bleibt Helmut konzentriert, den letzten Ast schmeißt er auf den Stoß und rennt zur Scheune. Viktor nach. Die Leiter zum Boden hinauf nimmt Helmut schnell, da holt der Viktor nichts auf. Als er den Kopf durch die Luke steckt, sieht er Helmut still stehen. Viktor weiß, dass sein starrer Blick dem Hühnernest gilt.

„Ist die Henne da?"

Helmut dreht den Kopf zu seinem Bruder und legt einen Finger auf den Mund. „Psst, Viktor! Es schlüpft." Viktor nimmt die letzten Sprossen so leise wie möglich und schaut an Helmut vorbei.

Das Ei, das sie seit drei Wochen anschauen und versteckt halten, hat einen Sprung. Neben dem Sprung ist die Schale abgeblättert, nur die dünne Innenhaut ist zu sehen. Die Brüder knien sich hin, sanft, um das Ei nicht zu stören. Das schöne Ei zerbricht trotzdem. Sie lümmeln auf den Ellenbogen, eine plötzliche Bewegung, der Sprung ist größer.

Sie hatten das Ei beim Einsammeln unterschlagen. Eine gefährliche Sache, jedes Ei war wichtig in der Küche. Noch eine Bewegung, dünne Federn. Ein Stück vom Schnabel. Ruckartig. Ein weiter Spalt. Ein Auge, mehr Federn. Helmut schnappt nach Luft, er hatte vergessen zu atmen. Ein kleiner Stoß des Schnabels, das Ei ist offen. Halbes Kücken, Augen, Schnabel. Nun ging es mit dem Ei zu Ende. Der letzte Ruck. Ein Kücken. Es piepst. Das Leben beginnt nicht immer am Anfang. Ein Leben kann auch mit dem Ende eines Eies beginnen.

Das Geräusch von zwei Topfdeckeln, die sich mitten auf dem Hof in der Luft begegnen, war nie störender gewesen als in diesem Moment.

„Müssen wir zum Essen? Es gibt ja doch nix." Helmut schaut Viktor hoffnungsvoll an.

„Doch. Sonst merken sie es."

„Was machen wir mit dem Ei?" Helmut schaut Viktor verzweifelt an. Der ringt nach einer Antwort, aber kleine Brüder stellen eben Fragen und große Brüder antworten.

„Wir lassen es da. Das braucht noch." Helmut ist unzufrieden, also steht Viktor möglichst entschlossen auf und geht zur Leiter. Helmut schaut auf das Ei, greift hin, zieht die Finger wieder weg. Und folgt Viktor.

Auf dem Weg vom Stadl zum Haus strecken sie im Vorbeilaufen die Hände unter das fließende Wasser beim Brunnen.

Im Eingang zur Stube bleiben sie stehen, außer Atem. „Habt's Hände gewaschen?" Auch die Bäuerin ist heute besonders mürrisch. Beide halten die nassen, dreckigen Pranken unter ihre Nase und setzen sich hin. Helmut will zu dem Ei. Sonst will er nur nicht beim Essen sein, aber heute will er vor allem zum Ei.

Das Essen auf dem Sallrainhof war eine Fütterung. Nach alter Südtiroler Bauernart: Der Bauer warf den Löffel in die Pfanne. Alle durften essen, solange der Bauer aß. Sobald er den Löffel weglegte, durfte jeder nur mehr den Bissen schlucken, den er im Mund hatte. „Und er frisst immer draußen", dachte Helmut, denn einmal hatte er gesehen, dass der Bauer schon vor dem Essen aß, um schneller satt zu sein und den Städtern nur das Notwendigste zukommen zu lassen. Zu einem richtigen Essen wurden sie nur bei der Heuernte eingeladen. Dann wurde auch das Besteck gewaschen, sonst wurden die Löffel einfach abgeschleckt. So erlebte Helmut die Zeit nach dem Krieg. An der Schüssel war auch er zu viel. Aber sonst ließ man ihn in Ruhe.

Heute war das Essen besonders schrecklich: Es gab wieder Zwiebeln. Er hasste Zwiebeln, sie sahen für ihn wie Würmer aus. Sein Vater zwang ihn stets, zu essen, was es gibt. Aber er passierte sie für Helmut zur Zwiebelsauce. Davon musste er zwei Löffel pro Tag essen. Von der gestockten Milch drei Löffel pro Tag. Die Verachtung in Helmuts Blick quittierte der Vater mit den Worten „Das ist gesund und viel haben wir nicht nach dem Krieg."

„Helmut, iss auf!" Seine Schwester Christine springt für den abwesenden Vater ein. Kutin stochert in den geschnittenen, weichgekochten Zwiebeln. Während er das Würgen unterdrückt, schwört er sich, keine Zwiebeln mehr zu essen, sobald sie wieder in der Stadt wären.

„Schau nicht so!" Auch Christine war heute mürrisch. Er hat sie in den vergangenen Tagen kaum gesehen, sie ist viel bei der Mutter in der Kammer. Viktor steckt den Kopf weit in die Schüssel auf der Tischmitte. Helmut würgt noch einen Löffel hinunter. Christine spricht nicht. Es war nie lustig am Esstisch in der Stube, weder bei den Bauern am Herdende noch bei den Städtern am Türende. Aber so traurig war es noch nie, überlegt Helmut. Er steckt den Löffel langsam in die Zwiebeln und denkt, wenigstens ist es heute nicht kalt, denn beim Türende des Tisches zieht es fast immer vom Gang herein.

Helmut schaut auf seine Schwester und in rote Augen. „Du sollst nicht so schauen ... Iss jetzt auf, Helmut!"

Der Bauer schaut auf und legt seinen Löffel weg. Helmut zieht den Löffel aus dem Mund, Christine nimmt ihn mit einer raschen Bewegung.

Helmut bleibt sitzen. Alle stehen auf, erst die Bäuerin, dann der

Bauer, dann die Peronis. Bevor sie den Raum verlassen, schauen sie zu Helmut, dann auf den Boden, Herr Peroni seufzt, dann geht auch er aus der Tür. Vom Tschögglberg herüber hört Helmut einen leisen, rollenden Donner. Er springt auf, läuft hinaus und schaut in den Himmel, Viktor nach.

„Noch Sonne."

„Ja, Helmut. Noch Sonne." Er fasst seinen kleinen Bruder an der Hand und zieht ihn hinter sich über den Hof, die Wiese gegenüber der Haustür hinauf. Die ersten Schritte schafft Helmut, dann hängt er an Viktors Hand, seine Füße lassen erst einen Schritt aus, dann gleich zwei. Wo die Wiese steil ansteigt, bleiben die Füße ganz in der Luft und beide fallen ins Gras. Von hier, oberhalb des Hofes, haben sie einen guten Blick auf die Scheune, in die sich der Bauer nach dem Essen immer zurückzieht. Viktor sieht den aufgeregten Blick seines Bruders.

„Keine Angst, auf den Boden geht er nie. Das Ei ist sicher." Helmut ist noch immer nervös. „Wir bleiben jetzt einmal da. Und wenn der Bauer rauskommt, schauen wir nach."

Von hier kann Helmut den ganzen Hof sehen, das Bauernhaus, das Haus daneben, in dem sie in der Wohnung unten untergebracht sind und die Peronis oben. Die Scheune sieht man und den Misthaufen und den Stall. Und den anderen Stall, wo früher die Schweine waren. „Ein riesen Trumm Hof", hatte sein Vater einmal gesagt.

Für Viktor und Helmut ist wichtig, dass sie von hier aus alles genau sehen, was alle tun, ohne selbst gesehen zu werden. „Da sehen wir sie rufen, aber sie sehen uns nicht hören." Viktor ist klug. Sie drehen sich auf den Rücken und schauen in den Himmel. Die Hitze drückt ihnen die Augen zu.

Die Stimmung war noch schlechter als sonst. Helmut wusste nicht recht, warum alle sagten, die Zeiten seien schlecht. „Paradies gibt es keines, jeder kämpft ums Überleben", nannte das der Vater. Helmut brauchte keine Taschenuhren und auch nicht besonders viel

Brot. Die Mutter hatte ihn lieb, der Vater auch, Viktor und er spielten im Heu und im Wald.

Aber heute hatte er das Gefühl, dass keiner da war. Der Vater war wie immer unter der Woche nicht da. Seine Schwester Gertrud war schon lange nicht da, der Bruder Eduard auch nicht. Die Mutter war immer in der Kammer, sicherlich schon seit zwei Wochen. Sie tauschte nichts mehr bei den Bauern, keine Uhren oder Stricksachen für Butter oder Brot. Christine, die älteste Schwester, ging oft zur Mutter hinein und sagte ihm und Viktor, die Mutter brauche Ruhe. Christine war zwar da, aber nicht bei ihm. Er hörte sie manchmal über die Trude reden, aber wieso, das wusste er nicht. Einmal hatte er gefragt, aber Christine sagte nur: „Weil ein Unglück geschehen ist."

Vielleicht würde das Kücken die Mutter aufheitern. Schließlich habe man bald eine Henne und die legt immer Eier, eigene Eier, nur für die Kutins. Er beschloss, es am Wochenende dem Vater zu sagen.

Fast schlafen die beiden auf der Wiese ein. Das Wetter drückt jetzt wirklich stark. Beinah hört Helmut das Auto nicht. Er richtet sich auf und rüttelt Viktor. Beide sehen, wie ein Mann aus dem Auto steigt und eine Ledertasche vom Rücksitz nimmt. Er hat einen grauen Vollbart, die Stirn ist gerunzelt. In Helmuts kleinem Magen krampft sich etwas zusammen. Hinter dem Tschögglberg türmen sich Wolken.

Der Mann schlägt die Autotür zu, geht zu dem Haus mit ihrer Wohnung. Nicht zum Bauern. Erst jetzt sieht Helmut, dass Christine in der Tür steht, sie geht zur Seite, der Mann ins Haus. Tür zu.

„Schon wieder." Helmut sieht verzweifelt aus.

„Ja, schon wieder. Aber nur ein Mann. Und keine Polizei." Auch Viktor ist verzweifelt. Vor zwei Wochen waren vier Männer gekommen, zwei im Anzug, zwei in Polizeiuniform. Sie waren lange mit dem Vater und der Mutter in der Stube am Tisch gesessen. Christine war auch dabei. Viktor und Helmut hatten durch das Fenster gesehen, dass sie weinte.

Seit dem 23. Mai 1946 wurde Gertrud Kutin, die auf den Tag genau fünfzehn Jahre vor ihrem jüngsten Bruder Helmut geboren wurde, vermisst. Die Volksschullehrerin war um acht Uhr früh zuletzt gesehen worden, zunächst in der Guntschnabahn, dann am Beginn des Glaninger Höhenwegs am südlichen Tschögglberg, auf dem sie eine dreiviertel Stunde ins Bergdorf Glaning brauchte, wo sie unterrichtete. Im Jahr davor hatte sie im Dörfchen Unterinn am Ritten unterrichtet. Dort konnte sie regelmäßig die Familie am Rittener Sallrainhof besuchen. Aber seit diesem Schuljahr brauchte man sie wegen des Lehrermangels in Glaning. Sie war darüber todunglücklich, denn sie liebte die Stadt. Wenn sie sich in Bozen aufhielt, wohnte Gertrud bei der Großmutter. Das abgelegene Glaning mochte sie nicht. Am 23. Mai 1946 sollte die Lehrerin mit ihren Schülern zum Maiausflug, Gertrud Kutin trug ein Dirndl mit schwarzem Rock, eine schwarz-rot karierte Bluse mit weißen Ärmeln und eine blauweiß gestreifte Schürze. In der Tasche hatte sie einen Regenmantel, an den Fingern zwei Brillantringe, die sie von ihrem Vater bekommen hatte, und um den Hals ein silbernes Kettchen. Sie kam in Glaning nicht an. Ihre Freundin Rosa Gasser alarmierte die Polizei, Getrud war sonst so zuverlässig, etwas stimme nicht. Die Suchaktion wurde nach Kurzem eingestellt, weder die Polizisten noch die Hunde hatten etwas gefunden, man habe alles abgesucht, aber der Regen mache es schwer, sie sei nicht im Wald.

Seitdem ging es der Mutter nicht gut.

Aus Getrud Kutin wurde ein Fall. Fast ein Jahr gab es keine Spur von ihr, aber zunehmendes Gerede. Manche glaubten an eine Entführung aus Rache am ehemaligen Gefängnisdirektor Eduard Kutin. Die Behörden mutmaßten, sie sei mit einem jungen Mann in die Schweiz oder nach Innsbruck durchgebrannt, die Medien ließen Augenzeugen zu Wort kommen, die sie dort gesehen haben wollten. Den Menschen wurde der Tratsch über Gertrud Kutin zur Abwechslung in der Nachkriegszeit.

Josefine Kutin und Rosa Gasser wehrten sich solange ihre Kraft reichte: Die Trude sei zufrieden gewesen. Stimmt nicht, behaupteten die Menschen. Rosa verfasste sogar einen Artikel im *Dolomiten* gegen die Vorwürfe. Die verzweifelte Mutter suchte Wahrsager und Rutengänger auf. Ein Pendler meinte, Getrud lebe gesund in Liechtenstein. Bei der blinden Suche nach einem Schuldigen verhaftete man nach einer eifersüchtigen Verleumdung den Wirts-Toni, Anton Burger, der Getrud stets ein enger Freund gewesen war. Die Familie kämpfte gegen seine Untersuchungshaft an, wusste um seine Unschuld. Hier der Tratsch um Gertruds Liebes-Flucht, da der Toni im Gefängnis. Und Eduard Kutin noch in Alliierten-Haft. Als er im Herbst aus dem Lager entlassen wurde, war der Mutter die Kraft längst ausgegangen. Sie konnte vielleicht mit dem Verlust der Tochter umgehen, aber nicht, wie man über sie sprach. Wen das Böse niederschlägt, der kann sich nur mehr am Guten im Menschen aufrichten. Josefine Kutin verlor den Glauben daran. Es kam ein trauriger Winter.

Der Mutter ging es zunehmend schlechter.

Am 15. März 1947 bemerkte Herr Vencenzo Fratti beim Holzsammeln nahe der Felsen oberhalb des Glaninger Höhenwegs starken Verwesungsgeruch. Aus dem Laub unter einer Felsspalte ragten gefesselte Füße. Der Körper eines jungen Mädchens war oberhalb der Knie mit Steinen bedeckt, die eine kleine Geröllhalde bildeten. Die Arme der nackten Leiche waren hinter dem Rücken zusammengebunden. Der Regenmantel war über Getrud Kutin gebreitet. Die Polizei fand ihre Tasche, Schuhe, Schulhefte, einige Fotografien und die Identitätskarte von Getrud Kutin in der Nähe. Der Schmuck fehlte. Untersuchungen ergaben, dass sie mehrfach vergewaltigt und unter den Steinen lebendig begraben worden war. Es dauerte drei Tage bis zu ihrem Tod.

Nachdem die Meldung verbreitet worden war, schwiegen alle. Nur eine Frau meldete sich zu Wort: Sie sei im vergangenen Mai auf dem Glaninger Höhenweg einem düsteren Mann in Uniform begegnet und habe Hilferufe gehört. Aber er habe sie nicht nachsehen lassen. So geschah es an drei aufeinanderfolgenden Tagen.

Vor zwei Wochen, am 16. März, hatten zwei Männer der Staatsanwaltschaft und zwei Polizisten Eduard und Josefine Kutin vom Fund berichtet.

Seitdem war die Mutter am Ende.

Viktor und Helmut starren auf die Tür. Sie trauen sich nicht an die Fenster, sie wollen sich nicht bewegen, sie haben Angst, noch mehr kaputt zu machen. Die Wolken sind bereits über ihrem Kopf. Auf dem Salten schlägt ein Blitz ein.

„Fahren wir wieder in die Stadt?"

„Nein, Helmut. Wir bleiben." Viktor dreht sich vom Bruder weg, eine Träne rinnt über seine Wange. Er denkt an das Begräbnis vor einer Woche. In Bozen, die vielen Menschen und Schüler von Getrud, die Politiker in den Anzügen, der Bischof. Alle waren gekommen, um auch beim Ende der Geschichte dabei zu sein. Aber für den kleinen Helmut war es ein Besuch in der Stadt gewesen, mit der Mutter, die er sonst kaum mehr sieht. Er soll die Träne nicht sehen. Viktor wischt sie weg. Ein dicker Regentropfen fällt auf sein Gesicht, er wischt auch ihn weg. Noch einer. Hunderte.

Er schaut Helmut an. Die Buben springen auf, laufen die Wiese hinunter, Helmut rutscht aus, Viktor nimmt ihn an der Hand, die beiden stolpern über den Hof. Im Scheunentor bleiben sie stehen. Helmut denkt an das Ei, schaut Viktor an. Aber der schaut nur zur Tür des Städterhauses. Helmut drückt die Hand seines Bruders fester und folgt seinem Blick. Das Haus ist keine vierzig Meter entfernt, aber verschwimmt hinter einer Regenwand. Dazwischen schießen Tropfen in erdbraune Lacken. Das Wasser tropft von ihren Haarspitzen, es ist kalt.

Die Tür geht auf, Christine schaut suchend herum.

„Viktor! Helm..." Ihre Stimme ertrinkt. Sie sieht die beiden Buben im Scheunentor stehen. Viktor hat Helmut an der Hand. Ein schwaches Lächeln. Sie schaut zum Himmel, es blitzt. Sie wartet den Donner ab, dann winkt sie die Buben zu sich. Als ob sie das Kommando erwartet hätten, stürmen beide über den Hof, Viktor lässt Helmuts Hand nicht los, zieht ihn um die große Lacke in der Mitte.

„Was macht's ihr denn im Unwetter? Geht's rein, Buben!"

Das Wasser tropft noch immer, unter den Buben sammelt sich das Wasser, der staubige Holzboden nimmt es sofort auf. Christine zieht Helmut den Pullover aus, Viktor zieht seinen selbst über den Kopf. Die Körper dampfen. Erst jetzt merkt Helmut, wie kalt ihm ist. Christine nimmt die Decke von der Sitzbank und wickelt ihn ein. Sie legt ihre Hände auf seine Wangen und streift seine Haare langsam über die Schläfen nach hinten.

„Gehts dir nicht gut?", fragt Helmut. Christine versucht ein Lächeln. Sie schließt die Augen. „Wir gehen jetzt zur Mutter hinein."

„Was hat sie denn?" Viktor wirkt nervös. Helmut hat Angst.

„Seid's ruhig. Und brav." Christine macht einen Schritt zur Tür, öffnet sie und schiebt die Buben in die Kammer.

Die Mutter liegt auf dem Bett, den Kopf leicht nach links geneigt. Neben ihr steht der Mann mit dem Bart. An dem Stethoskop erkennen die Buben, dass er Arzt ist. Neben dem Bett brennt eine Kerze. Helmut und Viktor stehen mit weit offenen Augen da. Sie atmen nicht, sie blinzeln nicht, Helmut greift wieder nach Viktors Hand.

Helmut Kutin weiß, er wird dieses Bild immer vor sich haben, aber keine Worte: Alle stehen um das Bett, als die Mutter stirbt. Das ist das einzige Bild, den Rest der Tragödie bekommt er nicht mit. Nur den Tod der Mutter. Das Bild bleibt, weil sie um dieses Bett stehen, die Schwester, ein Bruder und er. Sie stehen herum und wissen eigentlich nicht, was tun. Und dann ist es vorbei. Auf einmal ist die Mutter nicht mehr da.

Als Gertrud gefunden wurde, hätte die Mutter ihren Frieden finden können. Aber es war zu spät. Sie starb und mit ihr zerbröckelte die letzte Stütze der verbliebenen Familie Kutin.

„Herzversagen", sagt der bärtige Arzt zu Christine. Er verlässt als

Letzter die Kammer und schließt langsam die Tür. „Sie müssen Ihren Vater unterrichten." Helmut sieht eine volle Träne auf Christines Wange. Er will zu seinem Vater. Aber der ist in Bozen.

Die zwanzigjährige Christine Kutin kniet sich vor Viktor und Helmut, nimmt jeden an einer Hand. „Die Mutter ist tot. Sie ist an gebrochenem Herzen gestorben."

Viktor versteht nicht. „Kann ein Herz brechen?" Christine schluchzt. Sie nickt.

„Wie ein Ei", sagt Helmut zu sich selbst, „dann kommt ein Kücken."

Helmut reißt sich von Christine los. Er läuft zur Tür, die Decke rutscht von seinen Schultern. Er zieht die Tür auf und macht zwei Schritte in den Regen. Schaut in den dunklen Himmel. Warum? Es pocht in seinem Kopf. Warum bricht das Herz? Warum das Herz seiner Mutter? Warum nicht das der Mutter vom Peroni? Bei dem ist die ganze Familie da.

Eduard Kutin hatte kurz vor Ausbruch des Krieges eine Richterstelle in Süddeutschland angeboten bekommen. Er war vierzehn Tage dort und lehnte die Stelle dann ab. Die ganze Familie Kutin wäre sonst vor dem Krieg aus Bozen weggezogen.

Aber das Leben von Helmut Kutin musste mit einem Ende beginnen.

Tag 2.
Anfang Juni 1953. Bozen bis Imst.

Helmut hält im Schlafzimmer den Atem an. Er klammert sich am Türgriff fest, presst das Gesicht an den kleinen Spalt und sieht mit einem Auge ins Wohnzimmer. Mehr Zimmer hat die Wohnung nicht. Sein Vater sitzt auf dem Sessel, die Ellenbogen auf den Knien, das Gesicht in den Händen. Ihm fehlt es an Kraft. Helmuts Cousinen stehen vor dem Sessel, mit dem Rücken zur Tür und zu Helmut. Sie bemühen sich, sanft zu klingen: Cousine eins sagt: „Onkel Eduard, es geht nicht mehr. Wir haben ein Quartier für den Buben."

Eduard Kutin blickt nicht auf. Er atmet langsam ein und mit einem Stoß aus. Er hebt den Kopf, seine Augen sind rot, sein Blick ist starr. „Einfach so kommt ihr. Bei Nacht und Nebel den Buben holen. Eine Entführung."

„Aber Onkel!" Helmut sieht, wie sich die Cousine auf den freien Stuhl setzt. Er sieht ihr Gesicht. Es ist faltenfrei, aber voll Sorge. Auch eine Träne. „Wir wollen dir helfen. Niemand entführt den Helmut. Er ist dein Bub. Aber er braucht eine Familie."

Cousine zwei steht noch immer, sie sieht größer aus und fester. „Er braucht eine Mutter." Sie spricht es aus. „Seit Christine geheiratet hat, fehlt dem Buben die Mutterfigur."

„Aber ich hab den Buben lieb. Ich gebe ihm …"

Helmut hört nicht, was der Vater noch sagt, ob er etwas sagt. Er dreht den Kopf, presst das Ohr an den Spalt. Der Regen prasselt laut an die Fenster. Es schüttet. Gestern Abend ist Helmut beim Regen eingeschlafen und jetzt schüttet es noch immer. Er dreht den Kopf wieder zum Türspalt. Der Vater hat das Gesicht in beiden Handflächen vergraben. Helmut weiß, dass er ihn liebt. Er spürt das ganz genau. Sogar wenn der Vater unglücklich schaut, wenn er seufzt, wenn er ihn ins Zimmer schickt oder wenn er am Fenster steht und hinausschaut, damit Helmut nicht sieht, dass er weint.

Die neue Wohnung hat keinen Ort zum Alleinsein.

„Er hat mich lieb", denkt Helmut und will es den Cousinen ins

Gesicht sagen. „Er hat mich lieb." Helmut will es schreien. Helmut tut das Herz weh.

Cousine zwei kniet sich vor Eduard Kutin hin. „Es war alles zu viel, Onkel. Sogar für dich. Es hat dich gebrochen."

Helmut erschrickt, macht einen Schritt von der Tür weg. Er spürt einen Schmerz in der Brust. Er hat Angst, dass wieder ein Herz bricht.

1953 war Eduard Kutin nicht mehr er selber. Er lebte mit Helmut mittlerweile in einer Sozialwohnung in Bozen, im Stadtteil Gries, von dem aus die Guntschnabahn zum Glaninger Höhenweg hochfuhr. Helmut Kutins Vater konnte die Tragödie der vergangenen Jahre nicht verkraften und diese Wohnung war das Bühnenbild für seinen letzten Akt. Das Leben hatte den Krieg auf ihn gehetzt und der hatte ihm Arbeit und Ansehen genommen. Die Bestie Guido Zingerle hatte ihm seine Tochter Gertrud genommen und die Kriegsgefangenschaft die Möglichkeit, während der schwierigen Zeit seine Frau zu stützen. Und der Schmerz, der irgendwann unüberwindbar geworden war, hatte seine Josefine genommen. Dem gebildeten und anständigen Mann war nur sein Sohn Helmut geblieben.

Helmut war nach dem Tod seiner Mutter Josefine Kutin mit seiner vierzehn Jahre älteren Schwester Christine und seinem Bruder Viktor noch ein Jahr auf dem Ritten geblieben. Christine kümmerte sich wie eine Mutter, aber sie war jung und schließlich mit der Situation überfordert. Nach dem Krieg war alles durcheinander, nach dem Tod der Mutter konnte es auch nicht mehr geordnet werden. Helmut bekam das meiste nicht mit, Viktor ein bisschen mehr, beide waren verwahrlost, aber sie genossen das Leben und hatten ihren Spaß.

Erst als sie mit Christine nach Bozen zurückkehrten, spürten sie, wie kaputt die Welt war. Die Probleme einer Nachkriegsstadt und die Probleme des Vaters. Man hatte ihm die Staatsbürgerschaft aberkannt, er durfte nicht mehr als Rechtsanwalt arbeiten. Er unterrichtete schwarz an der Lehrerbildungsanstalt in Meran Musik und Rechtsgeschichte. Er hatte gute Freunde in der italienischen Regierung, die ihn früher als Richter geschätzt hatten, sie setzten sich für ihn ein. Die Staatsbürgerschaft wurde Eduard Kutin aber erst ein paar Jahre später wieder zuerkannt. Zehn Tage vor seinem Tod.

Helmut landete nach einigen Unterbringungsversuchen schließlich wieder bei seinem Vater in Bozen. Irgendwann sah Eduard Kutin ein, dass er Helmut nicht erziehen konnte. Aber er wollte es nicht wahrhaben.

Helmut sitzt auf dem Boden neben der Tür. Er kann sich nicht rühren. Er schaut zum Fenster, hinter dem Regenfilm an der Scheibe erkennt er die Morgendämmerung. Wie aus weiter Ferne hört er drei Schritte, dann schiebt jemand langsam die Tür auf.

„Du bist schon wach." Es ist nicht die Stimme des Vaters, Helmut presst die tränennassen Augen zusammen.

Cousine eins hockt sich vor ihn hin und spricht sanft: „Wir packen, Helmut."

Er steht auf und versucht, durch die halboffene Tür seinen Vater zu sehen. Eduard Kutin steht am Fenster. Die Cousine nimmt Helmut bei der Hand und geht zur einzigen Kommode im Zimmer. „Ist das deine Lade?" Er nickt. Sie zieht die Lade auf und nimmt mit beiden Händen einen Packen Gewand heraus.

Erst vor ein paar Wochen hatten es Freunde des Vaters gebracht, die Freunde vom Vinzenz-Verein, dessen Vorsitzender Eduard Kutin einmal gewesen war. Er war nach dem Krieg nie hingegangen, um nach Kleidern zu fragen. Also hatten sie ihm welche gebracht.

Die Cousine greift ein zweites Mal in die Lade, dann ist sie leer. Sie wendet sich an Helmut: „Ist das alles?" Helmut nickt wieder, ohne Mimik. Sie legt die Sachen in den Koffer auf dem Bett. Helmut kennt den Koffer nicht, sie muss ihn mitgebracht haben. Cousine zwei kommt ins Zimmer, ein paar Sachen in ihren Händen, die offensichtlich einem Elfjährigen gehören. Der Koffer wird halb voll geschlossen.

Helmut macht einen Schritt ins Wohnzimmer. Der Vater steht am Fenster. Er dreht sich um, Helmut erschrickt, sein Vater hat Tränen in den Augen, auf den Wangen, ein nasses Gesicht. So hat ihn Helmut erst einmal weinen gesehen, als sie hier zu zweit Weihnachten gefeiert hatten. Helmut fragte damals „Warum?“ und hatte zur Antwort bekommen: „Weil ich dir nichts geben kann.“ Der Vater der Südtiroler Bourgeoisie-Familie, die zu Ferienlagern und Sommerwochen gefahren war, die mit Pferden und Kutschen zum Urlaubsort angereist war, die Ausflüge zum Tennisspielen gemacht und Abendessen-Einladungen angenommen hatte, konnte seinem elfjährigen Sohn zu Weihnachten nichts schenken.

Helmut geht zum Vater, umarmt ihn. Er fragt diesmal nicht, warum der Vater weint. Er weint selbst.

Eduard Kutin löst die Umarmung sanft. Er macht einen Schritt zum Tisch, greift unter die Tischplatte, zieht die Lade auf und nimmt ein Blatt heraus. Er geht zu den Cousinen und gibt es ihnen. „Das Zeugnis vom Bub.“ Er kommt zurück zu Helmut, legt die Hände auf seinen Kopf und kniet nieder. Er umarmt ihn. „Weißt du Helmut, ich kann nicht mehr. Ich bin für immer dein Vater, aber ich kann nicht mehr für dich sorgen. Weil ich für dich verantwortlich bin.“ Helmut schließt die Augen und presst sein Gesicht an das des Vaters. Er hat Angst um ihn.

Die Cousinen stehen bei der Tür. Cousine zwei hat den Koffer in der Hand.

Die ersten Minuten auf dem Weg zum Bahnhof spricht niemand. Cousine eins hält Helmut an der Hand, Cousine zwei einen Regenschirm über die beiden und den Koffer.

Plötzlich schaut Helmut Cousine eins an: „Wie heißt du?“

Sie bleibt stehen. „Maria. Und das ist deine Cousine Rosa. Wir sind aus Hall in Tirol. Das ist bei Innsbruck.“ Sie lächelt ihn an.

„Fahren wir nach Innsbruck?“

Rosa sagt: „Zuerst. Und dann nach Imst. Da wartet eine Familie auf dich. Wir brauchen den ganzen Tag dorthin."

„Wir fahren mit vielen Zügen." Maria lächelt stärker.

Helmut nimmt seinen Mut zusammen. Er schaut auf den Boden. Das Wasser fließt auf dem Gehsteig, es bahnt sich einen Weg um seine Schuhe. Dann Maria ins Gesicht: „Und wie lange bleibe ich dort?"

„Für immer", sagt sie. Und denkt sich: hoffentlich. Helmut schaut auf den Boden. Und geht langsam los.

Auf der Talferbrücke bleibt er mit einem Ruck stehen. Immer wenn der Vater in der Treuhandkanzlei seines Bruder inoffiziell ausgeholfen hatte, und er Helmut mit in die Stadt nahm, es waren immer gute Tage, dann hatte er seinen Vater hier auf der Brücke um eine lange Hose gebeten. Der Vater lachte immer sanft. Eine Hose war nicht drin.

Die Wolkendecke hängt tief an diesem Tag, aber Helmut blickt starr nach vorne in den Himmel.

„Was ist da?" Maria klingt freundlich.

„Wir müssen weiter. Der Zug geht." Rosa nervös.

Helmut wendet den Blick nicht von den Wolken ab. Er hebt die Hand und zeigt nach vorne. „Da ist der Ritten."

„Wir müssen." Maria zieht Helmut weiter. Es ist fast niemand auf der Straße. Seit drei Tagen sind Ferien, alle Schüler sind zu Hause. Helmut will auch zu Hause sein. Er hatte gedacht, in den Ferien würde alles besser werden. Dem Vater helfen. Mit dem Vater lachen.

Helmut schaut noch einmal zum Ritten. Dann nach rechts. Er erkennt das Dach des Justizpalasts.

Als am 26. November 1951 die Verhandlung gegen Guido Zingerle begann, kamen alle, um das berüchtigte „Ungeheuer von Tirol" zu sehen. Am 28. November wurde er zu „lebenslänglich und 81 Jahre" verurteilt. Zingerle hatte nach Gertrud Kutin noch eine junge Frau getötet und drei weitere vergewaltigt. Die Grausamkeit der Verbrechen und die spektakuläre Jagd nach ihm wurden zum Medienereignis, die Menschen forderten die Wiedereinführung der Todesstrafe. Als der Zingerle-Prozess im Bozner Justizpalast stattfand, begriff der zehnjährige Helmut Kutin erstmals ein bisschen. Sein Vater war zur Zeugenaussage geladen, Helmut spazierte mit seinem Bruder vor dem Gebäude herum und wusste, dass etwas Besonderes läuft. In diesen Tagen waren alle da und doch abwesend, sein Vater, seine Brüder und Christine.

Als der Zug aus dem Bahnhof fährt, schaut Helmut aus dem Fenster. Er sieht kurz ins Etschtal, am anderen Ende des Tals liegt Meran.

Nach der Zeit am Ritten war Helmut ins Franziskanerinternat von Meran gesteckt worden, weil die Kutins noch keine Wohnung hatten. Es war alles ausgebombt. Helmut denkt an die Spaziergänge im Internat, und dass er dabei ständig Knickerbockerhosen tragen musste. Er schaut auf den Koffer, der über ihnen liegt. Die Knickerbocker sind nicht drin. Das erste Glück. Er schaut wieder aus dem Fenster, das Etschtal verschwindet hinter dem Tschögglberg. Die anderen Kinder im Franziskanerinternat waren alle älter. Und wenn einer bei den Spaziergängen zu weit zurückgefallen war, sagte der Lehrer: „Pass auf, sonst holt dich der Zingerle." Das sagten damals alle.

Cousine Rosa legt Helmut eine Weste auf die Brust. Er schaut sie an, zum Lächeln reicht es nicht.

Als Maria ihn weckt, sieht Helmut Schilder am Fenster vorbeifliegen. Auf einem steht „Mühlbach". Rosa zieht den Koffer von der Ablage, Maria nimmt Helmut an der Hand. Sie steigen aus, Helmut sieht das Schild „Franzensfeste". Er schaut zu Maria hinauf: „Da wohnen die Feschtinga".

Maria lächelt. „Ja, genau. Die nennt man Feschtinga. Jetzt fahren wir weiter nach Sterzing und dann über den Brenner." Maria zeigt nach Norden, wo die Wolken noch dunkler sind.

Am 11. August 1950 wurde Zingerle von Gendarmen aus Mühlbach am Eingang zum Pustertal verhaftet. Die Tageszeitungen verzichteten auf den Titelseiten zum ersten Mal seit Wochen auf Koreakrieg, deutsche Wiederbewaffnung, Preissteigerungen oder Besatzungsneuigkeiten. Sie schrieben: „Der Albtraum ist zu Ende“ oder „Bestie Zingerle gefangen und geständig“. Drei Wochen vor der Verhaftung hatte ein Mädchen aus Sterzing das Foto von Zingerle gesehen und ihn als den Mann identifiziert, der sie 1946 vergewaltigt hatte. Öffentlichkeit und Behörden stellten einen Zusammenhang mit der Ermordung von Getrud Kutin her und plötzlich hatte das Unglück der Kutins Namen und Gesicht.

Helmuts Cousinen waren Töchter von Eduard Kutins Schwester und wesentlich älter als der Bub. Eine war Sekretärin von Daniel Swarovski und bei diesem Unternehmer war ein gewisser Hermann Gmeiner vorstellig geworden, um Unterstützung für sein Projekt SOS-Kinderdorf zu erbeten. In der Organisation sollten vor allem Kriegswaisen aufgenommen werden, Kinder bis zum zehnten Lebensjahr. Helmut war fast zwölf. Trotzdem bat die Cousine Daniel Swarovski, bei Gmeiner zu intervenieren. Der knorrige Vorarlberger sagte: „Ja, bringt's ihn halt mal.“ Einen Swarovski lehnt man nicht bald ab.

Auf dem Brennerpass ist Helmut gefesselt von dem Unwetter, das über dem Talregen liegt. Auf 1400 Metern erhellen Blitze die milchige Luft, der Donner ist lauter als der Lärm des fahrenden Zuges. Er schaut aus dem Fenster ohne viel zu sehen. Er bemerkt, dass Maria und Rosa eingenickt sind, aber die Zöllner an der Grenze wecken sie wieder auf.

Nach dem Brenner, ab Schönberg, steigen Kinder mit Schulranzen ein, einmal nur ein oder zwei, dann eine ganze Gruppe. Helmut sieht sie genau an. Fast alle tragen lange Hosen, aber die Hosen haben Löcher. Ein Mädchen lächelt ihn an, Helmut schaut auf den Boden. Zwei Buben reden über die Ferien und darüber, dass sie sich auf die Heuernte freuen. „Mein Papa hat gesagt, heuer darf ich den Haflinger reiten.“

Maria beobachtet, dass Helmut die Kinder beobachtet. „Weißt',

Helmut, in Österreich ist noch drei Wochen Schule." Sie blickt in offene Augen, die nichts dazu sagen. „Aber du brauchst nimmer gehen. Du hast ja dein Zeugnis schon." Helmut nickt und dreht den Kopf wieder zum Unwetter.

Auf dem Innsbrucker Bahnhof ist mehr los als in Bozen. Die Stimmen der Menschen, die miteinander sprechen oder sich etwas zurufen, sind lauter als das Prasseln des Regens auf dem Blechdach des Bahnsteigs. Vor allem die anderen Kinder laufen und schreien, es zieht sie aus allen Richtungen zum Ausgang, sie sind schneller als die anderen Menschen, nach zwei Minuten sind alle Kinder weg. Sie laufen in die Schule, denkt Helmut. Er sieht zwei Männer mit Aktentaschen und eine Frau, die verwirrt auf einen Zettel schaut. Sie blickt auf die Tafel, vor der sie steht, dann wieder auf den Zettel, dann um sich. Sie kennt sich ebenso wenig aus wie Helmut. Ihre Blicke treffen einander. Ein verbündetes Lächeln.

„Unser Zug geht erst in dreißig Minuten. Wir kaufen dir jetzt einmal eine Milch. Und ein Frühstücksbrot", sagt Rosa als sie von der Zugtafel zurückkommt. „Hast du Hunger?"

Helmut hat Hunger. Er nickt. Maria sieht ein winziges Lächeln. Wenn auch nur in Helmuts Augen. Sie drückt seine Hand und lächelt ihn an. Er spürt seinen Magen. Bis jetzt hat Helmut sich heute noch nicht gespürt. Aber jetzt zieht der Magen. Maria schiebt ihn los, Helmut lächelt noch einmal zur Zugtafel, aber die Frau ist schon weg.

Als sie das kleine Buffet betreten, hört Helmut durch den Lautsprecher noch, dass der „Zillertal-Express" auf Gleis 3 abfährt. Gedankenverloren zählt er die Tiroler Haupttäler auf, so wie er es in der Schule gelernt hatte: „Zillertal, Wipptal, Stubaital, Sellraintal, Ötzta…" Helmut stockt.

Das Interesse der Zeitungen und der Tiroler Öffentlichkeit am Fall Zingerle entwickelte im Juli 1950 alle Auswüchse zwischen kollektiver Psychose und Sensationsgier. Es war besonders heiß. An einem Tag waren der Polizei vier Sichtungen Zingerles in Wien und zwanzig in Tirol gemeldet worden. Jeder wollte den Zingerle gesehen haben. Die Polizei war mit den widersprüchlichen Meldungen überfordert und stolperte durch die Nachforschungen. Am engsten wurde es für Zingerle im Zillertal, wo er sich eine Höhle eingerichtet hatte, in der er zwei Frauen vergewaltigte. Aber auch dort wurde er nicht gefasst.

Nach einem Jahr im Meraner Franziskanerinternat übersiedelte Helmut Kutin mit seiner frisch verheirateten Schwester Christine zu den Eltern ihres Mannes ins Ötztal. Aber auch im idyllischen Tal gab es eine Realität: Die Schwiegereltern waren selbst Flüchtlinge aus Südtirol und hatten sich in Au bei Längenfeld eingenistet, der Vater war sehr alt und hatte Alzheimer, er konnte nicht mehr reden, nur in der Sonne sitzen und lächeln. Die Mutter hatte sich für ihren Sohn eine andere Frau gewünscht, lehnte Christine ab und besonders das fremde Kind. Es war kein gutes Jahr, aber Helmut fand die Nachbarskinder lustig. Und im Stall lebte ein Ferkel, das er liebte. Und das seine Liebe erwiderte.

Als der Vater in Bozen endlich eine Wohnung gefunden hatte, zogen sie dort ein. Helmut lebte mit ihm in einem Zimmer, Christine mit ihrem Mann im anderen. Allen war bewusst, dass es auf Dauer nicht gut gehen würde. So kamen die beiden in die Sozialwohnung im Stadtteil Gries.

Ihren Mann hatte Christine schon auf dem Ritten kennengelernt, noch vor Kriegsende. Er war Kameramann und Fotograf in der Propaganda-Einheit der NSDAP, im Krieg war er ein angesehener Filmer, nach dem Krieg nur mehr ein begeisterter, der viele Jahre später die Filmdokumentation des Landes Südtirol aufbauen sollte. Helmut war gerne mit seinem Schwager unterwegs, er führte in kleinen Südtiroler Gemeinden Luis-Trenker-Filme vor. Einer der Versuche in den Nachkriegsjahren, das Fortschreiten des italienischen Einflusses zu untergraben. Helmut konnte damals jeden Trenker-Film auswendig. Dieses Gerät begeisterte ihn, die Pfarrsäle, meistens durfte er den Eintritt kassieren. Einmal war Luis Trenker selbst anwesend und so begeistert darüber, dass Helmut die Texte seiner Filme auswendig konnte, dass er ihm das Buch schenkte, aus dem er vorglesen hatte.

Rosa spannt wieder den Schirm auf und nimmt den Koffer, Maria greift nach Helmuts Hand. Klare Aufgabenteilung. Mit einem Schwung treten die drei unter dem schützenden Vordach des Bahnhofes Imst hinaus in den Regen.

Helmut hat sich daran gewöhnt. Heute Früh sind sie aus dem Hauseingang in den Bozner Regen getreten. Es ist noch immer derselbe Tag. Die Milch in Innsbruck war gut, im Zug nach Telfs hatte Helmut geschlafen, in jenem nach Imst nur aus dem Fenster geschaut. Er möchte in keinen Zug mehr steigen, er ist aufgeregt, spürt sein Herz schlagen. Hier soll er bleiben. „Es ist schön", sagt er leise. Und denkt an den Vater. Der Regen schluckt die Träne in seinem Gesicht.

Rosa schaut ihn an: „Wie?"

„Schön findet er es", sagt Maria. Sie hat Helmut gehört und lächelt Rosa milde zu. Nur keine Fragen. Helmut geht an der Hand. Der Regen kommt nun auch von der Seite, der Schirm bietet kaum Schutz.

Als der Weg langsam den Hang hinaufzieht und eine kleine Biegung nach Süden macht, erkennt Helmut hinter Imst den markanten Eingang ins Ötztal. Die Berge sind in den Wolken, aber Helmut weiß, sie fallen dort hinunter, eine Schneise, gerade genug Platz für eine Straße, hinauf nach Längenfeld, nach Süden, Richtung Sölden. Ein Durchschlupf in eine andere Welt. Er bleibt unwillkürlich stehen, der Blick starr. Gott sei Dank, weit genug weg. Maria schaut ihn an, folgt seinem Blick. Sie beugt sich zu Helmut: „Da musst du nicht mehr hin. Du bleibst jetzt bei einer Familie im Kinderdorf vom Gmeiner."

Rosa dreht sich zu Helmut: „Das ist der Stoßtrupp des Guten. Da hast du es gut."

Helmut versteht nicht, was die Cousinen sagen. Aber er vertraut ihnen.

Dann stehen sie vor der Einfahrt. Links und rechts Pfeiler, auf einer hängt ein Schild. „Societas Socialis. SOS-Kinderdorf Imst." Dazwischen ist Platz für eine Straße. Ein Durchschlupf in eine andere Welt. Die drei gehen durch. Die Häuser sind neu und über den Hang verstreut. Als sie an einem vorbeigehen, sieht Helmut zwei Köpfe hinter einem Fenster. Für einen Moment mustern ihn Augenpaare. Dann lacht das kleine Mädchen, der kleine Bub winkt.

Die Cousinen steuern auf ein Haus zu. In der Tür steht ein Mann. Nicht groß, denkt Helmut, auch nicht alt. Als sie bei ihm sind, schüttelt der Mann den Cousinen die Hand. Dann beugt er sich zu Helmut. In seinen Augen ist nichts Trauriges. Sie lachen, wie der Mann lacht. Sanft. „Und du bist der Helmut. Grüß Gott, Helmut. Ich bin Hermann Gmeiner."

Helmut streckt ihm die Hand entgegen. „Grüß Gott." Ohne dass er es merkt, lächelt Helmut Kutin zurück.

„Kommt's einmal rein. Es regnet ja fürchterlich."

In seinem Bürozimmer bietet Gmeiner den Cousinen die zwei Sessel an und nimmt selbst hinter dem Schreibtisch Platz. Er stützt die Ellenbogen auf den Schreibtisch. Helmut bleibt stehen und fühlt sich nicht wohl. Er schiebt die Hände hinter den Rücken und steht ganz gerade.

Gmeiner schaut die Cousinen an. „Zwölf ist der Bub, gell?" Maria und Rosa nicken. „Wir können eigentlich nur Kinder bis zehn nehmen und leibliche Geschwister von Kindern, die schon bei uns sind." Helmut kann Gmeiners Vorarlberger Dialekt nicht zuordnen.

„Wir würden auch etwas beitragen", sagt Rosa. „Für den Unterhalt von Helmut, etwas zahlen."

Gmeiner schaut auf den leeren Tisch. Er atmet tief ein, denkt nach. Mit einem Mal hebt er den Kopf. „Hat der Bub ein Zeugnis?" Gmeiner schaut zu Helmut, Helmut nickt, Maria streckt Gmeiner das Zeugnis entgegen. Er nimmt es, legt es vor sich hin und studiert es. Zeile für Zeile. Keine Regung. Das Lächeln ist noch da, nicht mehr, nicht weniger. „Mhm. Ist gut." Ohne aufzuschauen.

„Ja. Mhm." Gmeiner blickt auf. Er schaut den Cousinen in die Augen. Er dreht den Kopf zu Helmut. Helmut steht starr, eine Hand drückt hinter dem Rücken die andere zusammen.

„Also gut." Gmeiner greift zu einem Stift im Halter. Er zieht die Kappe ab, schiebt das Zeugnis zurecht. „Wir brauchen österreichische Noten." Den Blick auf das Zeugnis. „Ein Siebener muss ein Dreier sein." Gmeiner setzt an, streicht die Ziffer Sieben, die neben „Lesen" steht, durch. Daneben schreibt er „Drei". Rosa schaut Maria an, erschrocken, aber glücklich. Würde das bedeuten? Maria zieht die Schultern leicht hoch. Helmut schaut die Cousinen an. Während Gmeiner eine Note nach der anderen vom italienischen System ins österreichische überträgt, kann Helmut den Blick nicht vom Stift wenden. Er versteht es nicht, ist fasziniert. Dieser Mann schreibt ganz selbstverständlich ein offizielles Dokument um. Wer ist er? Darf er das? Er würde es nicht machen, wenn er nicht dürfte, er ist ein Erwachsener. Das darf nur ein Lehrer. Vielleicht ein Vater. Nach der letzten Änderung setzt Gmeiner seinen Namen unter das Zeugnis. Er schiebt es zu Seite, steckt die Kappe auf den Stift, den Stift zurück in den Halter. Zu Helmut: „Damit du in die Schule gehen kannst." Helmut hat den Mund offen, ein leichtes Nicken. Nach dem Ritten, dem Internat, dem Ötztal und Bozen seine fünfte Schule. Gmeiner zu den Cousinen: „Das Zeugnis ist gut. Der Bub lernt brav. Er soll vorerst einmal bleiben."

„Danke, Herr Gmeiner." Rosas Augen sind feucht. „Danke. Vielen Dank." Maria hat ein Lachen und zwei Tränen im Gesicht.

Gmeiner steht auf, geht um den Tisch. Die Cousinen erheben sich. Gmeiner schüttelt erst Maria die Hand, dann lässt er Rosas Hand gar nicht mehr los. Er legt seine zweite auf ihre: „Alle menschliche Tragik scheint ihre echte Ursache in der Störung der Dreiheit von Mutter und Kind und Häuslichkeit zu haben." Er löst die Hände und dreht sich zu Helmut Kutin: „Du wohnst ab jetzt im Haus Südtirol. Deine Mutter heißt Antonia Kammerlander. Sie ist auch aus Südtirol."

„Deine Mutter." Mehr hatte Helmut nicht gehört.

Kutin wurde Anfang Juni 1953 ins Haus Südtirol gebracht, Kinderdorf-Mutter Antonia Kammerlander kehrte gerade die Stiege. Als er begeistert und mit schmutzigen Schuhen in das Haus lief, gab sie ihm die erste und letzte Ohrfeige. Schnell empfand er für sie die Zuneigung eines Kindes für seine Mutter. Kammerlander war nicht überzogen, sondern beruhigend. Sie hielt mit klaren Worten die Familie zusammen und sorgte dafür, dass die Dinge gemeinsam erledigt wurden. Helmut durfte sofort Pflichten in dieser Familie erfüllen. Er musste abwaschen und zusammenräumen. Es fühlte sich gut an. Seine größte Angst war es gewesen, in ein Heim zu kommen. Stattdessen kam er heim. In ein neues Haus mit großem Garten, für ihn und acht jüngere Geschwister, mitten in einem ganzen Dorf mit vielen Kindern.

Der Regen gönnt sich die erste Pause des Tages. Helmut hat seine Cousinen beim Abschied umarmt, seinen Koffer ins Zimmer getragen, die wenigen Sache in einen Kasten gelegt. „Solange es trocken ist, zeigt eurem neuen Bruder das Dorf." Damit schickt Antonia Kammerlander ihn und zwei andere aus dem Haus. Um den Stamm einer großen Tanne stehen andere Buben. Einer deutet mit dem Kopf, die drei aus dem Haus Südtirol sollen herkommen.

„Ich bin der Laimer Horst", sagt einer mit breitem Gesicht. „Bist du heute gekommen?"

„Ja. Ich heiße Helmut."

„Ich bin schon seit Weihnachten vor zwei Jahren da. Mit sieben gekommen. Wohne da drüben, Haus Osttirol." Horst deutet hin.

„Bist du aus Osttirol?" Kutin findet, dass Horst nicht tirolerisch spricht. Aber alle haben hier komische Dialekte.

Horst schüttelt den Kopf. „Nein. Aus Linz. Aber als ich gekommen bin, hat es nur das Haus Frieden gegeben, das Haus Industrie, Haus Ostern, Osttirol und Weihnachten. Haus Oberösterreich gibt es nicht." Kutin hört zu. Es gefällt ihm. „Bist du Tiroler?"

„Ich bin Südtiroler."

„Ist eh gleich, oder?"

„Das ist ein gewaltiger Unterschied. Wir sind lockerer, weil wir schon mit zehn Jahren Wein trinken." Helmut wiederholt, was er seinen Vater oft sagen gehört hat.

„Aber weißt du, hier ist es gleich. Sie sagen immer, wir sind hier eine Familie. Wir halten zusammen. Und es stimmt schon."

Ein Bub, der bis jetzt nur daneben gestanden ist, ergreift das Wort. Sein Gesicht ist schmal. „Ja, das stimmt. Wirst' sehen, wenn wir nach Caldonazzo fahren. Im Sommer."

„Eh schon in drei Wochen, Alex." Horst fällt dem Buben ins Wort. Alexander und Helmut nicken einander zu. „Hast du den Gmeiner schon gesehen?"

Alexander deutet einen Klaps auf Horsts Kopf an: „Herr Direktor Gmeiner, bitte!" Beide lachen. Helmut lacht nicht. „Er geht oft durch das Dorf. Meistens mit Anzug und Krawatte und Hut. Und du musst ‚Herr Direktor' zu ihm sagen."

Horst unterbricht Alex wieder. „Um sieben in der Früh müssen wir alle vor dem Gemeindehaus antreten und er mustert die Kleidung. Da muss alles gut sein."

Der schmale Alex: „Aber nicht jeden Tag."

Der breite Horst: „Aber oft. Trotzdem, der Gmeiner ist nett."

„Und streng."

Horst hebt die Schultern und plustert sich auf. Er versucht sich im Vorarlberger Dialekt: „Jawohl, meine Imster Buben." Alexander und Horst lachen. Helmut lacht ein bisschen mit.

Bevor Helmut wieder über die Schwelle des Hauses Südtirol geht, zieht er die Schuhe aus. Antonia Kammerlander sieht es und lächelt ihm zu. Als er zur guten Nacht schon im Bett liegt, setzt sie sich zu ihm. Sie legt ihm eine gewaschene, zusammengelegte, lange Hose hin. Helmut greift sie an. „Danke." Er will so viel mehr sagen. Nie wieder kurze Hose mit Strumpfgürtel. Strumpfgürtel und lange Strümpfe. Helmut hatte das gehasst.

„Noch etwas hab ich für dich." Sie steht auf und kommt mit

roten Schuhen zurück. Rote Schuhe? Helmut sagt wieder „Danke“. Diesmal will er nicht mehr sagen.

Kammerlander hält die Schuhe an seine Füße, um die Größe zu prüfen. „Die hat jemand von der Siedlung gespendet, und ich meine, sie passen.“ Kammerlander sieht die Narben auf Helmuts Fuß. Als Zehnjähriger hatte er beim Metzger für ein bisschen Geld Fleischprügel getragen. Einmal rutschte die Schweinsschulter ab, in den Fuß hinein.

Die Mutter streichelt sanft über die Narbe. Sie stellt keine Fragen.

„Danke.“ Helmut sagt es langsam. Deutlich. „Danke. Auch für die Schuhe.“

Kammerlander dreht das Licht ab, als sie das Zimmer verlässt. Ich werde die Schuhe mit Schwarz einschmieren, denkt Helmut im Dunklen. Und schläft ein.

Er hat heute zwei neue Freunde, eine Mutter, eine lange Hose und rote Schuhe bekommen.

Helmut Kutins Leben war zum ersten Mal ruhig. Das war ein Anfang.

Tag 3.
Ende Dezember 1965. Innsbruck und Sölden.

Mit schweren Augen fokussiert Helmut Kutin die Zigarette in seiner Hand. Sie ist fast am Ende. Er auch. Er macht einen letzten Zug und versenkt sie in dem Haufen, der sich im Laufe des Abends in dem großen Aschenbecher aus dickem Glas gesammelt hat. Er schaut sich um, sie sind die Letzten. Nur mehr Rauch im Lokal. Der letzte Whiskey an der Bar. Kutin greift konzentriert zum Glas, hebt es und dreht sich nach rechts. „Prost, Herr Staranwalt in spe!"

Der junge Mann neben ihm hebt den Kopf von der Schank. Er nimmt langsam das leere Glas vor sich in die Hand, lehnt seinen Körper zurück und richtet den Rücken gerade. Er reißt die Augen auf. „Auf Ihr Wohl, Herr Fuchsmajor."

„Ex-Fuchsmajor, wenn ich bitten darf. Und Herr Siggi von und zu Siggisberger, wenn ich Sie freundlich darauf aufmerksam machen darf: Ihr Glas ist leer."

Siggi schaut auf sein Glas, kneift die Augen zusammen, reißt sie wieder auf. „Werte Servierkraft, noch einen Whiskey! Bitte sehr!"

„Das ist wirklich der Letzte. Ich sperr' dann zu."

„Jawoll!", rufen Siggi und Helmut zugleich. Ein Moment, ein Blick. Sie lachen los.

Siggi raucht sich eine an. „Wieso Ex? Tust nix mehr bei der Alemannia?"

„Nein. Das hab ich hinter mir. Du bist der bessere Redner. Du wirst es noch ins Parlament von und zu Wien bringen." Künstlerische Pause, der Blick auf seinem Freund. „Außer, dort gibt's auch Metzgerlehrlinge." Kutin lacht laut los. Siggi leise.

„Mein Gott, das war was. Wir achtzehnjährigen Deppen als Erzieher gegen vierzig mit langen Messern bewaffnete sechzehnjährige Metzger. Und alle haben wir in einem Turnsaal geschlafen, sieben Wochen lang. Mich wunderts, dass die nicht durchgedreht sind."

„Hast dir eh in die Hosen geschissen, wenn sie aufmüpfig waren." Kutin wartet kurz, dann fängt Siggi zu lachen an. Sein

Lachen wird zum Husten, zum Anfall, es reckt ihn. Er stolpert Richtung WC.

Die Kellnerin stellt zwei Whiskeys auf die Theke. „Danke." Kutin schaut auf den Aschenbecher. Es ist es ruhig, zwischen zwei Liedern. Die ersten Töne der neuen Nummer. Kutin zieht an der nächsten Zigarette, den Kopf zurück. Das Kingston Trio. *It takes a worried man to sing a worried song.* Kutin schließt die Augen, summt mit. Der Vater war vor acht Jahren gestorben. In Imst hatte er ihn nie besucht. Aber einmal in Caldonazzo. „Das dritte Mal, wo ich ihn hab weinen gesehen", denkt Kutin. *Worried worried man to sing a worried worried song ...* Da war Helmut schon fünfzehn und Gruppenleiter für die Kleinen. Es ging ihm gut. Aber der Vater hat es nie verwunden, dass er ihn weggeben musste. Und so ist er dann auch ziemlich einsam verstorben. *A worried man ...* Nur durch die Babys von der Christine lebte er noch einmal auf. *Worried song ...* Aber es war nicht mehr viel. Ein Mensch kann kaputtgemacht werden. *It takes a worried man.* Als Siggi aus dem WC kommt, das Gesicht nass vom kalten Wasser, hört er Helmut die letzte Liedzeile singen. „Alles gut, Helmut?"

„Ich hab nur grad an den Vater gedacht. Weißt du, Siggi: Es geht um mehr. Ich hab es rausgeschafft. Aber was tu ich den ganzen Tag? Touristen unterhalten, Ski fahren mit ihnen und Geld zählen, bis ich wieder pleite bin. Das kann es nicht sein."

Das letzte Lied erklingt, Mick Jagger kreischt: „I can't get no satisfaction."

Nach knapp drei Jahren in Imst war der zufriedene Halbwüchsige Helmut Kutin ins neu gegründete SOS-Jugendhaus Egerdach in Innsbruck übersiedelt. Er besuchte die Lehrerbildungsanstalt, mit neunzehn hatte Kutin zu leben gelernt und es in der katholischen Tiroler Studentenverbindung Alemannia zum Fuchsmajor Helmut Kutin v. Tassilo gebracht. Allerdings musste er wegen der Ablenkungen die dritte Stufe der Lehrerbildungsanstalt wiederholen. Der Jugendhausleiter erklärte ihm, das sei nicht so einfach. Er könne nicht einfach eine Klasse wiederholen, zumindest nicht auf Kosten des Kinderdorfes. Kutin zog in derselben Nacht aus und heuerte als Erzieher im ehemaligen Ungarnheim am Innrain an. Dort hüteten er und seine beiden Erzieherkollegen vor allem Metzgerlehrlinge.

Kutin schloss die Lehrerbildungsanstalt 1963 mit der Matura ab, fing aber nicht als Volksschullehrer an, sondern inskribierte Volkswirtschaft. Vom Kinderdorf wollte er keine Unterstützung und so entwickelte er sich zum beruflichen Hansdampf. Der frühjährliche Kassensturz legte meistens ein Minus offen. Aber der nächste kleine Job war nie weit.

Eine Zukunft in Tirol lag damals auch für arme Studenten im Tourismus. Kutin wurde Reiseführer, Skilehrer, managte Buchungen und bearbeitete vor allem Beschwerden. Daneben das Studium. Der Student entwickelt eine Liebe zu Frankreich und Interesse an der Welt. Als in Vietnam die ersten Bomben fielen, demonstrierte Kutin in Innsbruck gegen die USA und für einen gewissen Ho Chi Minh.

Kutin musste mit Freunden oft die Stunde zwischen fünf und sechs Uhr früh überbrücken, nachdem das letzte Studentenlokal zu- und das älteste Wirtshaus Innsbrucks über dem Inn aufsperrte.

Kutin wankt durch leere Gassen. Heute ist ihm nicht danach, an die Nacht einen Tag anzuhängen. Es war schön, Siggi wiederzusehen. Er mag ihn. Aber es ist genug für heute. Sogar für einen vierundzwanzigjährigen Kutin. Er muss ins Ötztal kommen und es ist schlimm genug, nicht genau zu wissen, wie. Sein Auto, ein klappriger 500er, steht oben im Ötztal. Und er ist da, kein Mensch sonst in Innsbruck um fünf Uhr, aber er. Vielleicht ein bisschen zu viel. Er streift eine Wand. Kutin sagt leise „Worried man". Er schaut sich um, sieht die alten, welligen Fassaden der Innsbrucker Innenstadt. Er schreit „Worried song". Der Vater war gebrochen, an dem Abend, als die Cousinen Helmut holten. Da ist er sich jetzt ganz sicher. Und betrunken. Völlig sinnlos. Kutin lehnt sich gegen eine

Wand. Ein Schild „Zum Bus“ springt ihm ins Gesicht. Das ist es. „Ich geh zum Bus. Bin ich früher im Tal.“ Das Lächeln eines betrunkenen Mannes spiegelt sich im Schaufenster gegenüber. Bücher. Buchhandlung.

Kutins Blick fällt auf ein Plakat. Er geht näher, bleibt stehen, kneift die Augen zusammen, verschwommen. Er liest sich selbst konzentriert vor: „Der Weg ins Licht – Lichtspieltheater – Montag“. Kutin dreht sich um, macht einen Schritt, bleibt stehen, Busbahnhof liegt in der anderen Richtung, dreht um, geht los. Der Weg ins Licht. Ins Licht. Er stockt. „Ins Licht.“ Es fällt ihm ein. „Der Weg ins Licht“, der Film, der vor sechs Jahren zur Zehnjahresfeier des SOS-Kinderdorfes gemacht wurde. Über das trostlose Schicksal eines kleinen, verwaisten Jungen bis hin zu seiner Aufnahme im Kinderdorf.

Kutin atmet tief. Er hat den Gmeiner lange nicht gesehen. Die Verbindung war fast weg. Einmal kam er zu ihm ins Ötztal, zum Skifahren. Kutin lehnt sich gegen eine Wand. Er denkt an Caldonazzo. Gmeiner hatte ihn immer als Italienisch-Dolmetscher an seiner Seite in Caldonazzo eingesetzt.

Das Rütteln des Busses und der Whiskey im Hirn machen Helmut Kutin müde. Bis zur Stadtgrenze Innsbruck nickt er zweimal ein, dann gibt er auf. Die Gedanken schlagen die Müdigkeit. Es widerstrebt ihm, ins Ötztal zu fahren. Wieder Touristen, wieder Spaß, wieder Ärger, wieder bescheißen, wieder Geld, wieder wieder wieder. Er seufzt laut, dreht den Kopf zum Fenster.

„Das Seufzen des Helmut Kutin, nicht wahr?“ Eine Frauenstimme. Er hatte zuvor niemanden gesehen. Die Frau sitzt in derselben Reihe, auf der anderen Seite des Mittelgangs. Dunkle lange Haare, volle Haare, aber zu einem Knoten gebunden. Gutaussehend. Gut erhalten. Vielleicht fünfzig.

„Ja. Helmut Kutin. Aber Sie sind ...“ Kutin stockt, es dämmert ihm.

„Ich bin deine Lehrerin in Au gewesen.“ Kutin nickt, große

Augen dazu. Die Zeit bei Christines Schwiegereltern, diese kleine Dorfschule. Die Mutter seines Schwagers ließ Kutin nicht im größeren Dorf zur Schule gehen, nur im Vorort.

Er schaut sie an. „Siebte Klasse."

„Genau, ich weiß das noch genau. Zwölf Kinder wart ihr und als du in die Klasse gekommen bist, hatte ich die große Hoffnung, dass du ein besseres Deutsch in den Ötztaler Dialekthaufen hineinbringst. Aber nach zwei Monaten ..."

„... war ich der beste Ötztaler von allen." Ein lautes, aber kurzes Lachen. Ha-Ha. Er stößt zwei tiefe Laute aus. Dann verhallt das Lachen schnell. Kein weiterer Ton. Ha-Ha.

Die Lehrerin lacht leiser. „Zeugt zumindest von Sprachentalent!" Die beiden schenken einander ein vertrautes Lächeln, während die ersten Tropfen an der Scheibe platzen.

„Ich hab in den Jahren oft an dich gedacht." Kutin zieht fragend den Kopf zurück, die Augenbrauen hinunter. „Als der Zingerle in Innsbruck noch einmal vor Gericht war."

Kutin schaut auf den Gangboden zwischen ihnen. Er ist müde. Die Geschichte macht ihn müde. Aber sie lässt sich heute nicht mit Schlaf ersticken. „Ich war mit fünfzehn oder sechzehn Jahren einmal oben in Glaning, wo es passiert ist. Da hat die Lehrergesellschaft ein kleines Materl errichtet", sagt er und schaut die Lehrerin an, „aber dass er in Innsbruck vor Gericht war, davon weiß ich nichts. In Bozen ja. Aber nicht in Innsbruck."

Die Lehrerin schaut Kutin eindringlich an. Sie weiß nicht, ob er es überhaupt wissen will. Kutin zieht die Augenbrauen hoch.

Beim Prozess in Innsbruck war der Andrang so groß, dass Eintrittskarten für den Schwurgerichtssaal ausgegeben wurden. Nachdem die österreichische Justiz in langen Verhandlungen mit Italien erreicht hatte, dass Zingerle für die Ermordung einer Engländerin am Patscherkofel bei Innsbruck auch hier vor Gericht kam, schwoll die Sensationsgier wieder an. Schließlich hatte Zingerle der Tiroler Nachkriegsbevölkerung das Vertrauen in jene Orte genommen, die im Krieg Schutz vor Bomben versprochen hatten: Berg und Wald.

Wenige Monate nachdem Helmut Kutin im Kinderdorf seinen ersten ruhigen Hafen gefunden hatte, begann am 22. September 1953 der Prozess in Innsbruck. Danach musste Zingerle wieder ins italienische Staatsgefängnis Volterra. „Mir kann nichts mehr passieren, ich habe alles schon am Buckel“, sagte der einundfünfzigjährige kränklich verfallene Zingerle zum Auftakt. Im Unterschied zum Prozess in Bozen wurde diesmal ein Gutachten über das Wesen Zingerles erstellt. Der von seinem Strafverteidiger geforderte „Lokalaugenschein im Gemütszustand von Guido Zingerle“. Darin keine Rede von Zwanghaftigkeit. Warum er die Engländerin nicht sofort ermordet, sondern in eine Höhle geschleppt und vergewaltigt und dann getötet habe? „Frisst der Fuchs die Henne gleich im Stall, wenn er sie stiehlt? Ich bin doch ein vernünftiger Mensch.“

Anfangs sprach Zingerle nicht über seine Kindheit. Der Gutachter schrieb: „Alles aus seiner Kindheit hat er sich weggedacht, wie die Kinder das Böse einfach wegdenken.“ Guido Zingerles Mutter konnte ihn nach seiner Geburt 1902 nicht brauchen. Er wurde von der Gemeinde Vals in Südtirol dem Lucknerbauern zur Pflege übergeben. Schläge und fehlende Mutterliebe. Man nannte ihn den Luckteufel. „Die bösen Eigenschaften wurden mir mehr hinein- als hinausgeschlagen. Ich war immer an der Schüssel zu viel und bei der Arbeit zu wenig, deswegen hab ich mich im Wald am wohlsten gefühlt.“ Nach dem Tod der Zieheltern schlief der Zwölfjährige lieber beim Vieh im Stall. Er zwickte Mitschüler bis sie bluteten. Die Dorfkinder bewarfen ihn, den Fremden, mit Steinen. Der Pfarrer ließ das uneheliche Kind nicht ministrieren und nicht die Glocken läuten. Der Bub Zingerle versteckte sich tagelang im düsteren Wald. „Ich habe nicht einmal Angst vor dem Teufel gehabt, weil ich wusste, dass die Menschen die ärgsten Teufel sind.“

Während Zingerles erster Haft wegen Diebstahls organisierte der Gefängnisdirektor ein Treffen zwischen dem Dreißigjährigen und seiner Mutter. Sie hatte den Sohn lange verleugnet und ihn erst gestanden, als die Polizei ihr die Taufurkunde entgegenhielt. Bei der Begegnung im Gefängnis Meran saßen sich zwei Fremde gegenüber, die einander nichts zu sagen hatten.

1953 war das bedeutungslose Urteil im Prozess in Innsbruck: lebenslänglich, vierteljährlich hartes Lager, Dunkelhaft an jedem Jahrestag des Mordes. Jeder Milderungsgrund wurde wegen der Scheußlichkeit der Verbrechen abgelehnt. Zingerle kam wieder nach Italien, es hielt sich das vielleicht befriedigendere Gerücht, er stecke zur Zwangsarbeit in den tödlichen sizilianischen Schwefelgruben. Zingerle starb am 9. August 1962 an Leberkrebs.

Kutin blickt starr in die Augen seiner ehemaligen Lehrerin. Dann wendet er sich ab. Die Fenster sind voll kaputter Regentropfen. Der Blick ist getrübt, die Umwelt kaum wahrnehmbar. Er hat genug Lokalaugenschein im Gemütszustand des Mannes, der seine Familie zerstört hat. Zingerle hat alles kaputt gemacht, zu Asche. Auch wenn daraus ein gutes Leben gewachsen war. Man kann das Böse nicht verdrängen.

Wie die Kinder das Böse einfach wegdenken.

Kutin blickt nicht zurück. Er nimmt es immer, wie es kommt. Jetzt ist es gut. Er verdient Geld, hat Freude, sogar Spaß. Nicht zurückblicken. Das Leben, dem der Zingerle ein Ende gesetzt hat, ist vorbei. Ein neues hat begonnen.

Dieser Zingerle hatte noch weniger von seiner Mutter.

Kutin presst die Augen zusammen, die Hände vor das Gesicht. Er will diesem doppelt widerlichen Gedanken nicht entgegentreten. Weg damit.

Hätte Zingerle auch ein Kinderdorf gehabt.

Er lässt sich nicht verscheuchen. Es war nur die hinterlistige Verteidigungsstrategie eines bestialischen Mörders.

Aber wie Zingerle so werden konnte. Wie alle Bösen so werden können. Wenn ihn die Cousinen nicht nach Imst gepackt hätten?

Es stimmt nicht. Man kann es nicht sagen. Sein Vater war da. Er war gut. Seine Mutter hat ihn geliebt. Der Vater hat ihn geliebt. Kutin flüstert: „Ich hab den Buben lieb." Später ja, die Schläge im Ötztal. Die grausame Alte. Aber er hatte nie ein Leid empfunden.

Das Kinderdorf hat alles gut gemacht. Die Mutter. Die Familie. Das Haus. Die Geschwister. Horst, der jetzt Kunstschlosser war, wie geht es dem eigentlich. Und Alex. Das Dorf. Das war der Anfang. Der neue Anfang.

Wie die Kinder das Böse einfach wegdenken. Sie sollen alle ein Kinderdorf haben.

Einmal hat Gmeiner bei einer Feier gesagt: Man darf nicht immer nur an sich denken. Man muss der Welt etwas geben. Kutin schaut aus dem Fenster. Was gibt er der Welt. Nicht nur an sich denken. Sein Glück ist unvollkommen. Der Welt etwas geben.

Er richtet sich auf, dreht sich zur Lehrerin. Sie schaut ihn noch immer an. Sanfte Augen, die nicht bohren. „Wissen Sie, wenn ein Kind keine Ausbildung hat, keine Kleidung und kein Essen, ist das leichter zu ertragen. Aber es braucht ein Zuhause. Mit Menschen darin." Die Lehrerin nickt schweigend. Kutin ist zufrieden mit seinem Gedanken.

„War das so, als du nach Imst gekommen bist?"

Kutin wundert es nicht, dass sie das weiß. Sie scheint viel zu wissen, zu verstehen.

„Geschwister, eine Mutter, einen Haushalt. Nicht irgendeine zerbröckelte Familiensituation wie es bei mir war. Nur noch mein Vater am Leben und schon sehr alt und gebrochen vom Krieg. Im Dorf war wieder frische Luft, frisches Leben, frisches Miteinander."

„Was machst du daraus?"

Helmut lächelt, vielleicht versteht er die Frage nicht. Oder doch. Er schaut aus dem Fenster, legt die Stirn an die kalte Scheibe. In Imst hatte er klar festgelegt, dass er einmal Unterrichtsminister werden würde. Lehrer war ihm zu wenig, zuerst Lehrer, dann Unterrichtsminister. Aber jetzt? Hoteldirektor vielleicht. Aber Hoteldirektor.

Vor dem Fenster zieht Imst vorbei. Weit hinten, hinter dem dünnen, aber dichten Regen liegt das Kinderdorf am Hang. Er blickt immer hin, wenn er vorbeifährt. Und auf ein Haus weiter unten, in der Südtiroler Siedlung. Das Haus seines Schulfreundes Peter Friedle. Auf dem Weg zur Schule baten ihn die Eltern vom Peter immer hinein, sie meinten, man verhungere sicherlich im Kinderdorf, und fütterten Helmut hemmungslos. „Der Bub muss was zu essen haben!"

Die kalte Scheibe auf der Stirn tut weh. „Ein Kind braucht Menschen", sagt er leise. Mit einem Ruck dreht er sich um, er kennt die Antwort, er will sie ihr sagen. Im Umdrehen: „Der Welt etwas ..." Keine Lehrerin. Im ganzen Bus kein Mensch. Kutin schaut herum, nochmal und wieder. Er schaut auf den Platz, auf dem sie gesessen war. Und sagt zu sich: „... etwas geben."

Während sich der Bus ins Ötztal schraubt, durch die mächtige Schneise, in der dreifaltigen Enge von Fluss, Wald und Straße, geht Kutin die Frage nicht aus dem Kopf. Was macht er daraus? Es ist ruhig im Bus, einige wenige, die etwas in Imst oder Innsbruck erledigt hatten. Kutin ist froh, dass er keinen davon kennt, er möchte nicht reden. Die Skifahrer kommen mit einem späteren Bus und jetzt im Winter ist sogar der Fußweg über das Timmelsjoch nach Südtirol unpassierbar. Auf die Straße ließen die Italiener ja ohnehin warten. Auf österreichischer Seite war sie längst fertig. „Typisch", denkt Kutin.

Der Bus bleibt stehen. Ein kleiner Schneekegel versperrt die Straße. Draußen sieht Kutin das Bundesheer arbeiten. „Geht gleich weiter, sie haben die Straße fast frei", ruft der Busfahrer nach hinten. „Typisch."

Kutins ältester Bruder wurde in Zeitungen als erster Verwundeter der Triest-Krise gefeiert, als die Jugoslawen nach dem Zweiten Weltkrieg die Stadt infiltrieren wollten. Heldensagen scheren sich nicht um die Wahrheit: Eduard Kutin junior brach sich den Fuß als er mit seinen Kameraden abends den Triester Vergnügungspark aufgesucht und seinen Autodrom-Wagen missgeschicklich gegen einen anderen gelenkt hatte.

Helmut Kutin war nur zwei Tage beim Militär gewesen. Nach einem Besuch in Bozen holten italienische Soldaten den Achtzehnjährigen in Franzensfeste aus dem Zug. Der italienische Staatsbürger hatte vergessen, sich zum Militärdienst zu melden. Sie brachten ihn nach Bruneck, er wurde eingekleidet und versuchte, seine Leute zu erreichen. Er musste zurück in die Schule, stattdessen war er zwei Tage Alpini. Aber der oberste Mann in der Quästur für die Provinz Bozen-Trient war ein guter Freund. Kutins „Dispensa militare" beinhaltete die Auflage, er dürfe sich bis zum 45. Lebensjahr nicht in Italien niederlassen.

Aber das hatte er sowieso nicht vor.

„Gib uns noch einen!" Der Kellner quittiert Kutins Bestellung mit einem Augenzwinkern und greift aus dem Regal hinter sich zwei Whiskeygläser. Es ist wieder spät geworden.

Neben Kutin steht Günther, ein Freund aus dem Dorf in Imst, einen Kopf kleiner als Kutin. Günther nickt zustimmend, ohne Kutins Ausführung zu unterbrechen. Beide schauen einen Dritten an, Kutin: „Ich schwöre es dir, wenn wir gegen Landeck gespielt haben, sind wir in der Früh um sechs Uhr mit dem Fahrrad weg, um zehn haben wir gespielt und sind wieder heim."

Der Dritte schaut noch immer skeptisch.

„Das ist ja nix. Dreißig Kilometer vielleicht." Kutin raucht sich eine an.

„Und der Helmut war unser Star, sag ich dir." Günther klopft Kutin auf die Schulter.

Der zum Dritten: „Aber nur wegen der Schuhe, Hansjörg. Ich habe meine Kinderdorf-Mutter soweit gebracht, dass ich der Erste – der Erste! – im ganzen Kinderdorf war, der Fußballschuhe gehabt hat."

Günther mischt sich wieder ein: „Und wir waren es dir alle neidig. Und dann hast du in Imst von der Mittellinie ein Tor geschossen. Von der Mittellinie!“ Zu Hansjörg: „Das war die Sensation der Woche. Der Gegner-Tormann hat ausgeschossen, der Helmut nimmt den Ball und haut ihn direkt ins Tor. Tau-send-Gul-den!“

Alle drei Männer lachen. Hansjörg greift zum Glas, hebt es. „Also gut, auf den Star Helmut Kutin.“ Drei Köpfe in den Nacken, wieder vor, Gläser leer, drei zusammengekniffene Gesichter, dreimal Ah, noch eine Runde. Die Bar in Sölden ist zu voll und zu laut, als dass jemand davon Notiz nehmen würde.

„Aber!“ Für Kutin ist die Geschichte noch nicht zu Ende. „Dann wollte ich unbedingt Torhüter sein und das ist voll in die Hose gegangen! Alle haben geschrien. Bin ich halt wieder raus.“

Hansjörg klopft Kutin auf die Schulter: „Was ich noch alles über dich lerne, Helmut.“

„Ja, die Fußballgeschichten. Das war alles noch in der Hauptschule in Imst.“ Schaut Hansjörg an: „Als wir beide uns dann später in der Lehrerbildungsanstalt getroffen haben, haben wir ja nur mehr Handball gespielt.“

„Das weiß ich wieder nicht“, sagt Günther.

„War ich auch recht gut. Wir waren Dritter in der österreichischen Jugend. Mit einem fantastischen Trainer, der Pädagogik-Professor.“

„Ein guter Typ.“ Hansjörg unterbricht Kutin. „Den haben wir alle sehr geschätzt. Hatte im Krieg ein Auge verloren und immer eine Augenklappe getragen.“ Ein Blick zu Kutin, Ende der Unterbrechung.

Kutin setzt fort: „Die LBA zog jedes Jahr gegen das Paulinum in Schwaz den Kürzeren, weil diese scheiß zukünftigen Priester besser waren als wir! Immer Tiroler Meister.“

„Segen von oben eben.“ Günther nimmt das Glas.

„Bis zu dem Jahr, wo wir sie gebogen haben.“ Kutin nimmt seines. „Ein einziges Mal!“ Gelächter, Gläser leer. Günther flüchtet, er muss mal.

Hansjörg zieht eine Zigarette aus Kutins Packung, zündet sie an, zieht und sagt im Ausblasen: „Aber so fesche Damen hat es beim Handball nicht gegeben." Er deutet zum anderen Ende der Bar, eine Blonde, eine Dunkelhaarige, beide unter dreißig, beide winken.

Kutin deutet mit dem leeren Glas ein Prost hinüber. Zu Hansjörg: „Ja, ja. Da ist Skifahren anders. Besser, könnte man direkt sagen." Noch ein Blick zu den Damen. Wieder zu Hansjörg, mit einem Grinsen. „Die zwei sind die allerschwächsten in meiner Skigruppe."

Hansjörg grinst zurück: „Na, der Herr Oberskilehrer Kutin wird den Damen schon etwas beibringen." Die Blonde lächelt wieder zu Kutin, die Dunkle winkt. Es gefällt Kutin, er weiß, dass er gut aussieht. Er dreht sich zu seinem Freund: „Hilfsskilehrer, nur Hilfsskilehrer. Wir wollen ja nix übertreiben!" Zwei sonore „Ha", ein Lachen.

„Hauptsache du unterrichtest sie zu ihrer vollen Zufriedenheit, Kompagnon!" Hansjörg will das Glas nehmen, merkt, es ist leer, deutet dem Kellner.

„Richtig. In jeder Hinsicht. Superb." Kutin verzichtet auf das Lachen.

Günther zurück, etwas weiß. „Meine Herren, ich ergebe mich. Es ist genug." Ohne weitere Worte sucht er den Ausgang.

Die beiden schauen ihm nach. „Netter Kerl, dein Freund. Aber halt aus dem Tal." Hansjörg lacht laut.

Kutin nicht. Er wartet das Ende des Lachens ab, schaut auf die Theke. Bedrückt. Dann ruckartig zu Hansjörg: „Du, ich hab heute nachgedacht am Nachmittag."

„Aber geh. Ich hätte eher vermutet, du hast deinen Rausch ausgeschlafen."

„Auch. Aber genau darum geht es. Wir saufen ständig. Im Übermaß. Seit ich Erzieher bin. Sechs Jahre Remmidemmi." Der Kellner stellt zwei Whiskeys auf die Theke, Helmut schaut nicht hin, Hansjörg mustert sein Gesicht. Sein Freund hat etwas zu sagen. „Saufen in Innsbruck. Saufen da im Ötztal. Saufen als Skilehrer, mit den wahnsinnigen Ski-Gemeinschaften. Nur junge Leute. Saufen, saufen,

saufen. Dann führe ich sie randvoll vom Berg herunter, es haut sie über den Hang, sie hängen zwischen den Bäumen, schreien herum, Hilfe, Hilfe, und kommen nimmer heraus. Es ist mir zu viel."

Hansjörg schaut auf den Boden. Er unterdrückt ein Grinsen. Er rollt die Augen nach oben, Helmut sieht es, beide lachen los. „Hilfe, Hilfe!" Wieder Ha-Ha.

„Immer ein Spaß, sowieso. Ich verdiene ja auch super mit dem Blödsinn. Aber das kann nicht alles sein."

So kennt er Helmut nicht. Er meint es ernst. Hansjörg nimmt den Whiskey und kippt ihn weg. Ohne Prost.

Der eloquente Ötztaler Hansjörg Kuen brauchte seinen Freund aus der Zeit in der Lehrerbildungsanstalt als Zwischenhändler, er benützte ihn sogar: Die Familie Kuen hatte sich in die Großgeschäfte der Ötztaler Hotel- und Bauernbesitzer eingemischt und war deklariertes Feindbild. Die mächtigste dieser Familien übertrug Helmut Kutin die Führung ihres brachliegenden Reisebüros, ohne zu begreifen, dass dahinter der verhasste Hansjörg Kuen steckt. Die beiden hatten eine lustige Zeit. Als die mächtige Familie es merkte, drehte sie fast durch.

Außerdem verband Kutin mit der Familie Kuen eine enge Freundschaft, er war auch Bindeglied zwischen Hansjörg und dessen leidender Mutter. Die Kuen-Söhne kannten alle Tricks eines Tirolers und neigten zum unternehmerischen Hasard. Die Familiengeschichte begann im eigenen Riesenhotel und endete in einer kleinen Zweizimmerwohnung. Dazwischen lagen horrende Schulden, die Flucht eines Sohnes nach Mexiko, Einigung mit der Justiz, religiöser Fanatismus und Eintritt in eine Sekte. Aber auch die enge Freundschaft zu Bundeskanzler Julius Raab, der bei Kuens seine Ferien verbachte.

Kutin wirkte als seelsorgerischer Freund.

Die Bar ist fast leer, Hansjörgs Kopf voll. Er hört nur mehr Satzfetzen von dem, was Helmut redet. Immer wieder „Was macht man daraus?“ Dass er der Welt etwas geben will. Als Helmut sich eine Zigarette anzündet, nützt Hansjörg den Moment zum Abschied. „Reden wir morgen weiter.“ Kutin nickt, ohne ihn anzusehen und ohne das Gesicht zu verziehen. Es ist alles ein bisschen viel. Hansjörg legt ihm kurz die Hand auf die Schulter und geht Richtung Tür.

Am anderen Ende der Bar ziehen sich auch die Blonde und die Dunkelhaarige an. Der Kellner ruft ihnen zu: „Passt's auf beim Heimgehen. Nicht, dass euch der Zingerle holt.“ Er wendet sich Richtung Kutin, deutet ihm, ob er noch einen will.

Kutin sagt: „Nein, es ist genug.“

Hansjörg hält den Holländerinnen die schwere Holztür auf, die an einen Stall erinnern soll. Draußen schneit es weiche Flocken. Er schaut noch einmal quer durch das Lokal, zu seinem Freund an der Bar, tritt hinaus. Als sie langsam zufällt, hört er Mick Jagger das nächste Lied anstimmen.

No satisfaction.

Tag 4.
Anfang April 1967. Hinterbrühl bis Innsbruck.

Gmeiner begleitet ihn zum Auto. Er geht vor Kutin, winkt nach rechts, lacht nach links. Ein „Grüß Gott, Herr Direktor" nach dem anderen. Mütter und Kinder sind aus den Häusern gekommen, um Gmeiner zu winken. Um Kutin zu verabschieden. Sie hatten ihn in diesen Tagen kennen gelernt, er war bei ihnen gesessen, mit dem Gmeiner hatte er sie besucht. Er ist ein guter Mensch. Kutin sieht Gmeiners Lachen von hinten nicht, aber er weiß es. Seine Schritte sind größer, wo Gmeiner zwei macht, braucht Kutin nur einen. Als sein Blick auf ein Haus fällt, stoppt er. Hier war sein erster Arbeitseinsatz gewesen, als Fünfzehnjähriger, Aufbau des Dorfes. Der berüchtigte Dorfmeister Leitner sagte hier zu ihm, weil er so schwitzte: „Heast, Bua, du stinkst." Kutin grinst. Mit fünfundzwanzig ist er nun für seinen zweiten Arbeitseinsatz da. Es gefällt ihm. Die Sonne scheint von oben auf die Wolkendecke, Streulicht. Ein bisschen grell nach den letzten Abenden. Aber gut.

Erst beim Auto dreht sich Gmeiner zu Kutin um. Er wartet, dass Kutin die Tasche im Auto verstaut und stellt sich vor ihn. Blickkontakt. „Helmut, ich hab sofort an dich gedacht." Die beiden Männer lächeln einander ehrlich ins Gesicht. Ein paar Meter entfernt steht ein kleiner Bub und beobachtet sie.

Gmeiner kommt so nahe wie möglich, sein Blick hält Kutin fest wie die Katze ihre Maus. „Sofort. Und es war eine gute Wahl."

Kutin kennt die Wahrheit. Er weiß, dass Gmeiner oft eine andere Story hat, dass er alles zu seinen Gunsten zu verpacken weiß. Tatsächlich war Gmeiner mit den tragenden Mitarbeitern in Egerdach zusammen gesessen, um das „Adventure Vietnam" zu besprechen. Zum ersten Mal brauchte man für ein solches Projekt keine Einzelperson, sondern ein Team. Aber einen, der es führt. Der Jugendhausleiter nannte Kutins Namen. Er selbst hatte ja mit Gmeiner kaum mehr Kontakt. Aber mit seiner Kinderdorf-Mutter Antonia. Und die weiß viel von dem, was vor sich geht.

„Danke." Sonst sagt Kutin nichts. Dann greift er zum Türgriff des blauen VW-Käfers. Kutin hatte sich vor Kurzem ein neues Auto leisten können. Von dem Touristengeld. Gmeiner macht zwei Schritte zurück, der große Kutin verstaut sich im Auto, reversiert, legt den ersten Gang ein, bückt sich ein bisschen vor, um Gmeiner noch einmal zuzuwinken. Gmeiner winkt zurück, breites Grinsen, schmale Augen.

Kutin fährt im Schritttempo aus dem Dorf. Noch immer nach vorne gelehnt, schaut auf das Dorf. Das Haus „Leopold Figl" hatte der Bundeskanzler zu seinem Fünfziger bekommen. Kutins Blick bleibt am größten Gebäude hängen, er tritt sanft auf die Bremse. Drei Tage hatten sie sich da oben eingeschlossen, Klausur in Hinterbrühl. „Komm her, ich will mit mir reden." Kutin wiederholt die klare Anweisung, die Gmeiner vorige Woche durch das Telefon erteilt hatte. Keine Unterbrechung gab es, kein Telefon, keine Gäste. Nur sie beide in Gmeiners Zimmer im alten Palazzo des Kinderdorfes. Drei Tage. Kutin richtet sich auf, Stolz braucht Platz. Drei Tage geredet. Und dabei war doch alles so klar. Er fährt los.

„Bis Alland", sagt sich Kutin bei der Hauptstraße vor. „Alland, dann Landstraße zur Autobahn." Zur neuen Westautobahn, bis Innsbruck. Auch im Wienerwald baut man eine Autobahn. Aber noch muss er bis Steinhäusl oder so auf der Landstraße fahren. „Alland", Kutin entdeckt das Schild und steigt aufs Gas.
Das Ortsschild Hinterbrühl zieht an Kutin vorbei, die Bäume des Wienerwalds. Und die Erinnerung. Drei Tage, nur der studierende, unternehmerische Erzieher und der kleine große Gmeiner. Er hat sich verändert. Der große Zampano Gmeiner, von dem ganz Tirol spricht. Der ihm das Zeugnis umgeschrieben hat. Und nun sein Leben umschreibt. Der Gmeiner. Der Herr Direktor. Der Ehrendoktor der Fordham University in New York. Wie man hört, legt er darauf Wert. Dieser ominöse Anruf. „Komm nach Wien, ins Kinderdorf in der Hinterbrühl."

Kutin spürt Aufregung. Wie bei der Hinfahrt. Die intensiven Gespräche in diesen drei Tagen haben es verstärkt. Was Gmeiner möchte, ist mehr als Kutin sich vorstellen kann. Er versteht es eben, Menschen zu begeistern, mitzunehmen, aufzumuntern. Helmut Kutin schüttelt verwundert den Kopf. Verwundert über sich selbst. Dass Gmeiner ihn so überraschen kann. Dass ein Kinderdorf ihn so überraschen kann. Das Dorf in Hinterbrühl ist neuer als Imst, okay, es passt besser in die Zeit. Und er ist schon ziemlich weit weg von der Kinderdorf-Welt, okay. Aber was da in Hinterbrühl läuft, wie groß das geworden ist. Er ist ehrlich überrascht. Die vielen Kinder, die Gespräche mit den Müttern. Hatte er es denn wirklich schon vergessen, dieses Gefühl in einem Kinderdorf? Dieses Lachen, dieses herzliche Lachen? Drei Tage. Schwere Nächte. Kutin greift sich auf den Kopf. Verwundertes Schütteln. Wie man in drei Nächten so viel saufen kann.

Kutin geht vom Gas, Alland. Ausschau nach dem Schild. Hauptplatz, „Klausen-Leopoldsdorf – Steinhäusl. Ah ja." Er blinkt nach rechts, wo die Straße eine Linkskurve macht. Die Landstraße.

Ein imposantes Kinderdorf, Hinterbrühl. Oder wie alle sagen „die Hinterbrühl". Oder „das Dorf als Schaufenster zur Welt", wie der neue SOS-Generalsekretär Reinprecht sagt. Ein Generalsekretär. Es gibt einen Generalsekretär. Gmeiner schätzt den Reinprecht, oder wie er sagt „den Hansheinz". Kutin denkt daran, wie Gmeiner ihr Gespräch begonnen hatte. „Setzen wir uns hier zusammen. Da ist schon Königin Sirikit von Thailand gesessen. Mit dem Figl war sie da." Die Anekdote, die Gmeiner dazu serviert hatte: „Ich habe gesagt: ‚Majestät, Sie haben doch auch Kinder. Haben Sie keine Bilder von ihnen dabei?' Ihre Hofdame wär fast umgefallen, so schockiert war sie. Aber weißt du was? Die Königin hat gelächelt und mir Fotos ihrer Kinder gezeigt. Wir haben sofort das Gespräch über das erste Kinderdorf in Thailand aufgenommen. Sie hat fünfzigtausend Schilling gegeben. Mittlerweile haben wir in der Nähe von Bangkok etwas erworben." Kutin lacht, wie Kutin lacht. Ha-Ha. Der Gmeiner. „Und jetzt hat er mich eingenäht."

Kutin überlegt, wie Bangkok ist. Dort will er hin.

Auf einer sanften Steigung trifft Kutin das harte Licht. Der Himmel vollkommen bedeckt und doch grell. Der vergangene Abend. „Hemmungslos gesoffen." Verkrampftes Gesicht. Kutin will den Kopf schütteln, tut es nicht. „Was haben wir eigentlich so lange geredet", fragt er sich selbst und trotzdem laut. Er weiß es ohnehin. Gmeiner und seine Lebensphilosophie. Philosophie-en müsste man sagen.

„Hinterleiten – Steinhäusl." Rechts weg.

Wie oft hatte Gmeiner seine Ideen wiederholt, an den Tagen, zwischen den Whiskeys? Trotzdem waren sie Kutin nicht fad geworden. Wie an einer Steckdose, Energie saugend, elektrisiert. Er spürt es noch immer. Was SOS-Kinderdorf kann. Wie man Gutes tut. Wie man einem Menschen begegnet. Wie Armut ausschaut. Korea. Kinderdorf ist weltweit. Unglaublich eigentlich.

Die Wolken werden dunkler. Kutins Kopf trotzdem schwerer.

Und wie sich Krieg anfühlt. Vietnam. Wie man den Anblick zerfetzter Kinder erträgt. Darüber hat der Gmeiner auch gesprochen.

Höchster Gang, ein gutes Gefühl, voll ins Pedal. Die neue Autobahn. Kutin hat das schon bei der Hinfahrt gefallen. Er lehnt sich zurück, dreht das Radio auf. Neues Auto, neues Radio, neue Autobahn. Volksmusik. Die Zither spielt für die Seele, hatte sein Zitherlehrer oft gesagt.

Die dunklen Wolken entleeren sich ab St. Christophen. Dünner dichter Regen. Kein Problem für seinen Käfer. Besser als das grelle Licht. Bergab einhundert. Kutins Blick verschmilzt mit der Straße.

„Du bist ein Mann geworden, Helmut. Meine Imster Buben." Kutin sitzt auf der Polsterbank, Platz der thailändischen Königin, etwas steif. Gmeiner gegenüber in einem Polstersessel, ein Couchtisch dazwischen. „Ich erinnere mich noch an dein erstes Caldonazzo. 1953."

Kutin ist dankbar für die Anekdote. „Ich auch. Mein Name war nicht auf dem Sammelpass. Sie haben dem italienischen Zöllner einfach einen anderen Namen genannt."

„Ich hab dich gebraucht. Du warst mein Übersetzer. Ich kann

doch nur Vorarlbergisch. Und ein bissl Deutsch." Gmeiner lacht ohne Ton.

Es klopft. Eine dicke Frau bringt ein Tablett, stellt es ab, Gmeiner dankt, sie geht. Kaffee.

Kutin fühlt sich stumm. Wenn das ein Gespräch sein soll, muss er teilnehmen. Er kennt sich so nicht, fühlt sich wie der kleine Helmut in Gmeiners Imster Zimmer. Er schluckt und sagt: „Dabei erzählt man sich, dass Sie zweihundert Tage im Jahr auf Reisen sind. Auf der ganzen Welt." Gmeiner schenkt beiden ein.

„Gell, und ich hab Angst vorm Fliegen." Gmeiners Gesichtsausdruck wird übergangslos ernst. „Ich fühle mich unsicher in fremden Städten. Bin am liebsten daheim. Daheim in Österreich."

Kutin greift erst nach Gmeiner zur Tasse. Daheim. Eigentlich ein komisches Wort. Passt nicht zum Ritten, nicht einmal zu Bozen. Gar nicht zum Ötztal. Nicht Italien. Nicht Österreich. Vielleicht Österreich. Oder Südtirol. „Daheim, aha." Löffel weg, Tasse zum Mund, Blick auf Gmeiner. Er am Wort.

Gmeiner stellt die Tasse ab, lehnt sich vor, Ellenbogen aufgestützt, Hände gefaltet. Plötzlich: „Ich war vor ein paar Monaten in Vietnam, Helmut. Und ich habe Vietnam das Versprechen gegeben, alles mir Mögliche zu tun, um am Kampf gegen die Not der Kinder aktiv teilzunehmen. Du sollst das Team in Vietnam leiten."

Kutin überlegt, wo Vietnam genau liegt. Gmeiner erwartete keine Antwort, lehnt sich entspannt zurück. Kutin weniger entspannt.

„Wir sind seit einigen Jahren in Asien. Der Zuspruch ist allerorts groß. Die japanische Tageszeitung *Asahi Shimbun* wirbt für uns, voriges Jahr haben wir bei Beirut mit dem Bau von sechs Häusern begonnen, in Jordanien kommen zwei Dörfer. In der Nähe von Teheran zwanzig Häuser. Die Gattin des persischen Schahs, Farah Diba, war vor drei Jahren hier." Kutin sitzt regungslos auf seinem Platz. Er denkt an das schmale Ötztal.

„Es gibt erste Kontakte zu Ägypten und Afrika. Ich war auch in Südamerika. Die Länder dort sind nicht nur verschieden groß, sie haben, aufgrund ihrer Struktur und Tradition auch sehr verschiedene wirtschaftliche und soziale Probleme. Der Aufbau eines Kinderdorfes ist in erster Linie ein geistiger Prozess. Die SOS-Idee – so einfach sie ist – muss langsam reifen, nur ein Kinderdorf, das langsam wächst, um das sich jahrelang eine Gruppe von Menschen bemüht, für das man örtlich streitet und kämpft, um das man eben ringt, wird ein gutes Dorf."

Kutin hat keine Ahnung. Seit Langem hat er erstmals das Gefühl, sein Gegenüber ist klüger. Gmeiner macht einen Schluck, stellt die Tasse sofort wieder ab. Kutin bleibt starr.

„Aber in Vietnam liegt die Sache anders." Kutin atmet unbewusst entspannt aus.

„In Vietnam ist Krieg." Er hält die Luft unbewusst an.

„Wir waren acht Tage in Saigon, der Hansheinz und ich. Auf der Straße herrscht gewaltiger Autoverkehr, amerikanische Militärwagen, mit vietnamesischen Soldaten vollgepfropfte Autos, Hunderte von alten Vehikeln. Rechts und links Kasernen, Militärlager, Soldaten mit Maschinengewehren im Anschlag."

Kutin holt tief Luft. Gmeiners Blick bohrt.

„Waisenhäuser, die bei mir bloßes Schaudern hervorriefen. Tausende Kinder auf schlammigen Lehmböden. Kaum jemand kümmert sich. Daneben reges Treiben, die meisten lachen einen an, weil sie Geld machen wollen, mit Amerikanern, Schwarzhandel, Drogen."

Kutin tut sich schwer. Gmeiner erkennt es nicht. Oder will es nicht erkennen.

„Das Schlimmste: Keiner weiß: Wer ist ein Vietkong? Wer ist der Feind? Zwei Millionen Menschen zwischen schwer befestigten Sandsäcken und Stacheldraht. Sie gehen zur Arbeit, durch Barrikaden. Volle Schaufenster, in den Geschäften kannst du kaufen, was du willst. Aber am Stadtrand nur mit bewaffnetem Geleitschutz fahren. In der Nacht gar nicht."

Kutin greift zum Kaffee. Er möchte Wasser. Es ist keines da. Er trinkt den Kaffee in einem Zug aus.

Gmeiner schaut zur Decke. „Das ist ein gespenstischer Krieg, ohne große Schlachten, jeder gegen jeden. Hinterhalte, Rache, manchmal zieht einer zu schnell. Daneben ganze Heere unschuldiger, elternloser Kinder. Ich habe noch nirgends so ein Kinderelend gesehen."

Und er hat viel gesehen.

„Es ist wahrscheinlich größer als irgendwo auf der Welt. Die Behörden sagen mir, in Südvietnam leben", Gmeiner beugt sich nach vor, „drei-hun-dert-tau-send Kinder als Flüchtlinge." Er greift zum Kaffee. Schaut Kutin an, ruhiger. Kutin fühlt sich beobachtet. „Helmut, denen müssen wir helfen, sonst hilft ihnen keiner. Die Großfamilien wurden zerstört, die Kinder gehören keinem. Die Regierung hat zwei Waisenhäuser errichtet. Zwei. Siebzig weitere die karitativen Organisationen. Ich habe fünfundzwanzig besucht. Auffanglager, sonst nichts. Elende Hütten oder Flugdächer. Die Kinder tragen gerade ein Hemdchen, schlafen auf dem Lehm." Gmeiner stellt die Tasse hin, steht mit einem Ruck auf, geht zum Fenster, Blick hinaus, leise: „Auf dem Lehm, Helmut. Auf dem Lehm." Er dreht sich um. „Ich wünsche mir – ich bitte dich, dass du in Vietnam die menschliche Aufbauarbeit übernimmst." Kutin fühlt, wie sich sein Körper in den Polster drückt. „Baue das Kinderdorf Go Vap auf, bei Saigon. Führe das Team. Eine Kindergärtnerin aus der Schweiz hat sich freiwillig gemeldet und eine Kinderärztin aus Belgien, eine vietnamesische Krankenschwester aus Paris und einige Mitarbeiter in Innsbruck." Langsam verschwindet er in dem Spalt zwischen den Pölstern. „Und dann leite das Kinderdorf in Vietnam, Asien." Weg.

Kutin braucht eine Minute. Gmeiner geht zum Schreibtisch und holt einen Aschenbecher.

„Und Sie trauen mir zu, etwas zu bewegen?"

In Gmeiners Gesicht blitzt etwas auf. Er setzt sich. „Ich glaube, man muss dort stehen, wo einen die Welt am notwendigsten braucht. Auch wenn das Gefahr bedeutet." Eine Hand dirigiert die Worte. „Wir haben auf unserer Fahne das Zeichen SOS – wenn wir uns nicht gerade hier einsetzen würden, wäre etwas an uns unwahr.

Mir wurde gesagt, dass ehrliche Helfer von keiner Partei etwas zu befürchten hätten."

„Und, glauben Sie es?"

Gmeiner rückt auf seinem Platz vor. Spitzer Blick. Er impft die Worte in Kutin. „Ich habe den Kindern von Vietnam das Versprechen gegeben, alles mir Mögliche zu tun."

Die dreizehn Kilometer lange Baulücke zwischen Amstetten-Ost und Amstetten-West reißt Kutin aus den Gedanken. Das Land ist weit. Er muss auf die Toilette. Gleich nach der Abfahrt hält er bei einem Gasthaus an.

Die Küche bereitet sich auf Mittag vor, es riecht nach Gekochtem und Gebackenem. Das Lokal ist schlicht, die Tische stehen eng. Hier macht man Geld mit der Autobahnlücke. Kutin schaut die Frau hinter der Schank an. „WC?" Sie deutet zur Tür. „Und einen Kaffee, bitte."

Wieder zurück, der Kaffee dampft auf der Schank. Zu früh zum Essen. In der Hinterbrühl war das Essen vorzüglich gewesen, Kutin mag gutes Essen. Was isst man in Vietnam? Gibt es etwas im Krieg?

Ein Mann betritt das Lokal, wird begrüßt. Hängt den Hut auf, nickt Kutin zu, setzt sich.

Reis hatte Gmeiner erwähnt. Kutin macht einen vorsichtigen Schluck vom heißen Kaffee, er mag Tassen nicht, bei denen kein Finger in den Henkel passt. Zwei Finger, fest halten. Von einem Reisbrotmann hatte Gmeiner erzählt. In Korea. Hang, Kang, Wang. Kutin bringt den Namen nicht mehr zusammen. Und von einem koreanischen Buben, der ihm ein paar Reiskörner geschenkt hat.

Kutin dreht sich mit einem Ruck zu dem Mann am Tisch, der schaut von der Zeitung auf. „Wussten Sie, dass Reis in Korea ein Glückssymbol ist?" Ein leerer Blick. „Es bedeutet Gesundheit, Friede, langes Leben und Glück." Ein langsames, überraschtes, aber anerkennendes Nicken.

Der Kaffee dampft noch. Asien. Vietnam. Vor ein paar Wochen

noch hatte er in der Maria-Theresien-Straße auf den Gleisen gesessen, blockierte die Straßenbahn und schrie mit den Studenten „Ho-Chi-Minh!". Er weiß nicht einmal, wo genau Vietnam liegt. Aber er protestierte dafür. Kutin versucht es wieder, der Kaffee ist noch zu heiß. Die Welt. Scheiß Ötztal. Scheiß Schnaps. Scheiß Protest. Kutin will die Welt. Er will sie sehen. Die Welt retten. Oder sich von ihr retten lassen.

Kutin holt eilig Geld aus der Hose. Während er aufs Zahlen wartet, sieht er eine Vitrine mit Zeug. Stifte, Blöcke, kleine Spielsachen. Mitbringsel für Reisende. „Geben Sie mir bitte noch eine Packung von den Luftballons."

Die Frau gibt ihm die Packung und sein Wechselgeld. Er steckt die Ballons in den Hosensack. Sie werden den Kindern gefallen.

Als Kutin geht, räumt die Kellnerin eine volle Tasse Kaffee ab.

„Ich habe mit den Behörden verhandelt. Der Sozialminister ist 28 Jahre alt. Stell dir das vor." Gmeiner holt aus einer Kommode eine Kristallflasche mit bräunlichem Inhalt, zwei Gläser. Er stellt sie auf den Tisch und lässt sich in seinen Sessel fallen. „Das Grundstück in Go Vap ist elftausend Quadratmeter groß. Sind viel herumgefahren und haben gesucht mit den Behörden. Starker Militärschutz, auf einem Jeep sechs schwer bewaffnete Vietnams." Gmeiner schenkt erst Kutin ein, dann sich. „Ungutes Gefühl. Überall Flüchtlingskinder aus dem Norden. Katholische Kinder. Helmut, auf alle Fragen, die ich mir gestellt habe, während ich das Leid gesehen habe, habe ich noch keine Antworten gefunden." Er hebt das Glas, deutet ein Prost an und trinkt einen großen Schluck. Kutin einen kleinen, der Nachgeschmack des Abendessens ist zu gut. Trotzdem brennt der Whiskey wie noch nie.

„Sie glauben, ich finde Antworten?"

Gmeiner überschlägt die Beine ganz breit, Knöchel auf Knie. „Aus Go Vap muss etwas Großes werden. Es liegt zwanzig Kilometer nordwestlich von Saigon City, am Rande des Dschungelgebietes. Es braucht ein Bollwerk gegen den Dschungel. Vierzig Häuser, eine eigene Schule, eine Krankenstation. Wir brauchen Kontakt zu den Behörden. Ihr braucht Rückhalt von den westlichen Menschen in der Stadt. Westliche Verhältnisse, Essen und Unterkunft, bis das Dorf steht."

Kutin nimmt einen größeren Schluck. Der Whiskey hilft. „Wir sollen doch helfen."

„Du kannst nicht helfen, wenn du selber leidest." Gmeiner energisch. „Ihr braucht Kraft." Er springt auf, holt eine Mappe. „Die Zeit drängt. Der Krieg wird grausamer. Ich habe die ersten Pläne gemacht, Häuser aus Fertigteilen, in Österreich produziert und nach Saigon verschifft. Aber für Vietnam gemacht. Auf Stelzen, termiten- und tropenresistent. Ein Kleinbus steht in Saigon für euch bereit, auch ein LKW."

Kutin hat die Augen weit offen. „Wann soll das denn anfangen?"

Gmeiner blättert in den Unterlagen. „Ihr müsst ein paar Wochen zur Schulung nach Paris. Französisch, Vietnamesisch, etwas über Land und Leute lernen." Er schaut auf, grinst Kutin an. „Du studierst ja eh so gerne."

Noch ein Schluck Whiskey. Kutin schaut ins Glas. „Ich habe in Innsbruck demonstriert, Ho Chi Minh geschrien."

Gmeiner schaut auf. „Und jetzt studierst du die Welt."

Bei Linz setzt der Regen wieder ein. Er und die Arbeit des blauen Käfers sind lauter als das Radio. Kutin dreht es ab. Er streckt sich im Sitzen durch so gut es geht. Dem Kopf geht es langsam besser. Er ist seltsam klar. Es wundert ihn nicht mehr.

Der Fahrtwind treibt die Tropfen auf der Scheibe auseinander. In Kutins Gedanken rinnt alles zusammen. Mit Hansjörg liegt er gerade ziemlich quer, er heimst alles ein, Kutin arbeitet. Zumindest seinem Gefühl nach. Der Ort ist ohnehin zu klein für beide. „Hat alles seine Zeit." Kutin seufzt. Seine weiteste Reise ging nach Verona. Zur „Aida". Kutin grinst. Während er in Verona die „Aida" genossen hatte, waren in Ötz die Touristen Amok gelaufen. Sie nehmen ständig zu viele, stecken sie ständig in nicht gebuchte

Hotels. In Zimmer ohne Fenster, bei Minusgraden, das war eigentlich zu viel. Es ist an der Zeit, das Schlitzohr in sich an die Kette zu legen. „Alles seine Zeit." Zeit, der Welt etwas zurückzugeben.

„Können Sie überhaupt noch an das Gute im Menschen glauben, Gmeiner?"

„Ich glaube, die Armut ist dazu da, dass sich die Menschen ihr gegenüber und vor Gott als wirkliche Menschen erweisen können. Daher müssen wir immer und überall dankbar dafür sein, wenn sich uns die Möglichkeit bietet, etwas Gutes zu tun. Denn Gutsein macht glücklich. Wir geben den Menschen die Möglichkeit, Gutes zu tun."

„Ist der Mensch gut?"

„Der Mensch ist unvollkommen. Aber er besitzt die Fähigkeit, seine Unzulänglichkeit zu überwinden."

„Und wie wird man gut?"

„Ich glaube, dass zum Gutsein vor allem Mut gehört!"

Kurz vor Salzburg entscheidet sich Kutin für die Strecke über Lofer. Die deutsche Autobahn ist schneller, aber ihm ist nicht nach der glatten Autobahn. Helmut Kutin ist nach Zweifeln. Nach Kurven und Windungen. Autobahnen passen nicht in die Welt. Sie fahren drüber oder drunter. Nicht den Berg entlang. „Herr Gmeiner passt so gar nicht in unsere Welt und hat sie doch verändert!", hat Fürstin Gracia von Monaco gesagt. 1965, natürlich in der Hinterbrühl. Gmeiner hatte sich vor dem Besuch über Gebräuche und Sitten ihres Landes erkundigt. Wie immer. Wie er es immer tat. Diese Sicherheit. Kann er das auch? Diese Sicherheit.

Die Zweifel schnüren Kutin ein. Er kennt das nicht. „Brot, Salz und Wein", sagt er. Die traditionellen Gaben Monacos. So einfach.

Kann es so einfach sein? Kann er so einfach sein? Kann er so sein?

„Lofer – fünfzehn Kilometer." Kutin blinkt auf einer langen Gerade nach rechts, hält den Wagen auf einem Weg an. Steigt aus, dunkle Wolken. Aber kein Regen.

Er sagt leise „Nimm“ lauter „dich selbst“ und schreit „nicht so wichtig!“ Der umliegende Wald schluckt den Schrei. Er zieht seine Tasche aus dem Auto, reißt sie auf, kramt, der Brief. Wo ist der Brief? Gmeiner hatte ihm einen Durchschlag davon mitgegeben. Ein weißes Eck blitzt, er zieht, ein Eck reißt ein. Entfaltet das Blatt, fliegt hastig über die Worte.

„Liebe Mütter! ... Freunde ... Mitarbeiter! Diesen Weihnachtsbrief schreibe ich Euch aus Saigon, der Hauptstadt ... vor einigen Tagen noch gar nicht, dass ich da sein werde, man hat mich hierher gebeten, die Not des Kindes ist hier größer als an jedem ... Ort der Welt. Hier ist ein hässlicher ... Krieg! ... Barrikaden ... Schussbereitschaft ... Kilometer entfernt ... die Front ... Hier feiert das Böse alle Triumphe und lässt hinter sich entsetzliche Not liegen. Kinderelend.“

Kutin presst sein Gesicht in beide Handflächen, der Brief zerknüllt. Weiter.

„... bald Weihnachten ... unsere Unzufriedenheit neben dieser Armut ... Angst vor dem Bösen ... Egoismus ... Kampf gegen den Dämon.“

Kutin schaut auf den Boden. Spricht leise. „Toter Dämon. Erst wenn wir wieder Kind sind, sind wir frei vom Übel der Welt.“

„Helmut, ich akzeptiere kein Nein. Dein Studium, davon halte ich nichts. Du machst es eben später.“

Gmeiner hat dieses Ding, Menschen zu vereinnahmen, mitzunehmen, aber voll und ganz. Es gibt keinen Zweifel. Du gehst jetzt und machst das. Es war das Schlusswort.

Regen, wieder dünn und dicht. Innerhalb von fünf Minuten ist der Brief aufgeweicht. Und Kutin sicher.

Im Inntal hängt Nebel. Die Fahrt auf der Bundesstraße geht langsam voran. Die Autobahn ist noch nicht fertig. Ab und zu eine Baustelle. Es entsteht etwas. Eine Autobahn ist fertig, eine wird gebaut. Bei der Abfahrt ins Zillertal will Kutin nicht an Zingerle denken. Er will sich selbst nicht so wichtig nehmen. Im Nebel taucht ein Haus nach dem anderen auf und verschwindet wieder.

„Weißt du, Helmut, so ein Dorf muss leuchten und hinausstrahlen in die Welt. Es muss die Menschen begeistern und allen bewusst machen, dass jedes Kind Liebe und Geborgenheit braucht, um wachsen und gedeihen zu können."

Der Gedanke an Zingerle lässt sich nicht verscheuchen. Nicht nur an dich denken. Bei der Hinfahrt war sich Kutin sicher gewesen, Gmeiner würde ihn bei der Ehre packen, Schuld gegenüber dem Kinderdorf oder so. Kein Wort davon. Nicht am ersten Tag. Nicht nach dem zwölften Whiskey. Nicht um vier Uhr früh. Nicht einmal, nachdem er ihm das Du-Wort angeboten hatte. Vielleicht war es genau das gewesen.

Der Nebel wird dichter.

Wem macht er etwas vor. Der Gmeiner hatte sogar seine einzige Bedingung, irgendwann weiterzustudieren, angenommen. „Nach einem Jahr kommst du zurück und machst an der Uni weiter."

Er hatte schon auf der Fahrt Richtung Wien gewusst, dass er Ja sagen würde.

Kutins Entschluss steht fest. Er atmet tief ein. Und aus.

Er muss im Ötztal anrufen. Den Hansjörg. Die Geschichten aus dem Ötztal fühlen sich vergangen an. Kutin schüttelt sanft den Kopf.

Im Nebel taucht eine Telefonzelle auf, Kutin bremst stark. Er lenkt ein, steigt aus, sofort eine Zigarette. Kurz nach Wattens, bevor die Bundesstraße den Inn quert. Er bläst kräftig aus, der Zigarettenrauch ist im Nebel nicht auszumachen.

Freizeichen. „Ja. Kuen."

„Helmut da."

„Ja, Helmut. Was gibt's."

„Hansjörg, ich hör auf." Seufzt. „Weißt', die paar Touristln." Er zieht an. „Ich geh nach Vietnam. Fürs Kinderdorf." Rauch, Nebel, alles eins.

„Und wie stellst du dir das vor. Ich mein, wie soll ich tun, allein?"

„Hansjörg, es passt schon. Wir haben eine gute Zeit gehabt. Nehmen wir uns nicht wichtig. Gehen wir in Frieden und Freundschaft auseinander."

„Wenn du meinst. Ich nehm es halt zur Kenntnis."
„Das ist gut. Danke. Schau auf dich."
„Du auch. Und komm einmal vorbei."
„Werd ich. Pfiat di."
Ein letzter Zug. Dann wirft Kutin die Zigarette weg.

Helmut Kutin war sich sofort sicher, als ihn Gmeiner im Frühjahr 1967 rief. Zurück in Innsbruck brach er alle Brücken ab. Er nahm sich vor, das Studium später abzuschließen. Mit Sicherheit. Vor allem wollte er vor Vietnam seine Geschwister noch einmal sehen. Zu den Brüdern hatte er nach dem Ritten kaum noch Kontakt gehabt. Nach schweren Erschütterungen verliert man sich leicht.

Eduard war nach Oberitalien gezogen und Möbelvertreter geworden. Er und seine neue Freundin hatten Helmut einmal in Egerdach besucht. Viktor war zuerst ein Jahr in Levico bei Caldonazzo in einem Erziehungsheim. Von dort war er in die Schweiz geschickt worden, in ein Programm, bei dem jemand nach fünf Jahren Arbeit auf einem Schweizer Bauernhof die Staatsbürgerschaft erhielt.

Vor der Abreise nach Vietnam fanden die Geschwister Kutin wieder zusammen. Der Staub hatte sich gelegt. Christines Mann mahnte Helmut, eine Kamera mitzunehmen und alles zu filmen.

Ein Schild: „Griaß di in Innsbruck!" Helmut Kutin spürt, sein Entschluss steht fest. Das Leben hat gut für ihn gesorgt. Es ist Zeit, einen Weg zu finden und das Steuer selbst in die Hand zu nehmen. Seinen Plan A kann er in ein paar Jahren noch immer umsetzen.

Dachte Kutin.

Tag 5.
Spätfrühling 1972. Innsbruck.

Er sieht das Zimmer nur durch den schmalen Schlitz, den die Augen erlauben. Er liegt. Verschwommen sieht Kutin mintgrüne Vorhänge. Dahinter Sonne. Die unpersönliche Deckenkonstruktion, Kunststoffquadrate in schmalen Metallrahmen. Die Neonröhren sind abgedreht. Kutin spürt seinen Körper, aber keinen Körperteil. Die Augenlieder sinken langsam zu. Er presst die Augen zusammen, ein bisschen, auch dafür ist er zu schwach. Dumpfe Geräusche, jemand geht, jemand spricht. Weit weg. Die Stimmen entfernen sich, die Bilder entfernen sich. Es ist leichter.

Kutin steht neben dem Spitalsbett und sieht, wie sich sein Körper hebt. Er schaut nach unten, ein hässliches Spitalshemd hängt herunter. Alles ist klein. Kleiner. Löcher in der Wolkendecke. Grelle Sonne. Der Himmel ist mintgrün, er weht um ihn, das Fenster ist offen.

Weit unter ihm durchziehen Hunderte Wasseradern und Flüsse und Bäche das Land. In Wellen vereinen sie sich, queren sich, stoßen wieder auseinander. Sie tropfen über ihm, ein Tropfen nach dem anderen, durch den Schlauch in seinen Körper. Ihr fließendes Chaos ist von geometrischen Feldern geordnet. Kutin beißt in ein rohes Reiskorn. Der Urwald brennt. Die Bäume nackt, die Menschen nackt. Die Menschen brennen. Der Schlauch in Kutins Nase brennt. Die Menschen laufen durcheinander. Ihre Habseligkeiten ziehen sie in Sandsäcken hinter sich her. Kutins Sandsack ist weiß. Eine schwere Decke. Ein riesiges Durcheinander. Über ihm tropf, tropf. Whiskey. Gmeiner hängt am Tropf. Kutin ist es zu viel. Einen noch, Helmut. Einen noch. Es brennt.

„Die Kinder. Zuerst die Kinder. Dann ihre Mütter. Die Kinder zuerst." Seine eigenen Schreie wecken Helmut Kutin auf. Die Augen geschlossen. Tausend Schmerzen im Körper. Eilige Schritte, das Geräusch einer Tür, die sich öffnet.

„Ganz ruhig, Herr Kutin. Sie sind im Krankenhaus. Alles ist gut.

Bleiben Sie ganz ruhig." Kutin atmet erleichtert aus. Die Frauenstimme hat Vorarlberger Dialekt. Sie kommt näher. „Lassen Sie die Augen noch zu."

Seine Lippen kleben zusammen. Ein angestrengter Laut bleibt im Mund. Er hat Fragen.

„Ganz ruhig. Sie hatten einen Unfall. Wir sind im Krankenhaus Innsbruck." Er spürt die Hand der Frauenstimme auf seinem Unterarm und ist froh, etwas zu spüren. „Strengen Sie sich nicht an."

Er versucht es wieder. Kräftiger. Aus der Kehle. Erst ein Grummeln. Der Ton arbeitet sich vor. Er holt sehr langsam Luft. „Die Kinder."

„Den Kindern geht es gut", sagt die Krankenschwester neben Kutin.

Er schläft ein.

Nur eine Stunde später fühlt sich Helmut Kutin deutlich stärker. Er betrachtet die Schläuche, die in und aus seinen Körper führen wie die Wasseradern des Mekong-Deltas südlich von Saigon, während der Arzt vor seinem Bett im Krankenblatt liest. Er spürt nun jeden Teil seines Körpers, jeden einzelnen Schmerz ganz deutlich.

„Herr Kutin, wir bekommen das wieder hin. Der Unfall hat Sie ganz schön mitgenommen, aber das wird wieder. Mit dreißig hält man das aus, da regeneriert sich der Körper schnell." Der Arzt klappt die Mappe zu, gibt sie der Schwester, schenkt Kutin noch ein aufbauendes Nicken. Und geht. Die zwei Jungärzte an seiner Seite trippeln ihm nach.

„Sie haben im Schlaf von Wasser gesprochen, von Flüssen. Und Reisfeldern."

Kutin dreht den Kopf zur Schwester. Er liest langsam „Anna-Maria" auf dem Schild an ihrer Brust. Er schaut auf, in ihre Augen.

„Vietnam. Ich war in Vietnam." Alles sehr langsam.

„Strengen Sie sich nicht an, Herr Kutin." Sie schlägt die Decke auf, seine Beine liegen frei. Langsam löst sie einen Verband. Kutin hebt den Kopf leicht an, ein gepresster Ton der Anstrengung.

„Keine Sorge. Nur Schnittwunden. Ich wechsle den Verband. Ruhen Sie sich aus."

Er legt den Kopf ab, schaut auf die Quadrat-Kunststoff-Decke. Er folgt den Metallrahmen. „Von überall haben wir die Kinder zusammengesammelt. Danang, Buon Ma Thuot, Hue. Südvietnam. Kinder, überall auf dem Boden. Herumgefahren, zusammengesammelt. Die haben ja nicht auf das Kinderdorf gewartet." Er hebt den Kopf, soweit es geht. „Wissen Sie, die Menschen arrangieren sich mit dem Krieg." Schmerzen. „So gut es geht. Die Kinder sitzen in allen Winkeln."

Schwester Anna-Maria schaut Kutin an. Sie lächelt sanft. Hätte Fragen. Widmet sich wieder den Wunden.

„Keiner hat gewartet. Die Sozialämter haben nichts getan. Später waren wir überbevölkert, aber am Anfang hat sich nichts getan. Tausende Kriegswaisen, aber wo?" Kutins Stimme klingt mit jedem Wort stärker.

Anna-Maria stoppt. Sie schaut auf viele kleine Narben, winzig. Sie streicht darüber. „Woher kommen die Narben?" Sie dreht den Kopf zu Kutin und glaubt, ein Schmunzeln zu erkennen.

Kutin schaut zur Decke. Der Kopf ist zu schwer. „Ein verrückter Pfarrer. Lebt in der Nähe der Demarkationslinie. Dahinter Nordvietnam, wissen Sie."

Anna-Maria weiß nicht. Nickt aber.

„Als er von uns gehört hat, ist er nach Saigon gekommen. Er fand das Kinderdorf toll. Er hat so viele Kinder ohne Eltern. Wir sind zu ihm, kleine Stadt an der Linie, gleich bei der Front. Aber geschossen wird sowieso überall. Überall."

„Wir?"

„Ich und die Tran, meine Mitarbeiterin." Kutins Blick bleibt an einer Kreuzung der Metallschienen hängen. Die Augen weit offen. Der Mund offen. Fast tonlos wiederholt er. „Tran." Für einen Moment schließt er die Augen, dann zur Schwester: „Die Narben. Der Pfarrer, vietnamesischer Kathole, draußen am Strand. Rundherum Free Fire Zone. Ab fünf Uhr abends wird auf alles geschossen. Die Amerikaner, auf alles, was sich bewegt. Als uns der Irre gesehen hat, hat er die Glocken geläutet. Alle Kinder ohne Eltern sollten kommen, aus allen Fischerdörfern. Die Tran war verzweifelt. Ist da gesessen mit unseren schönen Formularen." Anna-Maria hört aus tiefstem Herzen ein kraftloses Ha-Ha. Kutin schaut sie an, ernst. „Wir haben nur acht Kinder nehmen können. Hundert sind gekommen. Acht ausgesucht. Alle wollen nach Saigon, weg von der Free Fire Zone. Vier Geschwisterpaare, wo wirklich keine Eltern mehr am Leben waren. Denen wir es geglaubt haben. Das Aussuchen, es hat so lange gedauert."

Anna-Maria gibt Kutin einen Becher mit Wasser. Sie will ihm eine Pause geben. Er nimmt das Wasser, macht einen Schluck. Er atmet hastiger. Die Pause nimmt er nicht.

„Wir sind nicht mehr weggekommen vor fünf Uhr. Schlafstätte in diesen Bambusdingern, meine Füße sind bei der Tür rausgehängt." Sie lächelt. Er auch. „Nichts geschlafen, Moskitos, aber in der Früh alles rot. Draußen die Dorfbevölkerung, hat die ganze Nacht geschaut, wie ich dort schlafe. Lachen. Viel Lachen. Lachen ist wertvoll im Krieg."

„Das glaube ich. Es muss furchtbar sein."

Ha-Ha. Stärker, nicht stark. „In der Früh sind wir in die Pfarrer-Residenz in der Stadt gefahren. Dann das Größte: Frühstück! Zwei Ministranten mit riesen Fächern, solche aus dem alten Vietnam." Kutin sieht ihr erstauntes Gesicht. „Der Krieg ist so unterschiedlich. Ich hab gesagt: ‚Lasst das, ich ertrage es nicht.' Der Pfarrer hat gesagt: ‚Nein, nein, das gehört dazu!' Der Krieg ist auch normal. Und der Pfarrer lebt nahe am Krieg. Wir sind mit den acht nach Danang zum Flughafen, ich habe eine Bestätigung für Air Vietnam gehabt, alle sagen Air America, die CIA-Airline, fliegt die internationalen Organisationen herum. Und dann immer Maschinen nach Saigon, wir nie dabei. Den ganzen Tag, um zwei in der Nacht hab ich einen Soldaten dort gefragt. Der schaut auf das Papier und hat nur gelacht: ‚Man, you have Priority ten. This can take a week. Do something!' Ich bin früh in die Stadt, zum Offizier. Der spielt in seinem Büro grad mit der vietnamesischen Sekretärin Papiere werfen, eine Hetz. Hat keine Zeit. Beim Rausgehen treffe ich einen Oberst. Der kann ein paar Worte Deutsch, hat sich gefreut, Deutsch zu reden. Aber auf Englisch gesagt: ‚We have to find a better story. Write: We have eight children whose parents have been accidently killed by airjets from the United States of America in an attack for Vietcong bases.' Zack, geschrieben, unterschrieben. Innerhalb von zehn Minuten Priority one!" Ha-Ha. Anna-Maria erschrickt. „So ist das im Krieg."

Der Krieg ist auch lächerlich.

Kutin und der Krieg mussten einander erst kennenlernen. Im Februar 1968 hätten Gmeiner und er nach Saigon fliegen sollen. Aber in der Nacht vom 30. Jänner, an dem das vietnamesische Neujahrsfest Tet Nguyen Dan stattfand, schlugen die nordvietnamesischen Vietkong in einer konzentrierten Aktion an mehreren Schauplätzen in Südvietnam zu. Saigon lag in schwarzen Wolken. Diese Tet-Offensive verwandelte den Vietnamkrieg endgültig zur Schlange, die in jeder Sekunde an jedem Ort zubeißen konnte. Feinde und Freunde mit gleichen Gesichtern, Sicherheit und Tod an den gleichen Orten, Vertrauen und Verrat. Die erste Phase der Offensive kostete bis April sechzigtausend Menschen das Leben, siebenhunderttausend die Unterkunft. Während dieser Kämpfe warteten Kutin und Gmeiner auf eine Möglichkeit. Unmittelbar danach flog Kutin ohne Gmeiner nach Saigon. Die „Passadena", das Schiff mit den Fertighäusern, das vor Monaten in Bremerhaven verabschiedet worden war und in Singapur das Ende der Tet-Krise abgewartet hatte, konnte ebenfalls Saigon anlaufen. Kutin startete mit zwei Ingenieuren und einem Architekten aus Europa den Aufbau des Kinderdorfes Go Vap. Hunderte Helfer fanden sich ein. Im Krieg haben die Menschen außer Überleben oft nichts zu tun. Es ging zügig voran, auch wenn die Situation schwierig war.

Als es eröffnet wurde, fehlten die Kinder. Die vietnamesischen Behörden hatten sich nicht darum gekümmert. Kutin und Vietnam begegneten einander. Er sah Tausende hilflose Kinder, irgendwo im Dreck untergebracht.

Bald nach Kutins Besuch in der Hinterbrühl war das Team Vietnam zum Training nach Paris gefahren. Den Vietnamesischkurs strich Kutin sofort, sinnlos in drei Monaten. Wohnen bei französischen Familien, dazu Kurs und Einzelstunden. Der Kunstschlosser Horst Laimer, der wie Kutin in Imst aufgewachsen war, und er überrissen schnell, dass man das Taggeld nicht bei den Familien abgeben muss, wenn man auswärts aß. Horst sollte erst 1969 nach Saigon kommen, um als Techniker zu helfen.

Für Kutin war die Zeit des Aufbaus von Go Vap prägend. Die Kinder, die er in ganz Südvietnam aus der Kriegssituation holte. Er hatte rasch Kontakt zu verschiedenen Gruppen: belgische Laien-Schwestern der Kirche, Sozialarbeiterinnen, sozial Tätige und Journalisten. Er zog im Krieg herum, auf der Suche nach den Kindern, die am nötigsten Hilfe brauchten.

Nach deprimierenden Anfängen war das SOS-Kinderdorf nach einem Jahr durchaus bekannt, Menschen traten an Kutin heran. Neben dem vietnamesischen katholischen Pfarrer aus dem Frontgebiet auch französische Ordensschwestern aus Buon Ma Thuot. Als Kutin in die Stadt kam, war er gleich Gast des Provinzgouverneurs, natürlich ein Militär. Die Stadt in den Bergen, umgeben von Wald, bedrängt von Vietkongs. Ein anderer Gast im feinen Haus des Gouverneurs spielte nach dem Abendessen auf der Geige die „Kleine Nachtmusik". Draußen fuhr jede halbe Stunde ein Panzer die Hauptstraße auf und ab, Angst und Abschreckung. Der Gouverneur stellte Kutin und den fünf Kindern Priority one für den Flug nach Saigon aus.

Nach drei Jahren kam Kutin erstmals wieder nach Österreich. Er studierte ein paar Monate. Er dachte oft an die Momente, als er den Kinderdorf-Müttern in Go Vap die zusammengesammelten Kinder übergab. Ihre Augen ließen ihn nicht los.

Vor Ostern 1972 besuchte Kutin seine Schwester Christine und deren Mann in Bozen. Auf der Rückfahrt nach Innsbruck verunglückte Kutin schwer mit seinem blauen VW-Käfer.

„So, das war die Letzte. Ende der Qual." Anna-Maria lächelt Kutin an und legt die Spritze weg. Er lächelt zurück.

„Nicht schlimm. In Paris war das ganze Team eine Woche lang weggetreten, weil wir was weiß ich wie viele Impfungen bekamen. Vollkommen sinnlos. Tollwut, Cholera, Pockennachimpfung. Wir waren alle vollkommen krank." Er schaut zum Fenster, die mintgrünen Vorhänge auf der Seite. Draußen ist es hell, bewölkt, mit Löchern in der Wolkendecke. Wieder zur Schwester. „Nur die Zöhrer nicht. Die Zöhrer nicht."

Anna-Maria denkt nach, er hatte keine Zöhrer erwähnt. „Zöhrer?"

Stimme von hinten: „Eine Köchin aus dem Zillertal. Aber der Helmut mag sie nicht." Kutin und Anna-Maria drehen gleichzeitig den Kopf zur Tür. Sie ist offen, Gmeiner steht dort. Er strahlt.

Kutin strahlt zurück. „War ja auch eine Bombenidee: eine Köchin, damit in Vietnam alle was Gescheites zu Essen haben." Stille. Die Schwester schaut Kutin an, wieder zu Gmeiner. Kutin: „Grüß dich, Hermann. Schön, dich zu sehen."

Drei flotte Schritte, Gmeiner beugt sich, herzliche Umarmung. Gmeiner holt sich einen Stuhl, zieht ihn ans Bett, nimmt Platz. Zur Schwester: „Bei seinem ersten Anruf aus Paris, die ersten Worte: ‚Also die Zöhrer kann ich nicht haben. Die darf nicht mit.'" Er verdeckt seinen Mund mit einer Hand, imitiert ein Flüstern: „Zu dominant für ihn!"

Kutin reißt Mund und Augen auf. „Eine bekannte Größe im Kinderdorf, tolle Frau, sehr frankophil, hat an der Sorbonne Französisch studiert. Und war nicht auszuhalten." Die Männer lachen, Anna-Maria mit. Sie lässt die beiden alleine. Kutins Blick haftet bis zur Tür an ihr. Dann dreht er den Kopf zu Gmeiner. Gmeiner weiß um Kutins Sorgen.

Er legt seine Hand auf Kutins. „Es geht allen gut." Er drückt die Hand. „Auch der Tran." Kutins Gesicht entspannt sich. Gmeiner sagt nichts. Er kennt die asiatische Sensibilität, manches nicht zu sagen.

Kutin auch, sagt es trotzdem. „Ich bin so dankbar für Tran." Er schaut ihm tief in die Augen, hebt den Kopf, legt ihn wieder ab. „Und der Horst?"

„Allen geht es gut. Helmut, wie ist das passiert?"

„Ich weiß es nicht mehr. Ich habe mich von Christine verabschiedet. Ihr Mann Walter hat zum Abschied gesagt: Immer Filmen! Wie immer. Er ist so begeistert von meiner Arbeit, Hermann. Er hat in den zwei Tagen, in denen ich in Bozen war, alle meine 8-mm-Filme aus Vietnam angeschaut. Das ist das Wichtigste für ihn. Er lebt richtig mit."

„Deine Geschwister sind alle begeistert. Sie rufen mich ja an. Du bist ein Held für sie." Kutin will das nicht hören. Er dreht den Kopf zum Fenster. „Spätestens seit deinem ersten Fernsehauftritt. Weißt' noch, beim Conrads." Gmeiner imitiert den Wiener Dialekt: „Guten Abend die Madln, servas die Buam."

Kutin schmunzelt, ohne den Kopf vom Fenster abzuwenden. „Wir waren als letzte dran. Die Ott war auch da. Der Conrads hat gesagt: Die gehen nach Vietnam!" Er dreht den Kopf zu Gmeiner. „Im Zug zurück nach Innsbruck. Geschneit hat's. Wäh!"

Auf der Terrasse eines neuen Stelzenhauses im SOS-Kinderdorf Go Vap steht eine Sitzgruppe. Gmeiner auf der Bank, Kutin auf dem Sessel. Dazwischen ein Tischchen mit Glasplatte. Die Kerze darauf ist die einzige Lichtquelle. Die Sonne ist schon vor Stunden untergegangen, aber der Steinboden ist noch warm. Kutin hält ein Glas Wein in der Hand. Gmeiner schenkt sich Whiskey ein. Er liebt Whiskey, Kutin kann ihn nicht mehr sehen. Beim Whiskey hat er einfach nicht Gmeiners Format. Während Gmeiner einen großen Schluck nimmt, sagt Kutin: „Einer der Kriegsberichterstatter ist heute nach der Eröffnung zu mir gekommen. Weißt du, was er gesagt hat?" Gmeiner schaut in sein Glas. Zufrieden. „Das ist seine erste positive Geschichte seit zwei Jahren hier. Und die Schlagzeile morgen ist ‚Ich habe das Wunder von Saigon miterlebt'." Gmeiner grinst. Sie schweigen. Über Saigon liegt eine ruhige Nacht. Kutin genießt die seltene Stille. Er schaut Gmeiner an, der nachdenklich ins Glas starrt. Kutin genießt auch diese seltene Stille. Er denkt an die vergangenen zwei Jahre, die seit dem Anruf Gmeiners vergangen sind. Wie eng er jetzt mit ihm ist, die Vorbereitungsreisen in Deutschland und Österreich. Wie das Team nach der Tet-Offensive bröckelte, Sorgen der Familien, die Zöhrer zu dominant. An die Zeit des Wartens, Einreise nach Vietnam nicht möglich, Manila, Japan, schließlich Hongkong. Die Verabschiedung am Flughafen Hongkong. Gmeiner nach Delhi, Kutin nach Saigon. Wieder und wieder hatte Gmeiner gefragt: Helmut, willst du wirklich nach Saigon? Sehr emotionale Situation.

Gmeiner stellt den Whiskey auf die Glasplatte. Das laute Geräusch holt Kutin aus den Gedanken zurück in diesen 6. Februar 1969. Der Tag, an dem das SOS-Kinderdorf Go Vap eröffnet worden war. Einundvierzig Häuser, eine Schule, eine Krankenstation, fünfhundert Kinder. Vietnam ist nun offiziell eines der neunundzwanzig SOS-Länder, Go Vap eines von siebzig SOS-Projekten. Kutin zieht eine Marlboro aus der Packung.

Gmeiner greift sich mit beiden Händen an den Rücken. Verzieht das Gesicht, streckt sich durch, Schmerzen. Er lehnt seine Ellenbogen auf die Knie, rückt vor. „Es ist gut, da zu sein."

„Ja, das ist gut." Kutin zieht an.

„Ich meine, auch für die Aufmerksamkeit von SOS."

„Du hast eine schöne Rede gehalten vorhin. Die Proklamation des Kindes." Kutin bemüht sich, den Worten etwas Großes mitzugeben.

„Es ist so, Helmut. Die Zukunft wird nicht von Fortschritt und Politik entschieden. Sondern ob wir Kinder zur Menschenwürde erziehen." Er greift zum Glas und wiederholt die Worte, die er am Nachmittag zu den Journalisten, europäischen Mitarbeitern und den vietnamesischen Beamten gesagt hat: „Zu dieser Menschenwürde gehört in erster Linie, dass jedes Kind nicht nur das proklamierte Recht auf ein Daheim hat, sondern dieses Daheim wirklich hat. Nicht nur das proklamierte Recht auf das tägliche Brot, sondern dieses Brot wirklich hat. Nicht nur das proklamierte Recht auf Schulbildung, sondern diese Schulbildung auch wirklich hat."

Kutin hatte schon bei der Rede das Gefühl, dass Gmeiner diese Worte ganz besonders zu ihm sagte. Er unterbricht ihn und setzt fort: „Ich erlasse diese Proklamation anlässlich der Eröffnung des bisher größten SOS-Kinderdorfes der Welt als einfacher Mensch, als einer, der sich nur in den Dienst des verlassenen Kindes in der Welt gestellt hat." Gmeiner lacht. Bravo, hebt das Glas, sie stoßen an. Diese Worte, hier, das Wunder von Saigon.

Gmeiner schenkt sich nach. „In Europa werfen mir die Mitarbeiter vor, dass es nicht zu verantworten sei, jetzt hier zu sein, sich der Gefahr auszusetzen."

„Habe ich gehört."

„Sie werfen mir vor, ich tue das aus einer Selbstgefälligkeit heraus." Kutin weiß, dass Gmeiner solche Kritik nicht leicht an sich heran lässt.

„Ich verstehe sie ein bisschen, Hermann. Du musst sie auch verstehen. Wer das hier nicht gesehen hat, weiß es nicht besser."

Gmeiner greift sich wieder an den Rücken. Plötzlich schauen beide zum dunklen Himmel. Ein Dröhnen wird lauter. Als es fast unerträglich ist, kreuzt ein amerikanischer B-52-Bomber den Himmel über dem Dorf. Das Dröhnen wird langsam leiser. Kutin schaut Gmeiner an: „Sie bombardieren manchmal in der Nähe im Dschungel Vietkong-Nester." Gmeiners Blick auf Kutin, seine Ruhe überrascht ihn. Ein Pfeifen, plötzlich eine Explosion. Noch eine. Es zittert, das Haus, der Couchtisch, das Glas bewegt sich. Die Stelzen. Halten die Stelzen? Das Zittern ebbt ab. Sie schauen einander an. Gmeiner schenkt sich Whiskey ein. Er führt das Glas zum Mund. Bevor er trinkt, sagt er: „Weißt du, Helmut, ich mag diesen Krieg nicht. Ich hasse Krieg."

Kutin greift zu seinem Weinglas. „Ich liebe ihn heiß." Ein Blick. Statt eines Lachens trinken beide. Eine Minute vergeht, die Stille ist zurück. „Was sagst du ihnen, warum du da bist?"

Gmeiner lehnt sich zurück. „Dass ich das unvorstellbare Elend der Kinder gesehen habe. Dass ich Mitleid habe. Dass wir etwas angefangen haben. Dass die Lage nicht so gefährlich war, als wir die Fundamente gelegt haben. Dass ein Schiff verabschiedet wurde, anvertraute Millionen, eine große Aktion, viele Spender: Ein Schiff fährt nach Saigon und hat ein Dorf geladen." Er schweigt kurz. Denkt nach. „Ich sage ihnen nicht, dass Bomben fallen. Dass ich daran dachte, das Projekt aufzugeben." Ein Schluck. „Helmut, ich habe ein Versprechen gegeben. Wir haben keine Wahl."

Gmeiner steht auf, verschwindet im Haus. Er kommt mit einem Zettel und einem Stift zurück, legt beides vor Kutin hin. Er bleibt stehen, wirkt sehr aufgewühlt. Er diktiert: „Liebe Mütter, liebe Mitarbeiter! Viele werden nicht verstehen, dass ich jetzt in Vietnam bin. Aber ich habe ein unvorstellbares Elend gesehen …"

Kutin öffnet die Augen, Gmeiner sitzt noch neben seinem Bett. „Wieder und wieder hast du mich in Hongkong gefragt, ob ich wirklich nach Vietnam einfliegen will. Ob ich nicht lieber nach Indien mitkomme."

„Du hast dich für Saigon entschieden."

Kutin weiß, dass Gmeiner selbst auch mit wollte. Aber er hatte Sorge zu tragen. Für das Ganze. Der Welt etwas geben. „Nicht nur an sich denken, gell."

Gmeiner nickt langsam, andächtig. Kutin versteht ihn. „Ich bin für alle der Vater, ich bin verantwortlich."

Kutin selbst ist es für Vietnam. Mitten im Krieg. „Es wird nicht vorbei sein, auch wenn die Amerikaner abziehen. Aber wir haben in Go Vap schöne Jahre. Meine Mütter. Meine Kinder. Und ich. Ein fast normales Leben." Kutin dreht beschämt den Kopf Richtung Mintgrün. Er versteht es selbst nicht. Krieg. Schöne Jahre.

Gmeiner spricht einfach: „Kannst du dich an den Gustl erinnern, in Imst?" Kutin reagiert nicht. „Der war, bevor er ins Dorf kam, in einer Anstalt für Schwererziehbare. Und als der Gustl dann im Dorf Imst war, war sein Freund Klaus noch in dieser Anstalt. Der Gustl wollte ihm einen Brief schreiben. Bevor der

Gustl den Brief beendet hatte, riefen ein paar andere Kinder zum Fester hinein, er solle spielen kommen. Gustl konnte der Verlockung nicht widerstehen. So konnte es geschehen, dass Gustls Kinderdorf-Mutter zufällig einen flüchtigen Blick auf die holprigen Zeilen werfen konnte: ‚Lieber Klaus! Es geht mir gut. Wir leben hier wie normale Leute.'"

Kutin dreht sich wieder zu Gmeiner. Er ist sich sicher, dass die Geschichte so nie passiert ist. Aber das ist egal.

„Helmut, unsere Aufgabe ist nichts anderes, als den Kindern eine normale Welt zu bieten."

Er möchte es einfach glauben. Damit einschlafen. Sein Körper schmerzt noch. Aber es nagt an Kutin. Zweifel. Fragen. Mit einem Ruck richtet er sich auf, auf die Ellenbogen gestützt, näher an Gmeiner. „Hermann, diese Ideale, sie sind so schwer zu verstehen im Krieg. Die Bomben sind zu laut."

„Ich glaube, dass wir der Verwirklichung solcher Ideale nirgends näher sind als dort, wo wir dem Kind begegnen und uns mit seinen Problemen auseinandersetzen müssen. Du hast die Chance, wie sonst kaum wo, die unheilvolle Kette alten Fehlverhaltens zu brechen." Sanft stützt er Kutin, der sich wieder hinlegt.

Die Gedanken, Druck in Kutins Kopf. Gmeiner sorgt sich. „Weißt du, dass der Hansheinz fast im Boden versunken ist?" Ein Blick Kutins. Vielleicht will er sich ablenken lassen. „Als die Queen von England da war. Im Kinderdorf Seekirchen. Der Reinprecht hat mir eine Rede geschrieben. Auf Englisch, so, dass ich sie nur vorlesen brauchte. Aber als ich da oben stand, fand ich das lächerlich. Ich hab den Zettel weggeschmissen und dreimal ‚Welcome' gesagt. Dann hab ich sie umarmt. ‚Welcome, your majesty'. Die Leibwächter und der Botschafter wurden ganz wahnsinnig. Drei Tage haben alle über nix anderes geredet." Kutin merkt, dass er schmunzelt.

„Wieso lernst du keine Sprachen? Hab ich mich schon als dein Caldonazzo-Dolmetscher gefragt."

„Erstens versteht man mich auch so." Kutin versteht die Sturheit

nicht. „Außerdem hat die Queen dann in London zu einem Reporter gesagt: ‚Das war ohne Zweifel die schönste, menschlichste und nachhaltigste Begegnung während unseres ganzen Aufenthalts.'"
Aber er bewundert den Erfolg der Sturheit.

Er denkt an Vietnam. An Kinderaugen. Bevor er zu Ende denkt, sagt er: „Hermann, wenn ich wieder nach Saigon gehe ... Aber fertig studieren will ich schon."

Gmeiner möchte sanft lächeln. Er lächelt milde. „Ich hab nicht fertig studiert. Nicht einmal halb. Aber ich bin zweimal Ehrendoktor. Ich besorge dir dann genügend Doktortitel."

Draußen läuten die Osterglocken. Die Erlösung ist nah. Die Sonne nützt jede Lücke in den Wolken und erleuchtet Innsbruck.

Die Vorhänge sind geschlossen. Gmeiner hat sie zugezogen, als er das Zimmer verließ. Helmut braucht Ruhe. Er braucht die Kraft. Er wird sie brauchen.

Kutin schaut an seinem Spitalshemd hinunter zum kalten Boden. Er hebt den Kopf, der Blick haftet an dem Karo-Muster des Kirchenganges. Ostersonntag 1968, der gute Katholik Helmut Kutin steht in der Kathedrale Notre-Dame in Saigon, zwei Wochen Saigon. Er hört sich „Halleluja" singen. Menschen sprechen ihn an, die ganze Kirche, er antwortet auf Französisch, keiner versteht ihn. Kutin läuft hinaus, verliert sein Spitalshemd, noch mehr Menschen, die Kinder hängen sich an ihn. Eines hat keine Arme, eines ein Bein in der Hand. Einem Kind fehlt die Haut. Ein Stadtplan flattert vom Himmel wie alle Blätter im Wald von den Bäumen fallen. Die Bäume sind nackt. Kutin kann die Straßennamen nicht lesen, er prägte sich den Weg nach Go Vap ein. Er springt in einen blauen VW-Käfer, Verkehr, Kampfflugzeuge überholen ihn. Er biegt in eine Gasse, kennt die Einbahnstraßen nicht. Am Ende der Gasse bricht ein Damm, Hunderte kommen ihm entgegen, Fahrräder, Motorroller, Fahrrad-Rikschas, er reißt den Wagen auf den Gehsteig, bei der nächsten Quergasse biegt er wieder ein. Zwischen den Häusern plötzlich ein Berg, der Ritten, der Sallrainhof. Kein Kontakt zur Bauernfamilie, der Bauernhof, genau gleich, aber er kommt Kutin jetzt mickrig klein vor.

Er hört Glocken, laute Glocken, der Kopf tut ihm weh. Er sitzt auf den Schienen der Innsbrucker Straßenbahn, „Ho Chi Minh!", er schaut an sich hinunter, Südtiroler Tracht. Laute Glocken. Die Talferbrücke, der Brenner. Das Auto kommt ins Schleudern, quer, ein Knall.

Helmut Kutin wacht auf. Sein Herz rast. Sein Spitalshemd ist durchgeschwitzt.

Er stammelt leise. „Die Kinder des Krieges, aus dem Napalm, im Dorf schreien sie in den Nächten."

Es dauerte lange, bis die SOS-Kinderdorfmütter das Elend halbwegs in den Griff bekamen.

„Wieder Dorfleiter sein. Sich aufrichten. Die Kinder brauchen. Den Vater."

Kutin versuchte den Kindern und Jugendlichen das Gefühl zu geben, ich mag dich, ich will dich, auch du gehörst zu uns. Ihr seid nicht allein. Er hatte seine schönste Zeit als Dorfleiter, in diesem Zusammenleben, mit dieser großen Familie.

„Ich habe meinen Teil hinter mir. Nicht mein Schicksal. Das Schicksal der Kinder."

Die Mütter schufen eine gute Dorfgemeinschaft. Kutin hatte sie ausgesucht. SOS-Kinderdorf-Mutter, ein idealer Frauenberuf! Keine Vorbildung erforderlich. Soziale Sicherstellung, besondere Altersversorgung für Mütter im SOS-Kinderdorf!

„Gute Mütter. Gute Frauen. Lebensaufgabe."

Kutin schläft erschöpft ein.

„Herr Kutin. Aufwachen." Er spürt, dass ihn jemand sanft an der Schulter rüttelt. Er dreht den Kopf gerade, öffnet die Augen. Anna-Maria steht neben seinem Bett.

„Sie haben lange geschlafen. Wie fühlen Sie sich?"

Kutin schaut um sich, er streckt seinen Körper. Dreht den Kopf zum Fenster, es ist dunkel hinter dem Mintgrün. Sein Körper fühlt sich besser an. Er kann die Schmerzen lokalisieren. „Es ist okay."

„Ich habe gute Nachrichten. Zwei." Kutin hebt die Augenbrauen. „Der Doktor sagt, Sie können bald gehen."

Kutin richtet sich auf. „Nach Vietnam."

„Eigentlich einmal nach Hause." Sie lächelt verlegen. „Und zweitens habe ich hier Essen für Sie." Sie deutet auf den Betttisch. Ein Tablett darauf. Rostbraten. Zwiebel. Anna-Maria deutet Kutin, sich vorzulehnen. Sie stellt die Rückenlehne auf, schiebt einen Polster hinter seinen Rücken.

Kutin lehnt sich zurück, presst die Augen zusammen, Schwindel. Die schwarzen Punkte verschwinden wieder. Als er die Augen aufmacht, hat die Schwester das Essen schon vor ihn geschoben. Er greift zum Besteck. Schiebt mit dem Messer den Zwiebel vom Fleisch. Und isst.

„Darf ich Sie etwas fragen, Herr Kutin?" Kutin genießt den warmen Bissen im Mund. Er deutet zum Sessel. Sie stellt ihn zum Bett, setzt sich.

Bissen unten. „Gerne. Zu einem guten Essen gehört gute Gesellschaft." Er würdigt ihre Anwesenheit mit einem Lächeln.

Anna-Maria scheint nervös. Sie setzt zweimal an. Dann: „Wie lebt man im Krieg?"

Kutin legt das Besteck zur Seite. Greift zur Serviette. Trinkt einen Schluck aus dem Becher. Er schindet Zeit. „Nach einer Weile nimmt man vieles nicht mehr wahr." Kutin muss es ihr langsam beibringen. „In Saigon kann es ruhig sein, drückende Hitze und Stille, nur die Dschungelgeräusche am Rand. Menschen, die zur Arbeit gehen. Sie sind den Krieg schon gewöhnt. Müssen sie, sonst verzweifelt man. Bei Tag eine geschäftige Stadt." Er schaut Anna-Maria an. Offene Augen. „Panzer, ja. Stacheldraht, ja. Soldaten, ja. Aber meistens spielen um die Gewehrstellungen Kinder." Starre Augen. „Am besten ist es, wenn es ruhig ist. Aber eine beklemmende Ruhe. Alarmbereitschaft. Mit Einbruch der Dunkelheit geht kein Mensch mehr raus. Und in der Ferne oft Bombeneinschläge. Feuerschein." Anna-Maria schlägt eine Hand vor den Mund. „Ich dachte damals, ich will es versuchen. Die ersten Monate waren schwer, aber ich hatte Unterstützung von Klosterschwestern. Die haben sich dieses jungen Mannes Kutin besonders gerne angenommen." Kutin lacht, nicht für sich, er lacht Anna-Maria an. Es funktioniert, sie zieht die Hand vom Mund, der Anflug eines Lachens. „Bei den Schwestern haben wir auch die erste Mütterschule gemacht. Ziemlich schnell dreißig Kinderdorf-Mütter gefunden, später noch mehr. Nach sechs Monaten kam dann der Rest unseres Teams: eine Ärztin, eine Krankenschwester, ein Handwerker und Techniker. Und Tran. Eine Vietnamesin, die sich in Frankreich als Kinderdorf-Mutter gemeldet hatte." Er fixiert ihre Augen. „Eine ganz wunderbare Mitarbeiterin. Die beste von allen." Er greift zum Besteck.

„Gehen Sie wieder hin?"

Er legt es wieder weg. Ein Schluck aus dem Becher. Nimmt das Besteck. Wieder weg. „Mein Ho-Chi-Minh-Gebrüll wurde weniger. Die Vietnamesen, die Amerikaner, mit ihnen arbeiten. Aber ... ich will mein Studium abschließen." Sie zieht die Augenbrauen fragend hoch. „Volkswirtschaft. Welthandel. Ich bin zurückgekommen, um Prüfungen zu machen. Ich habe meine Schwester in Bozen besucht und dann ..." Kutin fällt der Unfall ein. Ein schwerer Unfall. Deswegen ist er da. Er schaut Anna-Maria an. Verloren. „Ich weiß es nicht."

Nach drei Jahren in Vietnam hatte sich Helmut Kutin verliebt. In das asiatische Gefühl. In die Menschen, die Lebensform, Spiritualität, Fleiß und die Aufbruchsstimmung. Vor allem in die Aufgabe. Go Vap war bei der Eröffnung das größte SOS-Kinderdorf der Welt. Vor seiner Rückkehr nach Vietnam betraute Gmeiner ihn mit der Verantwortung für ganz Asien. Als Asien-Repräsentant von SOS-Kinderdorf International bekam Kutin bei einem Korea-Besuch einmal ein Willkommensband. Darauf gestickt: Mr. Ku Tin.

Der Bub, dem die Liebe mit fünfeinhalb entrissen worden war, hatte mit einunddreißig seine erste große Liebe gefunden. Vietnam.

Das Studium gab er innerlich auf. Auch wenn er sich das erst Jahre später eingestand.

Anna-Maria läuft den Gang hinunter. Sie will nicht rufen. Kurz vor der Stationstür holt sie Kutin ein. Er geht nach Hause. „Ich wünsche Ihnen alles Gute, Herr Kutin. Gehen Sie nach Vietnam! Ich kenne niemanden, der so von seinem Beruf spricht."

Kutin gibt ihr die Hand, lässt sie nicht los. „Es ist mein Leben. Leidende Kinder, die irgendwann fest im Leben stehen. Wenn ich durch das Dorf gehe und erlebe, dass ein Kind, das geprügelt war, auf einmal wieder lachen kann. Es ist nicht nur ein Beruf."

Er geht humpelnd zwei Schritte, stoppt. Dreht sich um. „Aber wem erzähle ich das."

Helmut Kutin spürt, sein Entschluss steht fest. Vietnam. Kein Plan B.

Tag 6.
März 1976. Ho Chi Minh City (vormals Saigon) bis Bangkok.

Kutin hält den Vorhang mit einer Hand einen Spalt zur Seite und schaut aus dem Fenster. Davor stehen drei der Kinderdorfhäuser, aber durch eine schmale Flucht sieht er weit in das Kinderdorf hinein. Niemand. Es ist leer. Kein Kind, keine Mutter. Er schaut zum Himmel. Die Sonne ist erst aufgegangen, schon gleißendes Licht, aber noch keine Hitze. Einzelne Wolken, groß, bauchig, weiß. Er seufzt, schiebt den Vorhang so zurecht, dass er das gesamte Fenster verdeckt, wie er es immer tut, wenn er sein Zimmer verlässt. Diesmal ist es egal. Er geht um das Bett herum, sein Bett, darauf sein Koffer. Gepackt. Er drückt auf das erste Schloss. Es rastet ein. Das zweite. Geschlossen.

Er setzt sich auf das freie Eck des Bettes, blickt durch das Zimmer. Er will die Dinge nehmen, wie sie sind. „Wie's kimp, wird's g'fress'n." Er glaubt es sich selbst nicht. Die Hoffnung ist ihm ausgegangen. Nun reist er also doch ab. Nicht vor einem Jahr, aber nun doch. Er stützt die Ellenbogen auf die Knie und legt die Hände aufs Gesicht. Warum. Wie sich der Blickwinkel ändert. 1975 wollte er zum Heimaturlaub, nach knapp drei Jahren, sechs Monate Prüfungen, sein Studium abschließen. Doktorarbeit „Wirtschaftliche Entwicklung in Vietnam". Kutin lacht in die Hände. Entwicklung in Vietnam. Er schaut zum Papierkorb und sieht etwas Weißes hervorblitzen. Seine Recherchen. Seit einem Jahr hatte er sie nicht mehr in der Hand gehabt. Heute hat er sie weggeworfen.

Die Normalität ist jetzt anders. Er steht auf, nimmt seinen Koffer, verlässt das Zimmer und vermeidet beim Schließen einen letzten Blick hinein. Im Vorraum des Hauses entkommt er der Erinnerung nicht mehr. Vier Türen zu vier Zimmern. Im hintersten hatte immer Gmeiner geschlafen. Kutin steht und starrt.

Kurz nach dem Pariser Friedensabkommen vom 27. Jänner 1973 begrüßte Kutin den euphorischen Gmeiner im Vorraum des Gästehauses Go Vap. Alle US-Truppen waren abgezogen, der Krieg nach dreißig Jahren offiziell beendet. „Helmut, ich war bewegt wie schon lange nicht mehr, als das Flugzeug zur Landung ansetzte. Ich vermag es kaum zu fassen."

Kutin packt ihn an der Schulter. „Zurecht, Hermann. Die Situation hat sich kaum verändert. Der Krieg hat unvorstellbares Elend hinterlassen. Gestern war ich in einem maßlos überfüllten Waisenhaus. Die Betreuer waren weg, um Essen zu beschaffen. Damit den Kindern nichts passiert, hatten sie die dreißig auf ein paar Tische zusammengehockt. Sie wurden von einem Hund in Schach gehalten." Zum ersten Mal überhaupt hält er gegen Gmeiners Euphorie. „Immerhin haben wir ein zweites Dorf fixiert. Das wunderbare Dalat."

„Wie geht es weiter mit SOS Vietnam? Gut, dass wir auf die Hilfe der Amerikaner immer verzichtet haben. Ein kluger Entschluss."

„Hermann, die aus dem Norden sind nicht besser. Und die Südvietnamesen auch nicht."

„Ich habe wirklich Angst um unsere Kinderdorf-Arbeit hier. Angst, Helmut."

„Naja. Wie's kimp, wird's g'fress'n."

Kutin dreht sich im Vorraum zum Ausgang. Macht die Augen zu. Um nicht zu sehen. Will das Zimmer daneben ignorieren. Um den Tränen keinen Weg zu geben. Trans Zimmer. „Sie fehlt mir." Sie fehlen ihm alle. Alle westlichen Mitarbeiter waren schon evakuiert.

Die Vietnamesin Tran Ti Sin war selbst im Waisenhaus aufgewachsen und später von den Klosterschwestern nach Frankreich verschickt worden. Sie wurde Diplomkrankenschwester und bewarb sich genau in dem Jahr als SOS-Kinderdorf-Mutter, in dem Vietnam Thema wurde. Für Kutin war sie Dolmetscherin und tragende Mitarbeiterin. Kurz vor dem Einmarsch Nordvietnams in Saigon ließ er sie ausfliegen, aus Angst, sie würde als Vietnamesin mit ausländischem Pass verfolgt werden. Sein Leben lang zweifelte er, ob das richtig war. Kurz danach brach ihr Krebs aus.

Ein Schritt, dann steht er draußen. Die Sonne blendet Kutin nicht.

Nicht heute. Er geht langsam, das helle Licht leuchtet jeden Winkel aus. Er speichert die Orte. Die Terrassen. Alles leer. Aber Kutin weiß, wie voll dieses Dorf ist. Wie reich. Ihm dämmert hundertfaches Lachen. Er geht auf den Steinfließen am Bürohaus vorbei. Den Koffer in der Hand. Aufrecht. Die Kinder sollen sehen, dass er aufrecht geht. Irgendwo müssen sie sein. In den Häusern, hinter den Fenstern. Er kann sie verstehen. Er hasst diesen Abschied. Kutin stoppt, bevor er um die Ecke geht. Dahinter steht der Wagen. Das Tor. Das Tor aus seiner Welt. Er atmet durch. Los.

Aber hinter der Ecke steht kein Wagen. Das Tor ist offen, das Auto parkt draußen. Zwischen ihm und dem Ausgang liegen dreißig Meter, knapp fünfhundert Kinder und fünfzig Mütter. Auf dem Boden.

Also schon wieder.

Als Helmut Kutin nach seinem Unfall 1972 in das Dorf Go Vap zurückkehrte, hatte er zur Ankündigung ein Telegramm geschickt. Es war aber nicht angekommen. Niemand holte ihn ab. Am Flughafen Saigon nahm er ein kleines Renault-Taxi zum Dorf. Als er durch das Tor trat und ihn das erste Kind sah, schrie es laut: „Vater, Vater! Der Vater ist zurück!“ Aus allen vierzig Häusern stürzten die Kinder, zwei Kleine noch nackt aus der Dusche. Und die Mütter. Erlösungsschreie. Sie hatten nicht geglaubt, dass er noch einmal zurückkommt. Es war die Spontanität. Wäre das Telegramm angekommen, hätten sie ihn abgeholt wie immer, ein paar Kinder, ein paar Blumen. Aber diese fünf Minuten waren kein Fest, sondern die Rückkehr des Familienvaters. Er nannte alle beim Namen, gab jedem Kind einen Luftballon. Mit jedem Kind, das ihn umarmte, erlebte er Familie, das Glück einer Kindheit. Er war Vater. Mit dem Auftrag „Lass uns nicht mehr allein“. Kutin weinte weder innerlich noch äußerlich. Es war der Moment, wo er sich gesagt hat: „Ich kann sie nicht mehr im Stich lassen.“

Nach der Einnahme des Südens 1975 wollten die kommunistischen Kriegsgewinner Helmut Kutin aus dem Land weisen. Sie wollten die SOS-Kinderdörfer loswerden, wie sie alles Westliche loswerden wollten. Er blieb stur bei seinen Müttern und Kindern, hielt ihre Welt für ein weiteres Jahr aufrecht. Im März 1976 stellte ihn die neue Regierung schließlich vor keine Wahl: Ausreise oder Tod. Sein erster Abreiseversuch ging daneben, alle Kinder und Mütter hatten sich vor sein Haus gestellt, ließen ihn nicht durch. Flug gestrichen. Eine Woche später legten sich alle auf den Boden vor dem Tor. Helmut Kutin musste mit dem Koffer in der Hand über seine Kinder und seine Mütter steigen, um das Auto zu erreichen. Es war der letztmögliche Flug.

Er sagte: „Ich verspreche, ich werde wiederkommen." Und entschied in diesen Minuten endgültig, auf eine eigene leibliche Familie zu verzichten. Dort, wo die Kinder ihn Vater nannten.

Erst im Auto eine Träne. Er schaut nicht mehr zu den Kindern. Kann es nicht. Er sitzt auf der Rückbank, Blick auf die Straße. Außerhalb des Dorfes, hier war stets Wahnsinn, noch immer, nur keine Bomben mehr. Menschen mit Karren. Wenige Mopeds. Der gierige Krieg hatte alles gefressen. Das Auto fährt am Zaun des Dorfes entlang. Die letzten Tage bevor die Roten gekommen waren, da hatte er hier Angst. Vor dem einen Einschlag, mit dem alles vorbei sein konnte. Die letzten Tage waren ... lebensgefährlich. „Lebensgefährlich." Kutin buchstabiert es fast. Im Krieg weiß man, wo man hingehört. Ins Kinderdorf. Vielleicht in die Stadt. Nicht hinaus. Im Krieg tut man nichts Unnötiges. Es ist nicht schön, wenn kleine Kinder in Teilen herumliegen.

Kutin schaut aus dem Fenster, um den Anblick aus dem Kopf zu bekommen. Krüppel. Bettler. Kinder. Wenn es den Kindern nur gut geht. Es geht nur um die Sicherheit ... „der Familie".

Der Lenker des Wagens dreht sich zu ihm. „Wie?", fragt er auf Vietnamesisch.

Kutin schüttelt den Kopf. Zögert. Doch etwas. „Fahren Sie durch die Stadt, bitte." Der Lenker schaut in den Rückspiegel, aber an Kutin vorbei. Kutin dreht sich um, durch das Rückfenster sieht er ein auffällig unauffälliges Auto. Sie kontrollieren also, ob er fliegt.

Er dreht sich wieder zum Lenker. „Bitte." Bei der nächsten Kreuzung biegt der Lenker links ab. Zum Flughafen geht es geradeaus.

Kutin dankt mit einem deutlichen Lächeln. Er widmet sich wieder der Straße. Der Krieg ist vorbei, sagen sie. Draußen liegen Menschen, wie nach einem Marathonlauf. Unfähig sich zu bewegen, stöbern schwerfällig in den Haufen. Paralysiert. Wie damals in Bozen. Der Krieg hat ihm schon wieder seine Familie genommen. Kutin starrt. Er weint nicht. Paralysiert.

Kutin hatte nicht gedacht, dass es wirklich soweit kommen würde.

Er erkennt die Bäume. Die Straße. Er rückt nach rechts, sieht aus dem anderen Fenster, presst seine Stirn an die Scheibe. Der Lenker geht vom Gas. In Zeitlupe zieht das Bürohaus vorbei. Das Haus in Downtown Saigon hatte er gleich am Anfang als SOS-Büro gekauft. Nun haben die Kommunisten Saigon in Ho Chi Minh City umbenannt und das Haus in Downtown beschlagnahmt. Wie oft war er im vergangenen Jahr verzweifelt diese Treppe hinaufmarschiert? Unerwünscht. Aber jede Woche hier. Um zu zeigen, wem das Haus gehört.

Kutin dreht den Kopf nach vor. Eine Querstraße, dann rechts. Zum Zentrum. Hier kennt Kutin alles. Zum Café. Immer wieder Militär zum Frühstück treffen. Um einen Überblick zu bekommen. Über Ho Chi Minhs Motto scherzen: Independence, Freedom, Happiness. „Ein schöner Schmarrn von Freiheit." Der Lenker dreht sich nicht mehr um, lässt ihn reden. Die Treffen mit Ausländern im spanischen Lokal. CIA-Mann. Vatikan-Abgesandter. Tischtennis spielen.

Der Lenker biegt nach links ab. „Stopp", ruft Kutin. Der Lenker hält, den Blick im Rückspiegel.

Kutin ist der Rückspiegel egal. Er steigt aus. Dreht sich um die eigene Achse. Die Straße. Diese Straße. Fassaden, französische Kolonialrelikte. Im Hotel Continental hatten sie sich getroffen, nachdem eine Granate eingeschlagen war. Im Krieg ist der sicherste Platz der, wo schon eine Granate eingeschlagen hat. Diese Straße: Rue Catinat bei den Kolonialisten. Dann Tu Do. Jetzt Dong Khoi. Kutin fühlt sich wie die Straße. Machtlos gegen die Geschichte. Er geht zu dem Eingang seines Stammcafés am Eck.

Einmal hatte ein Mann vom Erholungsheim für hohe Militärs aus Nordvietnam vis à vis auf der Straße zu ihm gesagt: „Ich habe Sie eine Zeitlang beobachtet, Sie machen eine gute Sache. Wo ich kann, werde ich Sie unterstützen."

„Nix hat's geholfen." Den letzten Schritt in die Erinnerung. Er greift zur Türschnalle, das Café ist abgeschlossen. Ein Kapitel vorbei.

Vor dem Flughafen parkt das unauffällige Auto zehn Meter hinter ihnen. Niemand steigt aus, Kutin schon. Er bleibt stehen, zieht eine Zigarette aus der offenen Packung in der linken Brusttasche seines Hemdes. Steckt sie in den Mund, holt das Feuerzeug aus der Hosentasche, raucht sie an. Der Lenker stellt seinen Koffer auf dem Gehsteig ab. In diesem Jahr war Kutin oft hier, um Mitarbeiter auszufliegen. Immer die gleiche Frage: Und du? Immer die Antwort, ich bleibe noch. So viele letzte Maschinen nicht genommen. Es kam immer eine nach. So viele Sorgen, so viel Hilfe. Er bläst den Rauch in den Himmel. Wirft die Zigarette weg und greift zum Koffer. Die Tür des unauffälligen Autos geht auf, ein Mann in Uniform steigt aus, Sterne und einiges Gold auf den Schultern, setzt die Kappe auf, kommt auf ihn zu. Er kennt ihn aus dem Bürogebäude.

„Sie werden mir fehlen." Der Uniformierte zieht eine Packung Zigaretten aus der Hose, raucht sich eine an. Er lehnt sich an den Wagen, der Kutin gebracht hat, ein Bein abgewinkelt. Grinst, während er Kutin die offene Packung entgegenstreckt, eine Zigarette schaut heraus.

Kutin schaut zu dem Mann hinunter, zwei Köpfe kleiner als er, vielleicht in seinem Alter. Er möchte alles auf ihn laden. Ohne den Koffer abzustellen, sagt er ruhig: „Ich habe Ihnen schon einmal gesagt: Wir sind nicht gekommen, um schnell wieder zu gehen. Sondern um zu bleiben." Kutin wendet sich ab und geht Richtung Eingang.

Es ist der Uniformierte, der „auf Wiedersehen" sagt.

Im Flughafen ist es muffig, dämmrig und voll. Noch immer wollen viele aus dem Land. Kutin zieht das Air-France-Ticket für den Evakuierungsflug aus der rechten Brusttasche, Bangkok. Er behält es in der Hand. Er schaut sich um, der Visumschalter vereinsamt. Nicht geschlossen, aber unbesetzt. Niemand will nach Ho Chi Minh City. Nach Saigon wollten viele. Stundenlang stand er an. Für ein Visum in die Hölle.

Beim Air-France-Schalter denkt niemand mehr daran, eine Warteschlange zu bilden. Kutin hasst den Mittelplatz. Alles nur kein Mittelsitz. Heute egal. Er nimmt die Bordkarte, die Dame am Schalter und er tauschen einen sorgenvollen Blick aus, Kutin geht. Der Koffer bei ihm. Aus einem Kiosk riechen gedämpfte Zwiebel. Kutin geht ohne Umweg und Halt zum Rollfeld. Durch ein großes Fenster sieht er ein Flugzeug von hinten aufsteigen. Er starrt auf die Flügel. Sie bleiben waagrecht, sie wackeln kein bisschen.

Das zweite SOS-Kinderdorf Vietnams wurde 1974 in Dalat eröffnet. Kutin fühlte mit der Stadt in den Bergen sofort eine innige Verbindung. Das Klima war auf tausendachthundert Metern Seehöhe mehr Innsbruck als Mekong-Delta. Die Franzosen hatten hier zu Kolonialzeiten ein Refugium errichtet, alte Villen, der Chic eines Ferienortes. Zur Eröffnung des Dorfes wurden Kutin und Gmeiner vom stellvertretenden Premierminister in das prachtvolle Haus auf dem Hügel zum Dinner geladen. Bis zu seiner Abdankung 1945 residierte hier der letzte vietnamesische Kaiser Bao Dai, nun die Staatsspitze. Die Dinner-Gesellschaft wurde von zweihundert Soldaten geschützt.

Das Glück von Dalat währte für Kutin zunächst nur ein Jahr.

Im März 1975 zog sich die Schlinge um Dalat immer weiter zu. Informationen sind im Krieg nie gesichert, aber Kutin hörte immer öfter, dass der Norden vorrückt. Am 22. März stand die nordvietnamesische Armee nicht mehr weit von Dalat. Die Zufahrtsstraßen waren von ihren Kampfjets schon zerstört worden. Flucht nur mit dem Flugzeug möglich. Kutin erhielt einen Anruf: „Wir haben einen Platz, der ist für Sie. Alle anderen in Ihrem Dorf sind Vietnamesen, die müssen sich um sich selbst kümmern.“ Bis dahin hatte ihm der amerikanische Konsul in Dalat stets versprochen, dass es überhaupt keine Schwierigkeiten geben würde. Wenn es so weit sei, würden seine Kinder und er, alle, nach Saigon ausgeflogen werden – darauf könne sich Kutin hundertprozentig verlassen. Aber Kutin kannte den Krieg schon zu lange, als sich auf ihn zu verlassen. Auch Versprechen sind im Krieg nie gesichert.

Am Morgen des 23. März 1975 packt Kutin alle Kinder und Mütter zusammen. Zum Flughafen. Er hatte über private Kanäle in Saigon eine DC-3-Maschine organisiert. Telefonisch war genau ausgemacht worden, dass das Flugzeug in der Früh kommen, am oberen Ende des Flugfeldes stehenbleiben würde und die Kinder aus dem Bus direkt in die Maschine einsteigen könnten.

Als ihr Bus von der Straße zum Vorplatz des Flughafens einbiegt, bleibt er in einer Menschenmenge stecken. Der ganze Vorplatz schwarz mit Menschen, die alle noch einen Platz wollten. Es ist einer der schwierigsten Momente in Kutins Leben. Flehende Gesichter. Aber er hat eigene Sorgen. Seine Kinder aus Dalat bringen. Am Telefon hatte er die Zusage für vierzig Personen bekommen. In seinem Bus sitzen achtundneunzig. Seine Kinder, seine Mütter. Kutin weist den Busfahrer mit einer Handbewegung an, so nah wie möglich an den Zaun zu fahren, zum hintersten Winkel. Er will mit den Kindern nicht durch die Flughafen-Holzbaracke, sinnloser Versuch. Direkt durch den Zaun, auf das Flugfeld. Der Bus kommt nicht weiter. Zu den Kindern: Los hinaus, da durch, zum Flugzeug, einsteigen, einsteigen! Vor dem Zaun drängen Tausende. Soldaten sichern ihn. Innerhalb des Zauns laufen die zwei Piloten der DC-3 auf ihn zu.

Sie verschwenden keine Zeit mit Grüßen: „Wie viele sind das?“

Kutin schiebt weiter seine Kinder durch das Loch im Zaun, die Soldaten lassen ihn. „Ja, fünfzig. Sechzig.“

Der Pilot schaut auf die Gruppe, die Hälfte vor, die Hälfte hinter dem Zaun. Es sind viel mehr. „Mann, das können wir nicht machen!“ Sorgen, Verständnis, Unmögliches. Alles in einem Gesicht.

Kutin deutet einem Mitarbeiter mit einem Kopfnicken, er solle die Kinder weiterschieben. Er nimmt einen der Piloten am Arm, zieht ihn zur Baracke. Sie kommen als Ausländer ohne Probleme an den Soldaten und ihren Maschinengewehren vorbei, die der schwarzen Menge den Zutritt zum Flughafen versperren. Er zieht den Piloten zu der verwaisten Bar in der mickrigen Abflughalle, der andere Pilot war bei dem Mitarbeiter geblieben, der die Kinder durch den Zaun schiebt. Kutin greift hinter die Bar, zwei schmutzige Gläser, eine Flasche Whiskey, schenkt mit Schwung ein. Er schiebt das Glas zum Piloten. Beiden läuft schmutziger Schweiß übers Gesicht. „Wir müssen es wenigstens probieren."

Der Pilot versucht, Verzweiflung in einem Schluck zu ertränken.

Kutin schaut ihn an: „Ohne Gepäck, ohne nix. Nur die Kinder und die Mütter."

Der Pilot schaut ihm in die Augen: „Sie sind wahnsinnig."

Kutin sagt nichts. Er blickt den Piloten an.

„Ich habe schon Evakuierungsflüge aus Shanghai gemacht. Viele. Schlimme. Überfüllte. Aber hundert statt vierzig ..." Er stürzt den Whiskey weg. Glas weg, stechender Blick. „Also, ich sag Ihnen, wie wir es machen: Alle rein. Keine Taschen, keine Koffer. Ich fliege los. Wenn ich mit den Flügeln so mach ...", er hebt eine Hand, spreizt Daumen und kleinen Finger ab und imitiert das leichte Wackeln zweier Flügel, „dann flieg ich nach Saigon. Wenn nicht, drehe ich um und bin in fünf Minuten wieder da." Kutins Gesicht regt sich nicht. Das ist nicht viel. „Mehr hab ich nicht." Der Pilot zieht Kutin am Arm zum Ausgang Richtung Rollfeld.

Die Kinder und Mütter sitzen zusammengekauert vor der DC-3, der andere Pilot daneben. Auf ein Kopfnicken seines Kollegen zieht er Kinder zur Stiege, drückt sie hinauf zum Flugzeug-Eingang, die anderen folgen. Kutin ruft: „Ohne Gepäck, alles da lassen." Jedes Kind schaut zu ihm, während es die Gangway hinaufsteigt. Ein Augenpaar nach dem anderen verschwindet in der DC-3. Auf dem Rollfeld bleiben Taschen, ein paar Puppen, zwei kleine Pölster. Tür zu, ein schwaches Lächeln aus dem Cockpit. Kutin steht, der Lärm lauter als seine Worte: „Lieber Gott, Vater im Himmel, ich bitte dich, ich flehe dich an ...", die DC-3 rollt zur Startbahn, „es sind auch deine Kinder. Es sind meine Kinder. Bitte. Ich bitte dich dieses eine Mal." Die Motoren auf Maximum. „Bitte. Bitte." Der Pilot gibt vollen Schub. Startbahn. Langsam hebt die Maschine ab. Hundert Meter, zweihundert. „Bitte. Mach, dass sie ..." Bevor die Maschine in einer Wolke verschwindet, wackeln ihre Flügel. Zwei Tränen ziehen Spuren auf Kutins schmutzigem Gesicht.

Am 24. März berichtete die *New York Times* unter der Schlagzeile „Alte DC-3 rettet 98 vietnamesische Waisenkinder" von einem neuen Rekord. Noch nie hatte eine DC-3 mehr als 84 Menschen transportiert. Der Rekord wurde eingetragen.

Kutin blieb mit vier Mitarbeitern noch eine Woche im SOS-Kinderdorf Dalat. Es war eine der schwersten Wochen.

Es sind vielleicht hundert Meter vom Flughafengebäude zum Flugzeug. Darauf steht in neuen Lettern „Ho Chi Minh Airport". Kutin aber verlässt Saigon. Er geht diese letzten Meter langsam. Er schaut in den Himmel. Die Sonne drückt schon. In der Ebene Saigons baut sich der Dunst langsam auf. Da oben, in Dalat, herrscht ein wunderbares Klima. Kutin bleibt stehen, starrt nach Norden. Tennis wollte er da oben lernen, herrliche Plätze, guter Lehrer, in Hongkong hatte er einen Schläger gekauft. Trainingsbeginn März hatte er mit dem Lehrer abgemacht. Er schaut auf den Koffer. Der Tennisschläger ist drin. „Die Kommunisten haben meine Pläne zunichte gemacht", sagt Kutin ins Nichts.

Seit der Rückkehr nach Vietnam war Helmut Kutin für ganz Asien zuständig gewesen, von Korea bis Pakistan unterwegs. Immer, wenn er von Reisen zurück nach Vietnam kam, fuhr er nach Dalat. In den Jahren 1972 bis 1975 bewältigte Kutin die Strecke sicher dreißig Mal mit dem Auto. Um den Aufbau des Dorfes zu kontrollieren. Um nach dem Rechten zu sehen. Und weil es sein Zuhause war.

Auf der Gangway zur Air-France-Maschine drängen sich Menschen. Sie haben ein Ticket, aber dennoch. Kutin schaut in die Gesichter. Sie waren alle so lange wie möglich geblieben. Das letzte Gedränge. In den vergangenen Jahren war es kaum mehr möglich gewesen, ein Ticket von Saigon nach Bangkok zu bekommen. Auf dem Weg zurück war er meist der einzige Passagier im Flugzeug. Kutin bückt sich durch den niederen Eingang ins Flugzeug. Er vermeidet einen letzten Blick auf sein Vietnam.

Kutin nimmt emotionslos auf einem Mittelsitz Platz. Sein Sitznachbar schaut ihn an. Runde, drahtige Brillen. Locken, kaum dreißig. Freundliches Gesicht. „Stephen. Most people call me Steve." Amerikaner.

Kutin schüttelt die entgegengestreckte Hand. Er greift zu den beiden Gurtenden, führt sie zusammen. Zieht seinen Pass aus der rechten Brusttasche, in der er auch das Ticket hatte. Nun ist sie leer. Er schaut den Pass an. Das Wappen. Austria. Diplomatenpass. Druckfrisch. Vor einer Woche gekommen.

Die österreichische Regierung hatte dem in Vietnam verbliebenen Helmut Kutin im Eilverfahren die Staatsbürgerschaft verliehen. Nun war er Österreicher. Er spürt Steves neugierigen Blick.

„Sie sind Österreicher."

„Südtiroler."

„Aus Italien?"

Das Flugzeug startet seine Motoren. Kutin dreht sich zu dem unbekannten Steve, der ihn also als Italiener deklariert. Er möchte protestieren. Aber er hat zu wenig Energie. Ein Ruck, das Flugzeug rollt los. „Ich bin Südtiroler. Das ist ein gewaltiger Unterschied. Wir sind lockerer, weil wir schon mit zehn Jahren Wein trinken." Kutin schaut dabei ernst. Steve schmunzelt. Er ist sympathisch, das muss ihm Kutin lassen.

„Aber Sie sprechen Italienisch."

„Wenn ich will, aber meistens will ich nicht. Innere Aversion." Steve weiß nicht, wie er reagieren soll.

„Also dann Deutsch, offensichtlich Englisch und Italienisch – wenn Sie wollen. Wow. Noch mehr Sprachen?"

Der Lockenkopf ist neugierig, vielleicht eine Ablenkung. Das Flugzeug wartet auf den Start. „Sagen wir, ich kann mich in fünf

Sprachen verteidigen." Besser reden als auf den Start zu warten. Kutin will nicht abreisen. „Ich spreche erklecklich Deutsch, Italienisch, ich kann durchaus Englisch, weil ich viel auf Reisen bin. Ich kann mich auf Französisch relativ gut verteidigen. Und Alltägliches auf Vietnamesisch. Drei Brocken oder so." Steve mag Understatement. „Und das Wort ‚Danke' kann ich in vielen Sprachen. Wissen Sie, Steve, was mein Vater immer gesagt hat: ‚Mit dem Hut in der Hand kommt man durchs ganze Land.'" Kutin seufzt schwach. „Aber nicht im Krieg. Bomben fragen nicht."

Steve nickt zustimmen.

Das Flugzeug beschleunigt, Kutin schließt die Augen. Es hebt sanft ab, verliert den Kontakt zum Boden. Langsam löst es sich von Vietnam. Mit einem Mal öffnet er die Augen und dreht den Kopf zum Fenster, vorgebeugt, an Steve vorbei. Er kneift die Augen zusammen, suchend. Da, da ist es. Er deutet Steve, hinzuschauen. „Sehen Sie die Straße nach Norden. Das ist der Weg nach Dalat."

Steve erkennt, dass sich die vielen Wege aus Ho Chi Minh City in der Ferne zu einer Straße vereinen. Er schaut Kutin ins Gesicht. Es sieht müde aus.

„Ich bin die Strecke einmal in drei Stunden gefahren. Damals war hier alles frei." Kutin kümmert sich nicht um Steves Reaktion. „Hinaus aus dem Dunst. Immer frische Luft. Zuerst verbrannte Dörfer, oft zerstörte Brücken, Barackenlager. Aber dann grüne Hügel, Bananenplantagen, Tee, Kaffee. In den geschützten Regionen Flüchtlinge. Wo die Vietkong waren, kaum Menschen." Kutin beugt sich zum Fenster, so weit der Gurt erlaubt. „Dalat war damals die wunderschöne Sommerstadt für die französischen Kolonialherren. Der Bischof machte für unsere Mütter aus Go Vap Einkehrtage. Und dann hat er mich auf dieses Grundstück aufmerksam gemacht." Eine bauchige, makellos weiße Wolke schluckt das Flugzeug. Kutin lehnt sich zurück.

„Ich war nie da oben. Was ist so besonders an Dalat?" Auch für Steve ist ein Gespräch besser als die Erinnerung an die Hölle, aus der er gerade kommt.

Kutin schaut ihn direkt an. Sein Dalat. Sein Dorf. Das erste Kinderdorf, das Kutin selbstständig von Anfang an geplant hatte, Entscheidung, Grundstück, Details, Einrichtung. Er atmet ein, hält inne.

„Dalat ist mein Imst. Imst bei Innsbruck, wissen Sie." Steve schüttelt unsicher den Kopf. Kutin realisiert, dass er zu weit weg ist. Er wischt sich mit einer Hand über das Gesicht, von der Stirn bis zum Kinn. Öffnet den Gurt, dreht sich zu Steve. Draußen nur Wolken. „Helmut. Ich bin für das SOS-Kinderdorf in Vietnam." Steve lächelt dankbar und nickt eilig zur Bestätigung, kennt er. „Seit 1968 bin ich in Saigon."

Steve hebt eine Hand, streckt den Zeigefinger und imitiert einen offiziell-strengen Ton: „Ho Chi Minh City." Er grinst.

„Ja, Ho Chi Minh. Wir haben in Go Vap ein großes Kinderdorf errichtet. In Dalat das zweite gebaut. Zum ersten Mal war ich 1972 oben. Und sofort verliebt, eine altfranzösische Recreation-Stadt, wo die Franzosen schon ihre Kinder zur Schule hingeschickt haben, fantastische katholische Schulen. Ein Jahr später haben wir mit dem Bau begonnen, und in der Zeit bin ich immer mit dem Auto hin und zurück."

„In drei Stunden, right?"

„Also, sagen wir dreieinhalb. Aber in der Zeit habe ich es nur einmal geschafft. Ich musste in einem Tag hinauf und wieder herunter nach ... damals ja noch Saigon." Es waren bessere Tage, als Ho Chi Minh City noch Saigon geheißen hatte. „Die letzten Kilometer auf der Zufahrtsstraße nach Dalat wurden ab sieben Uhr abends gesperrt. Deswegen musste ich Gas geben. Bei dieser Fahrt bin ich nicht einmal in Bao Loc zum Essen stehengeblieben. Sonst oft. Da war kaum jemand unterwegs. Und die Straße war gut, weil ihr Amis sie hergerichtet habt. Die Vietkong haben immer wieder ein paar Granaten reingeschmissen, um zu zeigen: Wir sind da. Und ihr Amerikaner habt sie wieder repariert, um zu zeigen: Wir auch!" Steve sieht Kutin zum ersten Mal lächeln. Ohne Ton.

Die Eröffnung des SOS-Kinderdorfes Dalat im Jahr 1974 wurde zum letzten Vietnam-Besuch von Hermann Gmeiner. Als ihn

Kutin auf dem kleinen Flughafen begrüßte, sagte Gmeiner: „Du bleibst auf jeden Fall hier. In Innsbruck würden wir uns nur streiten." Kutin gab Gmeiner recht. Er wollte von diesem Ort ohnehin nicht mehr weg. Das Kinderdorf Dalat hatte bei der Eröffnung nur fünf Häuser, in vier lebten Mütter mit ihren Kindern, in Haus Nr. 5 waren das Büro, ein Speisesaal und die Zimmer für die Mitarbeiter. Und Kutins Zimmer. Die Häuser hatte er so gruppiert, dass sich ein klassischer asiatischer Mittelplatz ergab. Ein Imst außerhalb von Imst. Ein Zuhause.

Bei der Feierlichkeit war die kleine Tribüne voll südvietnamesischer Militärs und Politiker. Das Fest endete zeitig. Gmeiners Rückenschmerzen wurden neuerlich so schlimm, dass er am nächsten Tag mit dem Militärflugzeug des stellvertretenden Premierministers nach Saigon abreiste. Kutin fuhr zugleich mit dem Auto.

Auf der Strecke von Dalat nach Saigon wechselten sich während des Krieges sichere und gefährliche Passagen ab. Da waren die Dörfer von den Katholiken, die wegen des kommunistischen Regimes in den Süden emigriert waren. Erkennbar an den Kirchen. Dort war die südvietnamesische Armee wenig präsent, die Bewohner waren strikte Antikommunisten, das beste Bollwerk gegen eine Infiltration durch Vietkongs. In anderen Abschnitten verbreiteten immer wieder kleine Angriffe der Vietkongs, die auch den Verkehr unterbanden, Angst. Es war wichtig, diese Passagen so schnell wie möglich zu durchfahren. Am Tag nach der Eröffnung hatte Kutin einen Reporter des deutschen Radios in seinem VW-Käfer.

„Nehmen Sie gerade auf?" Kutin nickt zu dem Aufnahmegerät auf dem Schoß des Reporters.

„Ja. Stört es Sie?"

„Ha-Ha, superb. Nein, gar nicht. Aber mein Käfer ist laut, Sie werden kein Vogelgezwitscher hören." Der schmächtige Reporter wirkt auf Kutin seit Tagen etwas tollpatschig. „Schauen Sie, da vorne kommt gleich Di Linh. Dann haben wir das Plateau bald hinter uns. Dann geht es hinunter." Er legt noch ein bisschen Kraft in die Stimme. „In die dunstige Hölle von Saigon." Der Reporter rückt seine Brille zurecht und lächelt verlegen.

Ein gewaltiger Knall. Gleich darauf Maschinengewehrsalven.

Der Reporter presst sich in seinen Sitz. Kutin zieht den Kopf nach unten, hält den Wagen aber gerade. Eine lange Gerade. Bäume und Büsche rechts. Links kleinere Büsche.

Noch ein Knall. „Granatwerfer", schreit Kutin. Gleich darauf Schüsse, aus den Büschen. Andere von rechts. Gedanken. Kreuzfeuer. Gas. Raus. Reporter.

Kutin sieht, dass der Mann mit seinem Gerät vollständig in den Fußraum, unter das Armaturenbrett des Käfers getaucht ist.

Die Gegend um Di Linh, das ganze Plateau, war von „Vietcong infected areas" durchsetzt. Ein blutiges Patt zwischen südvietnamesischer Kontrolle und kommunistischen Störmanövern. Jeder gegen jeden. Vietkongs, tagsüber als Plantagenarbeiter getarnt, nachts Saboteure. Maschinengewehrnester der Armee auf hohen, freistehenden Felsen, in der Nacht planlose Kugeln in die Dunkelheit. Manche Dörfer des Plateaus bis zum letzten Stein zerschossen, amerikanische Granaten, südvietnamesische Granaten, Granaten der Vietkong. Zerstörung hat viele Väter.

Eine halbe Stunde schweigen und atmen. Dann steckt der Reporter seinen Kopf heraus. „Warum sind Sie weitergefahren?" Mühsam schiebt er sich wieder auf den Beifahrersitz.

„Es ist wichtig, dass wir aus der Gefahrenzone heraus sind und so schnell wie möglich über das Plateau kommen."

Der Reporter scheint Kutin nicht wahrzunehmen. Er schaut an sich auf und ab. Wischt über sein Aufnahmegerät. Dann zu Kutin. „Wieso haben Sie Gas gegeben?"

Kutin schaut ihn ernst an. „Wissen Sie, wenn ich stehenbleibe, dann schießen die uns wirklich von der Straße. Haben Sie die Hügel hinten gesehen." Er erwartete keine Antwort. „Dort kommt ein Teil des Ho-Chi-Minh-Pfades herunter. Da bringen die Vietkong ihre Waffen. Und auf der anderen Seite haben südvietnamesische Soldaten mit Granatwaffen zurückgepulvert." Er blickt in pure Angst.

Der Reporter nimmt seine Brille vom Gesicht, will sie putzen, zittrige Hände. Er setzt sie ungeputzt wieder auf. Halblaut. „Da durchzufahren, ich kann es mir nicht vorstellen … die haben geschossen.“ Er stockt. Dreht sich weg und versucht ruhig zu sein. „Wie schaffen Sie es, durch so etwas durchzufahren?“

„Naja, irgendwann muss man ja trotzdem durch. Das ganze Land ist im Kriegszustand.“

„Hätten wir nicht warten sollen?“

„Nein, je schneller desto besser. Man muss aus dem Kreuzfeuer hinaus.“ Der Reporter ist still. Kutin dreht seinen Kopf zu ihm. Er sieht, dass er zu Boden schaut.

„Kommen mehrere solche Stellen auf unserer Fahrt?“

Der Mann braucht Trost. „Die meisten bemerkt man gar nicht. Sie schießen nicht oft, weil sie damit ja ihr Versteck preisgeben. Dann werden sie ausgebombt.“ Ein Schimmer Ruhe auf dem Reporter-Gesicht. „Aber man weiß nie, wo die Vietkong sind. Das ist das Problem dieses Krieges. Das Misstrauen. Angst überall.“ Was soll er machen. Der Mann braucht auch die Realität.

Der Reporter spricht erst Stunden später wieder, kurz vor Go Vap. „Herr Kutin, können Sie mich bitte zu einem Hotel bringen. Ich möchte gerne eine Nacht in Ruhe schlafen.“

Ein Jahr später war das SOS-Kinderdorf Dalat auf vierzehn Häuser angewachsen. Alle waren schon mit Kindern besiedelt als Kutin sie am 23. März 1975 zum Bus trieb.

„In Bao Loc war ich auch einmal. Da habe ich Affe gegessen. Aber in Dalat war ich nie.“ Steve streckt die Arme in Luft und gähnt.

„Krieg macht müde. Wir haben auch Affen im Kinderdorf. Gehabt. Horst, ein Mitarbeiter von mir, ein Freund, hat zwei Gibbons gehabt. Einem den Namen Hermann gegeben.“ Ein Schmunzeln, nicht mehr. „Hermann. Aber der Affe war psychisch gestört. Hat immer den Schädel auf den Boden gehaut. Den musste man dann einschläfern. Und eine Mitarbeiterin hatte einen Rehpinscher, so einen kleinen Hund. Fantastisches Tier. Den sollte ich einmal für sie nach Dalat bringen, mit dem Auto. Und in, ja eh in Bao Loc, vergesse ich das Viech bei einem Stopp. Eine halbe Stunde später merk ich es. Wo ist der Kerl? Bin ich zurück, aber natürlich weg. In Dalat habe ich einen neuen gekauft, super, schaut genau gleich aus. Komm an, übergebe ihr mit großer Freude den Hund. Nach zehn Minuten sagt sie: „Was soll das?"

„Woran hat sie es gemerkt?"

„Sie sagt: Der ist ja jetzt kein Weibchen mehr!" Steve lacht so laut, dass sich andere umdrehen. „So ein Scheiß! War alles umsonst!"

„Hat sie ihn behalten?"

„Hat sie, die Gute." Traurig. „War eine unbezahlbar gute Mitarbeiterin. Vietnamesin. Schon gestorben. Zu früh."

Steves Lachen ist weg. „Hier sind viele zu früh gestorben."

Die Stewardess unterbricht den Moment. Sie beugt sich zu den beiden. Beide überrascht. Kutin: „Zu laut?"

Die Stewardess schaut ihn an. „Nein, nein. Das ist auf diesem Flug kein Thema. Ich wollte Sie nur fragen, ob Sie etwas trinken möchten."

Steve versucht einen Scherz: „Verblüffend, dass das auf diesem Flug Thema ist." Er lächelt sie an. „Ein Wasser, bitte."

Sie wendet sich an Kutin. „Und was darf ich Ihnen bringen?"

Er starrt in den Sitz vor sich. „Nur meinen Frieden. Sonst nichts." Steve und die Stewardess schauen einander kurz an, dann geht sie.

„Wenigstens ist dieser Krieg aus." Kutin weiß nicht, ob Steve damit das Land meint oder seine eigene Situation. Er möchte nicht mehr reden. Es wundert ihn, dass sie so locker geplaudert haben. Er hat für ein paar Minuten vergessen, woher er kommt. Und dass er nicht mehr zurückfliegen wird wie sonst.

„Wir Amerikaner", Steve betont es langsam und mit Blick zu Kutin, „haben das mit dem Frieden ja nicht hinbekommen. Nicht einmal durch unseren Abzug." Er meint also das Land.

Kutin dreht seinen Kopf, ohne ihn von der Lehne zu heben. „Der

Frieden ist nicht mit der Tet-Offensive gekommen. Nicht mit den Amerikanern. Nicht mit den Roten. Alle wollten immer Frieden. Und alle brachten noch mehr Krieg." Kutin denkt an die Kinderaugen in den Waisenhäusern. In acht Jahren Vietnam wollten immer nur die Schwachen den Frieden.

„Und das Land versinkt jetzt im kommunistischen Elend. Ein Entwicklungsland." Ganz kann Steve den Amerikaner nicht verbergen.

Kutin erinnert sich an Gmeiners Worte: „Menschlich gesehen ist unsere ganze Erde ein Entwicklungsland. Die Entwicklung der Menschlichkeit hat mit dem Fortschritt nicht Schritt gehalten."

Steve zieht seine Augenbrauen zusammen. „Aber es gab in früheren Kriegen nicht diese Menge an Hilfe. Ich habe hier so viel Scheiße gesehen, aber es kam immer einer, der sich darum kümmert. Einer wie Sie."

Kutin dreht den Kopf wieder nach vorne, er will heute kein Lob nehmen. „Es mag eine Hoffnung geben, dass wir einsichtiger geworden sind. Aber noch weit davon entfernt, einander Vertrauen und Achtung entgegenzubringen." Wieder zu Steve. „Und Krieg zu verhindern."

„Weil die da oben es nicht verstehen. Die Roten nicht. Und unsere nicht."

Ein wenig erkennt Kutin in Steve sich selbst, früher, als er auf den Schienen der Innsbrucker Straßenbahn protestiert hat. Vor hundert Jahren. Vietnam hat ihn verändert. „Wir sind alle verantwortlich. Nicht die großen Resolutionen und Verträge machen Frieden. Die Basis muss Misstrauen abbauen, Vertrauen aufbauen. Menschen machen Frieden."

Die Stewardess beugt sich über Kutin und gibt Steve das Wasser. Kutin stellt sie einen Whiskey hin. Sie lächelt vertraut. Leise und wie nebenbei sagt sie zu ihm: „Frieden macht man nicht. Frieden entsteht." Weg.

Der Gedanke fasziniert Kutin. Friede kommt. Man kann nur den Boden bereiten, die Pflanze sprießt. Sein innerer Frieden wurde nicht gemacht. Das Böse motiviert das Gute. Seine Familie zerbrach, er wurde aufgefangen. Auch wenn es ihm nicht gefällt, ihn anwidert, aber wäre er sonst hier? Die Kinder im Krieg wurden aufgefangen. Sie könnten stark werden, es besser machen. Irgendwann im Leben stehen. „Ein Freund von mir sagt, Frieden ist letzten Endes eine Frage der Erziehung. Eine Erziehung, die nicht zum Frieden erzieht, kann keine gute Erziehung sein.“ Kutin schaut zu Steve. Er hat es nicht mehr gehört, ist am Fenster eingeschlafen. Kutin schaut an Steve vorbei. Einzelne Wolken über dem Land, die Erinnerung an schlechte Momente über seinem großen Glück. Kutins Augenlider senken sich langsam.

Nachdem er das Flugzeug am 23. Mai 1975 sanft wackeln gesehen hatte und die Kinder auf dem Weg nach Saigon wusste, fuhr Kutin zurück in das Dorf Dalat. Es war ihm mittlerweile bewusst geworden, dass es die letzten Tage des Kriegs waren, Nordvietnam war im Vormarsch. Auch, dass es danach nicht besser werden würde. Und dass er sehr vorsichtig sein müsse. Vier Mitarbeiter waren mit ihm oben geblieben. Er musste auf sie aufpassen, alle in einer psychischen Extremsituation, viele Tränen und alles kaputt. Sie putzten täglich die leeren Häuser. Ein leeres Kinderdorf. Kutin musste auch darauf aufpassen.

Auf der Straße vor dem Dorf eine Massenflucht verzweifelter Menschen, rote Augen, aber keine Kraft zum Weinen. Aus der Stadt hinaus. Aber außerhalb der Stadt waren die Straßen gesperrt, die nordvietnamesische Armee war im Anmarsch. Die Menschen rannten zurück, in eine Stadt unter Beschuss, also wieder hinaus. Es ist wie ein Fieber, dachte Kutin.

Kutin beobachtete Strom und Gegenstrom. Er war nun lange genug im Krieg, um zu wissen, dass er ihnen nicht helfen konnte. Er hätte ihnen gerne zugerufen: „Bleibt, wo ihr hingehört. Die Bomben können überall einschlagen. Bleibt zumindest zu Hause.“ Stattdessen mussten sie das Tor zum Dorf schließen. Die Menschen meinten, beim Ausländer passierte ihnen nichts. Aber auch hier war Krieg. Wer seine Grenzen nicht kennt, tut nichts Gutes. Wer darüber hinausschießt, erreicht gar nichts. In der Not muss man die Vision der Realität unterordnen.

Am Tag danach tritt Helmut Kutin aus seinem Zimmer auf die Terrasse. Hier, vom zweiten Stock in Haus Nr. 5, sieht er das ganze Dorf, er sieht die Straße und er sieht weit in die Hügel um Dalat. Er stellt den Kofferplattenspieler auf das Tischchen. Setzt sich nieder und zieht eine Marlboro aus der Brusttasche. Ein tiefer Zug, als ob es der letzte wäre. Am Himmel immer wieder Flugzeuge, nicht direkt über der Stadt, aber nahe. Da und dort Rauch. Manchmal eine Explosion. Ein paar Handgriffe am Plattenspieler. Wenn jeder Sinn verloren gegangen ist, ist Zeit für das Sinnlose. Seine Mitarbeiter brauchen es. Er dreht den Lautstärkenregler bis zum Anschlag und lehnt sich zurück.

Birds and bees and appletrees are things. Money doesn't buy, but sunshine brings. Oh, how beautiful a day can be. When you say the one you love is me. Das österreichische Duo Waterloo & Robinson hat heute seinen ersten und besten Auftritt in Vietnam.

Kutin steht auf, zwei Mitarbeiter kommen aus leeren Häusern und schauen zu ihm hinauf.

Here we are, free to go, when you say, you love me so. Kutin summt mit. Auch die anderen beiden Mitarbeiter kommen aus den Häusern.

„I – just – love – my little world", Kutin singt, „I don't need no new sensations ..." Er schaut sie an, lauter. „All I want's the simple life", schreit, „loving you's a sweet temptation."

Kutin und seine Mitarbeiter können sich eines Lächelns nicht erwehren. Es findet seinen Weg in die Welt. „IIII just looooove my little world." Die Menschen auf der Straße schauen zu ihm. „Neeeed no new sensation!" Als ob er verrückt wäre. „Liiife … sweet temptation." Der Krieg ist auch verrückt. „My little world …" Die Mitarbeiter sind dankbar dafür. „… I don't need no new sensation." Kutin braucht keine neue Regierung. „My little world …" Die Menschen auch nicht. „… My little world …"Kutin sinkt in seinen Sessel. Er ist müde. Später spielt Kutin dem Krieg noch „Ich komm' bald wieder" von Cindy & Bert vor.

Sechs Tage nach dem Abflug der Kinder erhielt Kutin einen Anruf vom amerikanischen Konsul: „Es ist Zeit. Es gibt nur einen Platz – für Sie." Kutin legte ohne Antwort auf. Um acht Uhr früh verließ er mit drei Mitarbeitern, aber ohne jegliches Gepäck, das SOS-Kinderdorf Dalat. Die Vierte blieb in ihrer Heimatstadt. Der Weg zum Flughafen mit Herzrasen und eingezogenen Köpfen, aber ohne Worte. Auf dem Vorplatz noch mehr Menschen. Für sie gab es keine Plätze. Wieder beim Zaun. Als Kutin den Piloten sieht, der die Kinder ausgeflogen hatte, ein strahlendes Wiedersehen. Aller Dank der Welt in einer Umarmung.

„Die drei gehören zu mir. Sie müssen mit." Der Pilot denkt keine Sekunde an Widerspruch.

„Hinein. Manche werden stehen müssen." Sie schieben sich durch den Zaun, ein Soldat lässt sie passieren, auch einen buddhistischen Mönch. Sie laufen zur Maschine. Auf halben Weg stellt sich ein südvietnamesischer Oberst vor den Piloten. Er reklamiert sich auch in das Flugzeug, indem er seine Hand auf die Pistole im Halfter legt. Der Pilot denkt keine Sekunde an Widerspruch. Kutin schiebt seine Mitarbeiter ins Flugzeug, dreht sich um. Tausende Menschen pressen sich an den Zaun. Er spürt Tränen. Er hat Glück, nur Glück. Sie alle nicht. Kutin wischt sich die Tränen aus den Augen, tritt ins Flugzeug. Er bleibt stehen, sollen andere sitzen. Zu sich selbst. „Lieber stehend untergehen als sitzend."

Um elf Uhr vierzig landete die Maschine in Saigon. Der Oberst wurde sofort verhaftet, denn der Präsident hatte die Armee angewiesen, in Dalat die Stellung zu halten. Kurz darauf startete ein französisches Aufklärungsflugzeug Richtung Dalat. Zwanzig Minuten später kam es zurück. Keine Landemöglichkeit mehr, alles vorbei. Es gab keinen weiteren Evakuierungsflug aus Dalat.

Auf dem Weg nach Go Vap versuchte Kutin den Gedanken zu verdrängen, was gewesen wäre. Eingesperrt in Dalat, in Saigon fünfhundert Kinder und Mütter in Panik. Als er durch das Eingangstor zum Dorf trat, waren alle kurz vor der Flucht. Nicht sicher, ob Kutin es schaffen würde, hatten sie das Nötigste geschnappt. Menschen sind wie Tiere, dachte Kutin, wenn einer anfängt zu rennen, rennen alle mit. Er fragte sie, wohin? Weg! In der Hoffnung, dort sicherer zu sein. Kutin schickte alle zurück in ihre Häuser.

Kutin schaut noch immer aus dem Flugzeug-Fenster. Im Kopf die Liedzeilen. *Dieses Leben ... ist eine Wanderschaft, zu dem Ziel, das man nur miteinander schafft ... Geh ich dann, weil's sein muss, mal ein Stück allein ... versprech' ich dann: Ich komm' bald wieder, wieder vorbei. Und uns're Liebe blüht wieder neu ...* „Ich komm' bald wieder, wieder hierher."

Steve war aufgewacht und hat Kutin schon eine Weile beobachtet. Er versteht den deutschen Liedtext nicht, den Kutin halblaut singt.

„Ich kann mir nicht vorstellen, wie es ist, Kinder in diesem Leid zurückzulassen. Wie schaffen Sie das?"

Kutin merkt erst jetzt, dass er halb über Steve lehnt. Er lehnt sich wieder zurück. „Indem man positiv in die Zukunft schaut. In das Gesicht eines Kindes und darin sieht, dass es immer wieder Hoffnung gibt." Kutin weiß, dass ihm dieser Gedanke erst jetzt bewusst wird. Seit dieser Abreise vor eineinhalb Stunden. Große Not bringt große Hoffnung. Vietnam hatte ihn verändert.

„Und Sie waren in Ihrem Kinderdorf, in Go Vap, als der Norden einmarschiert ist?"

Kutin macht den ersten Schluck vom Whiskey. „Ja. Ein paar Tage später sind sie gekommen, am 30. April. Die Mütter und Kinder haben sich unter den Häusern verbarrikadiert. Als sie die Truppen gehört haben – die sind ja im Siegesrausch eingezogen –, sind sie unter die Häuser gelaufen. Ich habe gefilmt. Mit meiner 8-mm." Kutin nimmt noch einen Schluck. Er sagt nicht, dass er damals nicht wusste, ob er lebend aus dem Land kommen würde. „Wir haben die Flagge Nordvietnams aufgezogen. Aber sonst war nichts. Nur die Frage, was jetzt passieren würde." Steve hängen seine

Locken ins Gesicht. Sein Blick klebt an Kutin. „Es war wichtig, noch dort zu bleiben. Die Kinder wären sonst verschwunden." Kutin schließt die Augen, presst sie zusammen. „Im Endeffekt muss es wohl zerstört werden." Er öffnet sie, schaut Steve an. „Damit man es irgendwann neu aufbauen kann."

Steve spürt seine trockene Kehle. Die Neugierde gewinnt. „Und dann?"

„Im Bürohaus in der Stadt hing auch schon die Flagge des Nordens. Das hat mich erschüttert. Dann habe ich gehört, dass ab Mitternacht eine Ausgangssperre verhängt wurde. Für achtundvierzig Stunden, in denen eine neue Währung kommen sollte." Das Flugzeug rüttelt. Kutin bleibt ruhig. „Ich bin sofort ins Dorf, alle Mütter versammelt. Das ganze Geld rausrücken, hab ich gesagt, alles. Wer viel südvietnamesisches Geld hatte, war natürlich überwachungswürdig. Und ich habe es vernichtet." Er schaut Steve tief in die Augen. „Ich habe in der Nacht Millionen verbrannt. Nur ein bisschen etwas übrig gelassen." Steves Mund ist offen. „In der Früh kamen die neuen Autoritäten, ein kleiner dicker Beamter mit Soldaten. Sie haben jedes Haus kontrolliert, alles eingetragen, jede Familie hat ihnen das letzte bisschen gegeben. Jede Familie sollte fünfzig neue Liberation-Dong bekommen, etwa fünfzig Dollar. Die brillante Idee des Dicken: Das ganze Kinderdorf ist eine Familie. Wir haben für fünfhundert Kinder und Mütter fünfzig Dong bekommen." Steve setzt an, noch einmal, traut sich nicht nachzufragen. „Ich hatte meine Kontakte natürlich längst informiert. Die Chinesen, die das Geld gedruckt haben, schickten mir schon am nächsten Tag eine Schachtel voll."

Kutin wischt sich mit der Hand übers Gesicht. Steve sieht den überlangen Fingernagel. „Wissen Sie, wieso sich Männer in Asien den Nagel des kleinen Fingers so lang wachsen lassen?"

Kutin befürchtet einen Witz. Er schüttelt den Kopf.

„Es zeigt, dass man nicht körperlich arbeiten muss. Sondern Befehle erteilt. Ein Statussymbol." Steve blickt zufrieden.

„Ich fand es nur interessant. Deswegen. Ich will damit gar nichts zeigen."

„Dachte ich mir."

Im Flugzeug ist es ruhig geworden. Die Müdigkeit hat bei den meisten gewonnen. Kutin schaut herum, im Schlaf schauen die Gesichter sorgenfrei aus. Er dreht sich wieder zu Steve. Ist ihm dankbar. Bei ihm hat Steve gewonnen.

„Ich bin dann noch einmal nach Dalat gefahren. Wollte wissen, was aus dem Kinderdorf geworden ist."

„Warum ... wie?" Steve ist verwundert.

„Im August. Ich habe auf meinen Wagen in allen Sprachen geschrieben: Österreicher. Und die österreichische Flagge drauf. Einen der Vietkongs überredet, dass er mir eine Genehmigung ausstellt. Bis Dalat bin ich durch alle Militärsperren. Ich wollte nur schauen, ob wir das Dorf vielleicht zurückbekommen. Irrsinn." Kutin vergräbt für einen Moment sein Gesicht in den Händen. „Am Eingang zu Dalat wurde ich gestoppt, Aufregung, Telefonanrufe, Auto mit allem, was drin war, sofort abgenommen. Ich bin zu Fuß in das Palace Hotel gegangen, das war ein Fehler. Da lagen die hohen Offiziere in den Fauteuils in der Rezeption, hatten auch genug vom Krieg. Und dann ein Ausländer. Der Erste hat mich beim Kragen gepackt, eigentlich müsse er mich erschießen, gefälschte Genehmigung und so weiter. Am nächsten Tag bin ich mit dem Taxi nach Saigon. Also Ho Chi Minh City. Aber alles war weg."

Steve hebt sich ein wenig, richtet sich neu ein, dreht sich zu Kutin. „Ehrlich. Hatten Sie nie Angst?"

„Ehrlich: Ich weiß es nicht mehr. Ich habe es vergessen." Steve versteht ihn, nickt. „Aber es gab keinen Plan B. Alle Kinder wären verloren gewesen. So waren sie noch zusammen. Haben gespielt, auch gelacht. Gemeinsam. Zumindest noch ein Jahr lang. Von Kriegsende bis ... heute."

Einen Moment lang bleiben beide sitzen, schweigend, nachdenklich. Steve bricht die Stille. Er hebt sich. „Würden Sie mich kurz ... ich muss auf die Toilette."

Kutin steht auf, der Passagier zwischen ihm und dem Gang

ebenfalls. Älterer Herr, Asiate. Koreaner, denkt Kutin. Hatte bis jetzt geschlafen. Die beiden stellen sich auf den Gang, Steve rutscht heraus. Kutin nützt seine Abwesenheit und schaut aus dem kleinen runden Fenster. Die Sonne kommt aus der anderen Richtung, Kutin blickt nach Norden, auf das glitzernde Meer. Noch immer wenige Schafwolken. Sonst blau, in der Ferne liegt Dunst über dem Land. Muss Kambodscha sein. Noch schlimmer. Seit einem Jahr das Regime der Roten Khmer. Was Kutin von dort hört, ist nicht zu erfassen. Im Krieg schießt man nur auf den Feind. Auch wenn man in Vietnam oft nicht wusste, wer der Feind war. Feind, ein eigenartiges Wort. Ähnlich wie Freund. Freind. Feund. Die Khmer töten alle. Sie schicken die Menschen zum Arbeitsdienst und töten sie dennoch. Sie nehmen ihnen alles und töten. Man müsste dort helfen. Ein Kinderdorf in Kambodscha. Kutin schließt die Augen. Es gibt viel zu tun. Aber morgen in Bangkok wird er rasten. Schlafen wird er nicht können. Rasten. Er senkt den Blick wieder zum Meer. Er wird wieder nach Innsbruck reisen. Es ist Zeit. Auch wenn er nicht möchte. Aber die Berge um Innsbruck. Und die Berge um Dalat. Kutin seufzt. Holzfeuer in einer Berghütte und die Brandung am Meer. Beides schön. Der Kamin im Gemeindehaus in Dalat, im Haus Nr. 5. Der Architekt hatte den Durchzug nicht hinbekommen. Horst und er hatten tagelang herumgebohrt, um ein brutzelndes Holzfeuer in den Bergen zu bekommen. Zweimal haben sie eines zusammengebracht, superb. Einmal, Moment, das war ... na und einmal zu Weihnachten. Weihnachten 1974, Dalat. Zu Hause. Er hatte für alle ein Geschenk. Der Vater hat allen ein Geschenk gemacht. Der Vater. Kutin schluckt.

„Bleiben Sie ruhig sitzen, Helmut." Steve zurück, er nimmt den Mittelsitz. Kutin lächelt.

Er deutet zum Fenster. „Wir sind mit den Kindern schwimmen gegangen. War nichts los am Strand. Im Krieg sind die Leute nicht schwimmen gegangen."

„Waren alle damit beschäftigt, sich über Wasser zu halten." Steve schmunzelt. Kutin nur innerlich. Der Junge hat es wirklich geschafft, denkt Kutin. Er mag ihn.

„Wir haben ein Sommerlager gemacht, fast vierhundert Kinder. Von Go Vap und von Dalat, in Cam Ranh Bay, oberhalb von Nha Trang, okay?“ Steve nickt. Er mag Kutin und seine Geschichten. „Die Armee brachte uns täglich mit einem Truppentransportboot zum Schwimmen hinüber zum schönen Strand, ganz allein. Ein Riesenglück.“ Steve bewundert Kutin. „Aber der Strand war voll mit Seeigeln. Weißt du, was das heißt, bis du bei Hunderten von Kindern die Seeigel-Stachel draußen hast? Die Krankenschwester hat Tag und Nacht gearbeitet.“ Steve hört zu. „Und einmal bin ich zu den Amis, um Sonnencreme zu besorgen. Kinder einschmieren, wegen des Sonnenbrandes. Ich schmiere sie alle ein, vielleicht hundert, und alle grinsen. Ich schmiere und schmiere und schmiere, zum Schluss kommt eine Erzieherin, Vietnamesin: ‚Wir kriegen keinen Sonnenbrand!‘.“ Steve erschrickt, das erste Ha-Ha an diesem Tag. Kutin merkt es. „Na, das hätte sie mir früher sagen können.“ Kutin holt tief Luft, schaut aus dem Fenster. Die Erinnerung tut gut, erschöpft ihn, besser als Tränen. Steve starrt ihn noch immer an. „Dann hatte ich eine besonders brillante Idee, etwas Besonders zum Ende des Lagers: In der letzten Nacht gibt es keine Bettruhe, die Kinder dürfen wach bleiben, bis sie von selbst ins Bett fallen. Als um drei noch immer keine Ruhe war, dachte ich, da stimmt doch was nicht. Stell’ dir vor, Steve ...“, Steves Augen strahlen, „die haben sich ausgemacht, die einen schlafen, die anderen spielen herum. Und wenn sie müde waren, haben sie die Schlafenden geweckt. Um vier Uhr hab ich gesagt: ‚Schluss! Freie Nacht zu Ende!’“ Kutin wirft den Kopf in den Nacken, Augen zu. Am Ende.

Steve gibt ihm eine Minute, vielleicht zwei. „Haben die Kinder immer gefolgt?“

„Immer.“ Blick noch nach oben. „Ohne Prügel. Mir ist vielleicht ein paar Mal die Hand ausgekommen. Aber dann hat es mir mehr weh getan als dem betroffenen Kind. Immer das Bild vor mir: hier dieser Riese, da das kleine Ding. Stell dir vor: Einer, doppelt so groß wie du, wichst dir eine." Steve schließt die Augen, so hat er das nie gesehen. „Aber einmal gab es eine Sonder-Ohrfeige." Kutin kippt den Kopf vor und dreht ihn zu Steve. Keiner von beiden hatte noch mit einer Zugabe gerechnet. „In Bangladesch haben wir auch ein Dorf, ich war mit acht Jugendlichen während der Vorbereitung für ein Ferienlager am Abend Schwimmen im Meer. Ich habe Aufsicht gehabt, denn Schwimmen ist gefährlich, sag ich dir." Nicken. „Auf einmal fehlt einer. Ich bin durchgedreht. Suchen, alle raus, ich ins Wasser, am Meeresboden, nix. Ich war fertig. Plötzlich kommt der Bursch ganz locker über die Düne daher. Er ist da hinten scheißen gewesen. Da hat's mich nicht gehalten. Ich hab den Schock meines Lebens gehabt. Er hat's verstanden, nie übel genommen." Kutin ist leer.

Steve merkt es. „Nur eine Frage: Wie alt sind Sie?"

„Das war vor zwei Jahren, mit dreiunddreißig."

„Ich habe das jetzt vielleicht nicht richtig verstanden. Aber Sie machen das in Vietnam und in Bangladesch und in Bangkok?"

„Ich bin für SOS-Kinderdorf in Asien verantwortlich. Wir bauen überall etwas auf."

„Wann gehen Sie da noch mit den Kindern schwimmen?"

„Schau Steve, das muss sein. Die haben sonst nix. Bangladesch war bis 1971 auch im Krieg, die haben enorm gelitten, ich musste die Kinder da rausbringen. In Vietnam genauso. Sie sollen etwas erleben. Etwas anderes als Krieg."

Die Stewardess wendet sich an die beiden. „Bitte schnallen Sie sich an. Wir beginnen mit dem Landeanflug!"

Steve fragt während er seinen Gurt schließt: „Geht es also darum, den Kindern, die das erleben mussten, ein normales Leben zu geben?"

„Was bleibt denn sonst? Was bleibt außer der Hoffnung? Drei Millionen Tote, neunhunderttausend Waisen, Verletzte, verstümmelte Kinder, die Explosionen, die Napalmbomben. Was bleibt außer Schwimmen?"

Das Flugzeug fällt in Luftlöcher. Alle sind still. Kutins Gedanken turbulent. Frieden entstehen lassen, den Boden bereiten. Bevor

Dalat eröffnet wurde, war er mit ein paar Jugendlichen hinaufgefahren, um das Dorf zu putzen. Nach einer Woche ging er mit ihnen auf den umliegenden Hügeln zu einer Wanderung, nur in der Nähe, sonst war es wegen der Vietkong zu gefährlich. Nach ein paar Stunden sagten die Jugendlichen: „Wir putzen lieber." Den Kindern ein Zuhause schaffen. Frieden bereiten.

Das Flugzeug steht in der Parkposition. Kutin schaut noch immer auf den Vordersitz. Steve steht schon im Gang, beugt sich zu ihm: „Helmut, wir sind da."

Kutin schaut ihn verwirrt an: „Ich wollte noch so viel weiter fliegen." Frieden bereiten.

Als er bei der Stewardess vorbeigeht, bleibt Kutin kurz stehen. Er schaut ihr tief in die Augen. „Ich werde es versuchen."

Sie sprechen nicht auf der Gangway, erst in der Halle dreht sich Steve noch einmal zu Kutin: „Was werden Sie jetzt tun, wo alles vorbei ist?"

„Es ist nicht vorbei. Es fängt gerade erst an. Weißt du, Steve, manchmal beginnt das Leben mit einem Ende." Er stellt den Koffer ab, greift in die linke Hosentasche. Zieht seinen letzten Luftballon heraus und gibt ihn Steve.

Steve schaut den leeren Ballon an. Er zieht die Augenbrauen zusammen. „Was soll ich damit?" Er schaut Kutin an und lächelt. Verlegen.

„Du lächelst doch."

„Ja. Schon. Aber ..."

„Na eben." Kutin hebt seinen Koffer auf, nickt schweigend. Und geht.

Jeder Mensch hat ein Schicksal. Nicht unbedingt einen vorbestimmten Weg. Kutin quert die riesige Halle des Flughafens Bangkok, vor sich die Augen der Kinder Vietnams, als er sie aus einer zerbrochenen Welt in das Kinderdorf Go Vap brachte. Ohne diese Kinder wäre er heute nicht hier.

Bei einem Souvenirshop vor dem Ausgang kauft er neue Luftballons.

Auf der Fahrt vom Flughafen in das SOS-Kinderdorf Bangpoo nahe Bangkok drückt die Müdigkeit. Er starrt aus dem Fenster des Wagens, der ihn abgeholt hat. Man wird ihn begrüßen, sich freuen. Er freut sich auf die Menschen. Sie werden seine Traurigkeit verstehen. Die Kinder und Mütter Go Vaps werden vielleicht gerade aus dem Dorf gebracht, in kommunistische Waisenhäuser. Oder vertrieben. Die Autoritäten hatten ihm zugesagt, dass sie sich kümmern würden. Sie hatten alle in den Jahren Vieles zugesagt. Nur ein Gefühl ist stärker als Verlust: Sich zuständig zu fühlen. Die Verantwortung für die Kinder. Vietnam war ein Scheitern, ja. Erstmals in seiner Geschichte war ein Projekt von SOS-Kinderdorf gescheitert. Aber wiederkommen. Es existiert ein Versprechen. Er wird sich mit den Roten arrangieren müssen. Regen, Traufe. Egal. Fokus Kind. Brücken bilden, ohne Stolz. Nicht die Welt retten, sondern die vierhundertzweiundachtzig. Wo sind sie jetzt? „Nie wieder", sagt er leise. Kutin legt das Gesicht in die Hände. Keine Tränen. Auch hier erwarten ihn Kinder. Sie haben seine Tränen nicht verdient. Er greift in die Hosentasche, die Luftballons sind da.

Tag 7.
26. April 1986. Innsbruck.

Hansheinz Reinprecht setzt die Tasse an den Mund, kippt, bemerkt, sie ist leer. Genug Kaffee. Er steht vom Sessel auf, zur Tür, dreht das Licht auf. Auf dem Rückweg nimmt er den Wasserkrug von der Tischmitte, ein Glas, schenkt ein. Die anderen sagen nichts. Die Runde am Besprechungstisch ist müde. Die Worte sind gesagt, oberste Hemdknöpfe offen. Draußen senkt sich die Sonne hinter die Berge Innsbrucks. Die Luft ist schlecht.

Reinprecht sagt es noch einmal: „So geht das nicht, das müssen wir dem Hermann abdrehen." Wieder nickt die SOS-Führungsriege. Reinprecht ist Generalsekretär, Ludwig Kögl Geschäftsführer und Michael Gschließer der Geschäftsführer des Hermann-Gmeiner-Fonds in Deutschland. Helmut Kutin schaut sie alle an, dann auf die Uhr. Er muss endlich weg. Es gibt einen Grund, warum sie alle in Innsbruck sind.

Kögl seufzt: „Wir sind uns einig. Das Hirngespinst von der weltumfassenden Friedensbewegung, Mütter für Frieden, Weltbund der Mütter und Mädchen, oder was dem Hermann da im Kopf herumgeht – wir sind dagegen." Er spricht aus, was seit Stunden keiner sagt: „Wir bitten den SOS-Vorstand, die Notbremse zu ziehen."

Gschließer zögert. Schließlich doch. „Es muss wohl sein. Auch wenn die Friedensbewegung Hermanns Hauptthema ist. Diese Utopie würde der SOS-Idee schaden. Man kann keine Zweifirmentheorie fahren. Außerdem wäre es ein politisches Bekenntnis." Zögert noch. „Was sagst du, Helmut?"

Kutin steht auf, geht zum Fenster, öffnet es. Es ist noch warm von einem sommerlichen Tag. Kutin starrt hinaus, geflüsterte Gedanken. „Fast zu warm für April. Gut, dass es warm ist. Es war eh so kalt im Winter." Der Himmel blau, kurz vor rosa. Er dreht sich zu den anderen, drei Augenpaare auf ihm. „Hermann und Frieden. Wir wissen, woher es kommt." In all den Stunden hatte niemand das Wort „Friedensnobelpreis" in den Mund genommen. „Ich kann Hermanns

Überlegungen nur unterstreichen." Zweifel in den drei Gesichtern. „Aber ich stelle sie nicht in den Vordergrund. Dazu sind wir meiner Meinung nach zu klein. Ich sehe keine SOS-Friedensmission." Dreimal Nicken. „So sehr Hermann sich das einbildet. Ich habe zu oft erlebt, wie das Wort Frieden missbraucht wurde. Propaganda, großartige Aussagen, im Endeffekt nichts dahinter." Er schließt die Augen für einen Moment. „Wenn es uns gelingt, den Frieden im Kinderdorf zu haben, dann haben wir schon Gewaltiges erreicht. In den Häusern. Frieden muss bei den Kindern beginnen." Er schaut aus dem Fenster, halblaut. „Mir hat einmal jemand gesagt: Frieden macht man nicht. Frieden entsteht." Er setzt sich an den Tisch. Genug geredet. „SOS-Kinderdorf muss Hermann Gmeiner vor sich selbst schützen. Er demontiert seinen eigenen Sockel. Er braucht Schutz. Unseren Schutz." Das letzte Wort. Die drei am Tisch senken den Kopf. Schließen langsam ihre Unterlagen. Keine Erleichterung. Es gibt einen Grund, warum sie alle in Innsbruck sind.

Kutin schaut auf die Uhr, kurz vor acht. Er muss nun endlich zu Hermann Gmeiner. Es ist schon sehr spät.

Alle gehen. Kutin in sein Büro. Er greift zu seiner Jacke, der Blick fällt auf den Schreibtisch. Der rote Akt. Sein Akt. Leise. „Kein Kind darf eine Nummer sein." Er hatte sich den Akt kommen lassen. Will wissen, ob er eine Nummer war. Er nimmt ihn mit, dreht das Licht ab.

Kutin wartet vor dem Haus auf das Taxi. Zigarette, der Rücken schmerzt. Vierundvierzig Jahre und Rückenschmerzen. Das Büro ist schuld. Stundenlange Flüge, Reisestrapazen, Kinder heben, die Dörfer, nie ein Problem. Aber nach zwei Stunden im Büro Rückenscherzen. Kutin mag das Büro nicht. Die Reisen führen ihn zu Leid, Not, Armut. Aber auch zu Kindern. Das Büro ist nichts für ihn.

Taxi, Kutin steigt ein. „Zum Krankenhaus, bitte." Der Lenker nickt in den Rückspiegel. Er fährt los, das Radio ist laut. *Can you hear the drums Fernando?* Überall ABBA, seit zwei Wochen immer das gleiche Lied.

Reflexartig dreht der Lenker leiser. „Entschuldigung." Kutin tut es mit einem Kopfschütteln ab. „Oder wollen Sie es hören?"

„So Ohrwürmer gehen bei mir schon, ABBA und Konsorten." Der Lenker kann damit nichts anfangen, dreht mittellaut. *There was something in the air that night* ... Kutin schlägt entschlossen den roten Akt auf. Kutin, Helmut. Geburtsort Bozen. ... *for liberty, Fernando* ... Familie: Mutter gestorben. Die ältere Schwester Gertrud ... *Though we never thought that we could lose* ... sorgte die Schwester Christine ... *there's no regret* ... Aufnahme im SOS-Kinderdorf Imst. Gezeichnet Juni 1953, Hermann Gmeiner ... *Something in the air that night* ... Kutin schlägt den Akt zu, legt ihn neben sich. Deprimierend. Aber es hatte sich nie so angefühlt. Es gab immer eine persönliche Beziehung zu den Menschen. „So hat man halt damals geschrieben." Zu sich selbst. Der Lenker hört nur ABBA. Kutin schaut aus dem Fenster.

Kutin war in den Jahren nach Vietnam nur selten in Europa. Immer nur für zwei oder drei Wochen. Gmeiner und er sahen sich dann täglich. Beide wohnten in der Schöpfstraße, eine lange Gerade und zwei Querstraßen vom Kinderdorfbüro in der Stafflerstraße entfernt. Beide hatten Schlüssel voneinander. Kutin ging jeden Abend zu Gmeiner hinüber, nie umgekehrt. Früher hatte Kutin bei seinen Innsbruck-Aufenthalten in einer kleinen Wohnung im gleichen Haus geschlafen. Im Ausgedinge. Das ging nicht auf Dauer. Einmal hatte Gmeiner sogar seine Nachbarwohnung für Kutin im Auge. Aber im selben Haus, undenkbar. Kutin schaffte sich eine Wohnung in derselben Straße an.

Nach dem Abendessen tranken sie noch ein Glas, schauten die Nachrichten. Meistens ging Kutin danach. Ab 1980 wurden die Gespräche länger. Gmeiner wollte, dass Kutin dauerhaft zurückkomme. Es wurde ihm langsam zu viel. „Lass mich lieber in Asien." Er war schließlich bewusst nie stellvertretender Generalsekretär geworden. Gmeiner sagte: „Du bist viel höher!" In Caldonazzo gab er ihm einmal eine Urkunde: „Persönlicher Referent". Es war zu früh für den Schritt nach Innsbruck. Die Menschen im Kinderdorf brauchten eine vernünftige Übergangszeit, das spürte Kutin.

Er war noch nicht bereit, das Unmittelbare, die Momente, den Kontakt, die Kinder, das alles gegen trockene Vorstandssitzungen zu tauschen. Nach dem Schock 1976, nach Vietnam, hatte er einige Zeit gebraucht. Für sich und für den Rest von Asien, er hatte sich zwischen Kriegsende und seiner Ausweisung um fast nichts kümmern können. Nun musste er von Korea bis Pakistan, zeigen, dass SOS noch da war.

„Vielleicht hätte ich früher sollen." Innsbruck zieht vorbei. Im Radio singt Falco vom vermissten Mädchen Jeanny.

1980 war zu früh für Kutin. Aber der Plan lag auf dem Tisch. Viele Abende lang sprach Gmeiner über seine Nachfolge aus dem Kreis einstiger SOS-Kinderdorf-Zöglinge. „Weißt du Helmut, nur Arme können Armen helfen." Den Satz hatte Gmeiner von Mutter Teresa. Die Gespräche dauerten vier Jahre, dann schrieb Gmeiner seinen engsten Mitarbeitern einen Brief: „Es ist später geworden in meinem Leben. Ich möchte mein Haus bestellen wie ein guter Vorarlberger Bauer." Einer seiner herrlichen Mitarbeiter sollte im nächsten Jahr an seine Stelle, an die Spitze treten: Helmut Kutin, selbst Kind in Imst, ist Lehrer und würde sein Nachfolger werden. „Aber im Moment wird sich nichts ändern. Ich werde auch weiterhin mit meinen leitenden Mitarbeitern die Entscheidungen treffen."

Ähnlich die abendlichen Gespräche. 1985 sagte Hermann Gmeiner in seiner Wohnung zu Kutin, nach zwei Caipirinha: „Bei der Generalversammlung am 10. Mai bestimme ich dich zum Präsidenten." Hoch die Demokratie, dachte Kutin. Nach dem dritten Caipirinha stellte Gmeiner klar: „Du kannst besser werden als ich, aber du kannst nie Gründer werden!" Er hatte den Punkt getroffen, ein Präsident ist eine Null, solange der Gründer da ist. Kutin lachte bei solchen Sätzen mit Gmeiner. „Aber du sollst eine Gefolgschaft führen, wie ich es getan habe. Es liegt auch in deiner Natur, Menschen zu fesseln." Sie lachten gemeinsam.

Die Wahl war einstimmig. Gmeiner hatte Grabenkämpfe verhindert, alle standen hinter Kutin, vor allem die leitenden Mitarbeiter Reinprecht, Kögl und Gschließer. Nach einigen Auseinandersetzungen um Begehrlichkeiten wählte auch Österreich Kutin zum nationalen Präsidenten. Ab 1986 stand er den SOS-Kinderdorf-Vereinen International, Österreich, Deutschland und Imst vor, dem Hermann-Gmeiner-Fonds Deutschland und der Hermann-Gmeiner-Akademie. Kutin übernahm als Präsident vor allem die Reisetätigkeit Gmeiners, der mittlerweile unter starken Rückenschmerzen litt. Intern war er für ihn wichtige Deckung, gegen die sich niemand wehren konnte. Es hatte sich nicht viel geändert.

Für Kutin hätte das noch ein paar Jahre so bleiben dürfen.

Kutin zahlt, steigt aus und dreht sich zum Eingang des Krankenhauses. Tiefer Seufzer. Er macht zwei Schritte darauf zu.

„Helmut!" Aus der Dunkelheit tritt Alexander Gabriel in den hell erleuchteten Eingangsbereich. Kutin kennt ihn seit ihrer gemeinsamen Zeit im Dorf Imst.

Kutin verschwendet keine Worte. „Wie geht es dir? Wegen dem Hermann?"

Sichtlich schlecht. „Du weißt ja, dass wir uns in den letzten Jahren voneinander entfernt haben." Schaut nicht herum, direkt Kutin an. Gabriel war jahrelang an Gmeiners Seite gewesen. Persönlicher Betreuer, Sekretär, Fahrer, alles. Dann konnte Gmeiner nicht verstehen, dass Gabriel eine eigene Familie gründen wollte.

Kutin unterbricht ihn mit einem Griff an die Schulter. „Ich weiß, ich weiß. Er fühlte sich eben verlassen, zurückgesetzt. Die letzten Jahre waren schwer." Kutin sucht tröstende Worte, findet keine. „Er wurde zuletzt noch einsamer, manchmal sonderbar. Einfach war er nie, du weißt das. Es ist schon gut, dass du dich rechtzeitig abgegrenzt hast."

Gabriel zweifelt, schaut zu Boden. „Aber jetzt liegt er da."

„Hör auf, Alex." Kutin findet die Worte. „Das war eine wichtige und richtige Selbstschutzmaßnahme. Wir wissen alle, wie er dich behandelt hat. Gemein, ungerecht. Er hat einen Leibeigenen in dir gesehen." Gabriel schaut ihn an. Wirklich? „Es ist gut, dass du eine Familie hast. Und außerdem ..." Kutin ringt sich ein Lächeln ab

„bleiben wir doch seine ...“ Beide zugleich: „Imster Buben.“ Ein Lächeln unter Brüdern.

„Kommst du?“ Kutin deutet zum Eingang.

„Nein, ich war schon bei ihm. Hab dich nur aus dem Taxi steigen gesehen.“ Gabriel schaut an den Fenstern nach oben. „Er schläft. Hat mich nicht bemerkt.“ Augen. „Helmut, ich fürchte, es geht jetzt schnell. Ich ertrage das nicht mehr.“

„Ruh dich aus. Ich bin da. Geh heim, zu deinen Lieben.“ Eine Umarmung im Geist.

Kutin steigt aus dem Lift. Achter Stock. Er kennt den Weg aus den vergangenen Tagen. Eine Schwester kreuzt den Gang von einem Zimmer ins andere. Sie hatte in diesen Tagen keinen Dienst gehabt. Aber er erkennt sie. Sie kommt wieder aus dem Zimmer, einen Stapel Tücher in der Hand. Sieht ihn. „Ja, bitte?“ Vorarlberger Dialekt.

„Schwester Anna-Maria! Sie kennen mich nicht mehr, gell?“ Sie überlegt. „1972. Aber da war ich etwas lädiert. Kutin. Helmut Kutin.“

Ein Strahlen, das blendet. „Kutin. Natürlich. Ich hab Sie jetzt wirklich nicht erkannt. Kutin. Schön. Dass Sie meinen Namen noch wissen.“

„Bei Namen tu ich mir leicht. Merke ich mir.“

„Wirklich schön. Wie geht es ...“ Strahlen weg. „Sie kommen zum Herrn Gmeiner, oder?“

„Wie geht es ihm?“ Kutin erwartet keine guten Neuigkeiten.

„Unverändert.“ Immerhin. „Unverändert schlecht.“

Sie deutet auf eine Tür, Kutin nickt. Zwei Schritte. Atmet langsam ein, dann aus. Er drückt sanft die Türschnalle.

Hermann Gmeiner liegt friedlich im Bett. Augen geschlossen. Ein Schlauch vom Arm zum Beutel. Morphium. Sein Privatarzt Doktor Goldberg hatte es ihm gnädigerweise verabreicht. Sehr viel. Wozu noch Schmerzen leiden. Kutin hebt den Sessel hoch, richtet ihn neben dem Bett ein. Er legt seine Jacke und den roten Akt auf dem anderen Sessel ab. Setzt sich und legt den dicken Krimi, den er mitgenommen hat, auf seinen Schoß. Er weiß, er wird nicht darin lesen.

Er schaut Gmeiner an. Noch kleiner ist er geworden. Kutin bemerkt, wie kraftlos sein Gesicht mit geschlossenen Augen aussieht. Die Augen, die Kraft hat Gmeiner in seinem Blick. „Hermann, bleib noch ein bisschen." Kutin schlägt das Buch auf. Er blättert darin, sucht lustlos die Stelle, an der er aufgehört hatte. Kutin mag Eselsohren nicht. Und hatte nichts zur Hand gehabt.

Er schaut wieder zu Gmeiner. Er will ihn aufwecken, mitnehmen. Er soll noch nicht gehen. Nicht wegen der Verantwortung. Kutin hatte sich in den vergangenen Tagen schon gewundert, dass ihn das nicht mehr beschäftigt. Aber das ist nicht schlimm. Kutin will den Freund nicht verlieren. Den Mentor. „Einen noch, Hermann. Nehmen wir noch einen."

„Hohe Hürden", Kutin hebt sich vom Sessel. Hat Hermann gerade ... „Hürden nicht überspringen können." Er fantasiert. Kutin schaut sich um, soll er jemanden rufen? „Visionen ... versuchen. Muss es versuchen." Kutin setzt sich. Gmeiners Gesicht ist ruhig. Er spricht nur. Der wahre Visionär spricht im Schlaf. Der Realist sitzt am Bett. Kutin mag den Gedanken nicht. „Etwas tun ... anpacken." Unterschiedliche Geister, die einander so sehr befruchten. „Der Welt ... der Welt etwas geben." Kutin legt behutsam seine Hand auf Gmeiners Arm. Hermann braucht Ruhe.

Kutin flüstert. „Du hast es geschafft. Das Fantastische. Du hast es initiiert. Gegründet. Wir werden nie pragmatisch sein." Ruhe, um abzuschließen.

Kutin zieht die Hand zärtlich vom Arm. Lehnt sich zurück. Wieder das Buch. Eigentlich will er die Stelle nicht finden. Er wollte schon während des Fluges nach Innsbruck nicht wirklich lesen.

Helmut Kutin war noch nie in Lateinamerika gewesen. Nach der Wahl zum Präsidenten war ihm ein Besuch Pflicht und Anliegen. SOS-Kinderdorf war auf dem Kontinent seit den frühen 1960ern aktiv. Kutin brach mit Generalsekretär Reinprecht Anfang Februar 1986 auf. Über drei Monate sollte diese Reise dauern. Zeit genug für einen tiefen Einblick, aber straff geplant. Alle bestehenden Projekte in allen SOS-Ländern: Brasilien, Argentinien, Chile, Paraguay, Uruguay, Peru, Ecuador, Venezuela, Panama, Costa Rica, El

Salvador, Nicaragua, Honduras und Guatemala. Kutin lernte neben Asien und Afrika eine neue SOS-Welt kennen. Und als sechste Sprache Spanisch. Übersetzungen brachten nie, was er wollte. Nach drei Wochen konnte er erste Brocken, in Verbindung mit Italienisch auch schon die zweiten und dritten.

Nach zweieinhalb Monaten hatte er Gmeiners Privatarzt Doktor Goldberg am Telefon. Gmeiner war krank, sein Zustand wurde schlechter. Die Prostatoperation 1984 hatte er gut überstanden. Aber Kutin hatte schon vor der Abreise geahnt, dass etwas nicht stimmte. Doktor Goldberg: „Ich sage Ihnen Bescheid, wenn es Zeit ist. Aber kommen Sie bitte nicht früher, weil Gmeiner immer noch sein Büchlein hat und genau weiß, wann Sie laut Plan zurückkommen sollen." Eine frühere Rückkehr käme einem Todesurteil gleich. Kutin und Reinprecht blieben, wollten aber nicht. Wenige Tage später die erschütternde Erlösung. „Jetzt aber schnell. Ich habe wegen der schlimmen Rückenschmerzen einen Eingriff an den Halswirbeln versucht. Nachdem ich ihn aufgemacht hatte, sah ich die Metastasen. Sie sind im ganzen Körper. Ich habe Gmeiner sofort wieder zugemacht. Kein Chance." Krebs im Endstadium.

Kutin brach seine Antrittsreise ab, Mexiko ging sich nicht mehr aus. Er nahm mit Reinprecht den nächsten Flug aus Guatemala City.

Für Hermann Gmeiners Kinder hatten harte Tage begonnen.

Gmeiner dreht seinen Kopf zu Kutin. Er ist wach. Kutin rückt näher, greift nach Gmeiners Hand. Gmeiner schließt die Augen, presst sie zusammen. Wieder auf, seine Lippen bewegen sich. „Ganz ruhig, Hermann. Ich bin da."

Gmeiner räuspert sich mit Mühe. Versucht zu lächeln. „Du hast nur eine Aufgabe: Halt mir die Leute vom Leib. Ich will keine Besuche mehr." Kutin nickt. Er drückt seine Hand.

„Hat in Südamerika alles geklappt?" Die Frage hatte er auch gestern gestellt. Und vorgestern. Kutin nickt.

Gmeiner versucht sich aufzurichten, er verzieht das Gesicht, gibt auf. Schwache Stimme. „Erzähl mir von Vietnam, Helmut."

„Hermann, tu dir das nicht an. Es ist schwer." Nie hatte er Gmeiner in einer tieferen Depression und Verzweiflung erlebt als nach dem Scheitern in Vietnam. Wucht einer Ohnmacht. Kutin schaut zu Boden. Ohne Stimme. „Tu es uns beiden nicht an."

„Mach!" Noch immer Herrscher.

Kutin lehnt sich zurück, spricht in den Raum. Sie kennen die Geschichte beide. „1977 bin ich wieder nach Hanoi. Ins Zentrum des Nordens. Sie haben dort auch nix gehabt. Keine Geschäfte. Und in meinem Hotel – ein mieses Hotel vom Ministerium für Arbeit, Soziales und Behinderte – keine Seife. Ich bin in das Staatsgeschäft an der Ecke, hab mich angestellt wie alle anderen. Als ich drankomme: Coupon? Eine halbe Stunde Anstehen. Kein Coupon, keine Seife." Kutin schaut Gmeiner an. Weiter. „Dann 1982 die heimliche Privatreise, eine Woche herumfahren. Mit Besuch in Dalat. Der Rest hat mich nicht interessiert. Der Reiseführer war natürlich von der Polizei, hat genau gewusst, wer ich bin. Aber mitgespielt. Beim Dorf, oben, du weißt, auf dem Hügel, hab ich einen Schweizer Mitreisenden angeleiert, er solle fragen, was das jetzt ist. Der Reiseführer hat gegrinst: eine Artischockenfabrik. Ob uns das interessiere? Für zehn Minuten hat er uns hineingelassen, aber dabei nie aus den Augen gelassen." Gmeiners Augen sind geschlossen. Kutin schließt seine auch. Bangkok, seine Heimat nach 1976, seit zehn Jahren – zehn Jahre schon –, die Verhandlungen um die Kinderdörfer in Vietnam, sie ließen ihn immer auflaufen, offizielles Einreiseverbot nach Vietnam für zehn Jahre, die Reisen in andere Länder, der Aufbau, so viel geschaffen. Aber Vietnam geschlossen.

„Helmut, schreib auf!" Kutin erschrickt. Gmeiner hat die Augen zu, unruhig. „Schreib: Heute wächst eine Generation heran, die den Krieg und die ihm folgende Notzeit nicht kennt." Kutin ist unsicher, schaut sich um, kein Papier. „Darüber freuen wir uns von ganzem Herzen. Jedoch sollen wir der Jugend im Namen des Friedens manchmal von den Jahren des Elends erzählen." Er schaut Gmeiner an. Was ...? „Man darf an Kriege keinerlei schwärmerische Hoffnung und Erwartung knüpfen. Krieg ist das denkbar untauglichste Mittel zur Erfüllung von Träumen und Wünschen." Er fantasiert. Solche Worte, im Delirium. „Hingegen dürfen wir uns, auf reiche Erfahrungen gestützt, dazu bekennen, dass sich beim Wiederaufbau der zertrümmerten Welt am meisten die Liebe bewährt hat. Sie steht an der Spitze aller Kräfte." Verblüffend. Begeistert. Wie früher. Gmeiner reißt die Augen auf, sieht Kutin an. „Es ist nämlich nicht wahr, dass sich selbst jeder der Nächste ist." Wieder weg.

Vielleicht hätte er mitschreiben sollen. Solche Gedanken, sterbenskrank, vielleicht nehmen sie ihn zu wenig ernst in den letzten Jahren. Die Friedensbewegung, immer nur Frieden, Helmut, mach Frieden. Immer der Nobelpreis. Er hätte ihn bekommen sollen. Schon 1958. Preisträger Albert Schweitzer, ein Freund Gmeiners, der den Albert-Schweitzer-Kinderdorf-Verein in der Schweiz gegründet hat, hatte eine persönliche Empfehlung für ihn abgegeben. Kutin wiederholt Schweitzers Worte: „Hermann Gmeiner hat das freundlichste Wunderwerk der Nachkriegszeit geschaffen." Reichte das nicht? Oder 1959 zum Zehn-Jahres-Jubiläum. Desmond Tutu hatte ihn empfohlen, Nelson Mandela, die deutsche Regierung. Was musste noch passieren? 1979 im Jahr des Kindes nicht, nie, nie. Damals hatte er schon die Dankesrede vorbereitet. Dann schwer gekränkt. Jetzt liegt er da. Einmal hatte er gesagt: „Ich werde den Nobelpreis nie bekommen, weil die Norweger wissen, dass ich bei ihnen im Krieg für die deutsche Wehrmacht als Fahrradspion unterwegs war." Andere sagten, Bruno Kreisky hat immer dagegen opponiert. Der wollte ihn damals selbst. Gmeiner wollte ihn immer für die Kinder. Kutin glaubt das. Nicht Eitelkeit. So schwer getroffen. Die Nominierung durch die österreichische Regierung war nicht einmal richtig zur Kenntnis genommen worden. Die Eingabestelle ist wichtig, Amerikaner oder irgendwas …

Kutin darf sich nicht verrückt machen lassen. Er ist anders. Wer seine Grenzen nicht kennt, kann nicht helfen.

Gmeiner spricht wieder. Ins Nichts. „Die Welt ist klein geworden. Konflikte können auf unsere Industrieländer übergreifen.

Menschheit in Gefahr. Unseren Beitrag leisten, für sozialen Frieden Beitrag leisten."

Unser Beitrag. Frieden leben. Im Kinderdorf in bescheidenen Schritten Frieden immer wieder leben. Kutin beugt sich zu Gmeiner. Er legt ihm eine Hand auf die Stirn. Flüstert. „Frieden entsteht, Hermann. Er entsteht durch dich."

Kutin steht leise auf, zieht behutsam die Decke über Gmeiners Brust. Sie ist verrutscht. Er muss hinaus. Schließt die Tür leise. Ein paar Schritte auf dem Gang. Die Tür zum Schwesternzimmer ist offen.

Anna-Maria sitzt vor einer Tasse. „Setzen Sie sich."

Kutin nimmt auf der Sitzbank Platz. Überschlägt die Beine, schmal, die Unterschenkel parallel.

„Kaffee?"

Kutin schüttelt den Kopf. „Danke."

Anna-Maria legt den Kugelschreiber in das Rätselheft. Schließt es. „Ist nie leicht."

Kutin schüttelt den Kopf. Blickt zu Boden. „Nein. Ist es nicht."

„Ich habe gehört, Sie leben jetzt in Bangkok."

Kutin schaut sie an. „Leben. Ich bin viel auf Reisen. Bangkok ist das Hauptquartier für die Arbeit in Asien. Ein Schreibtisch, eine Schreibmaschine, ein Schlafplatz: Im Bürohaus des Kinderdorfes Bangpoo. Mehr nicht." Plötzlich ein schwaches Lächeln. „In der Kemenate gibt es ein zweites Zimmer. Da hat er sein Büchlein geschrieben", Kutin deutet Richtung Gang. „Seine Philosophie-", hebt einen Zeigefinger, „-en. Philosophie-en! Er hat es handgeschrieben und ich hab es in der Früh immer abtippen dürfen. Verschiedene Lebensstile. Ich geh gern früh ins Bett, er ist um drei in der Nacht noch gesessen. Und wenn ich angefangen hab zu tippen, war er sauer. Und gestritten haben wir, wenn nicht klar war, was er gemeint haben könnte, auf dem zehnten Papier, vielleicht auch nach dem zehnten Whiskey ..." Der Satz säuft ab. Starrer Blick.

Anna-Maria schaut ihn an, sie nickt verständnisvoll. Kutin steckt im Gedanken. „Wie ist das, immer im Ausland zu sein?"

Kutin zuckt, raus aus dem Gedanken. „Ausland? In Asien kann ich mich nicht mehr als Ausländer bezeichnen. Und jetzt als Präsident bin ich auf Reisen ja immer gut aufgehoben. Wissen Sie, wir haben jetzt zweihundertdreiundreißig Kinderdörfer. Fünfzig in Asien. Und über dreihundertachtzig weitere Projekte, vor allem Schulen und Sozialzentren. Er hat das groß gemacht. Achtzehntausend Mitarbeiter in fünfundachtzig Ländern." Er schüttelt langsam den Kopf, dann bestimmt. „Aber Ausländer, nein. Ich bin auf Reisen immer in den Dörfern. Immer zu Hause."

„Bei den Kindern."

„Ja. Genau. Bei den Kindern. Wissen Sie, was ihnen am besten gefällt? Meine kleine Filmkamera."

Anna-Maria zögert mit der Frage. Sie will es schon die ganze Zeit wissen: „Und was wurde aus Vietnam?"

Kutin steht auf. Geht zum Fenster des Schwesternzimmers und öffnet es. Zieht eine Zigarette aus dem Hemd. Ohne zu fragen, raucht er sie an, bläst den Rauch weit zum Fenster hinaus. Anna-Maria reagiert nicht. Sie sind alleine. „Seit ich der Asien-Repräsentant von SOS bin, bekomme ich viele Auszeichnungen. Ehrungen. Das ist den Politikern immer wichtig, eine Ehrung verteilen, mehr für sich selbst als für die Sache." Ein Zug. Anna-Maria ist gnädig. „Selber muss man schauen, dass man aus jeder Auszeichnung etwas für das SOS-Kinderdorf macht. Weil für die Mitarbeiter ist das wichtig, dass ihr Chef vom Staatschef geehrt wird. Hilft ihnen bei den kleineren Beamten." Zug. „Aber wirklich bewegt bin ich im Nachhinein betrachtet nur von den ersten drei Auszeichnungen – von der Republik Südvietnam." Letzter. Die halbe Zigarette aus dem Fenster, schließen. „Außerdem laufen die Verhandlungen, dass wir zurückkommen dürfen." Setzt sich. „Denn das habe ich versprochen."

„Es ist anstrengend, nicht? Was Sie machen."

„Es ist mein Lebensweg. Ich habe mir mein Schicksal ausgesucht. Ich würde vielleicht niemandem dazu raten. Aber mein Leben. Der Gmeiner", Kopfzeichen, „sagt oft, die Leute nehmen soziale Arbeit gar nicht richtig ernst. Läuft sowieso von alleine, meinen sie. Stimmt aber nicht. Ein harter Job für unsere Mitarbeiter. Weil Mitleid alleine ist zu wenig. Wir müssen zupacken." Kutin starrt auf den Tisch vor sich.

Anna-Maria auch. Sie weiß, wovon Kutin spricht. „Viele haben mit schwachen Menschen zu wenig zu tun, deshalb verstehen sie es nicht. Nur Arme können den Armen helfen." Sie schaut auf, in die Augen.

Kutin hebt langsam den Kopf. Arme, nur Arme können Armen ... Kutin schaut die Schwester an. Mutter Teresa hatte das gesagt. Die Mutter. Wieso ... sie. Kutin schaut weiter in Anna-Marias Augen. Er denkt an das Treffen von Gmeiner und Mutter Teresa. Er dabei. Zwei Persönlichkeiten, voll aufeinandergeprallt. Zum ersten Termin war sie nicht erschienen. Nach einer Stunde Warten sagte man ihnen, Mutter musste dringend zu armen Leuten. Am nächsten Tag das Treffen, Gmeiner wollte ein gemeinsames Kinderdorf. Sie: „Ich denke, es ist besser, Sie machen Ihre Sache, und ich mache meine." Aber sie fand SOS-Kinderdorf wunderbar. Nur sagen konnte sie es nicht. Da war sie dem Gmeiner ähnlich. Die Großen zeichnet oft ein gesundes Misstrauen aus.

Nur Arme helfen Armen. Kutin schaut Anna-Maria an. Er ist einfach zu müde. Aber sie scheint viel zu verstehen. „Die Mutter Teresa, die konnte ich nie richtig einschätzen. Die hat mich zweimal sauber verarscht. Das haben die Heiligen so für sich."

Anna-Maria lacht laut auf, erschrickt selbst, legt die Hand auf den Mund. Wieder weg. „Die Heiligen. Herr Kutin, das kann man doch nicht ..."

„Kann man ruhig." Er lächelt. „In Kalkutta kann man alles. Das war für mich manches Mal so trostlos. Trostlos. Der Gmeiner war auch immer ganz nervös vor dem Wiedersehen mit der riesigen Stadt, das Elend, die Heerscharen von Bettlern, Krüppeln und Sterbenden auf den Straßen." Anna-Maria hat die Hand wieder auf den Mund gelegt. Ohne Lachen. „Ich hab auch viel gelitten in Indien. Wenn ich ehrlich bin, war ich immer froh, wenn ich wieder weg bin. Ehrlich. Die Schwester kann ihm nicht folgen, Stirn in Falten. „Jedenfalls die Mutter. Eine von ihren Oberschwestern, die sie sich sogar als Nachfolgerin hätte vorstellen können, wurde von einem jungen Mann aus dem Kinderdorf weggeheiratet. Und ab da: Das Kinderdorf hat ihr den Traum genommen." Er geht wieder zum Fenster, diesmal nickt Anna-Maria zur Erlaubnis. Öffnet es. „Aber 1979, im Jahr des Kindes, da hat Mutter Teresa den Friedensnobelpreis bekommen."

Anna-Maria verlässt den Raum für ihren Kontrollgang. Kutin schaut in eine warme, finstere Aprilnacht. Das trostlose Kalkutta. Unstillbares Leid. Indien. Ministerpräsident Pandit Nehru hatte SOS-Kinderdorf als einen der Impulse bezeichnet, um den geistigen Durchbruch in Indien zu erzielen. Aber für Gmeiner stand sich in Indien alles im Weg. Mit dem Attentat auf Indira Gandhi vor zwei Jahren hatte SOS eine gute Freundin verloren. Aber auch Lichtblicke. Kutin fällt Siddhartha Kaul ein, dessen Vater SOS-Kinderdorf Indien mitgegründet und das erste Kinderdorf in Greenfields geleitet hatte. Siddhartha Kaul, der selbst seit 1978 für SOS arbeitet. Der jetzt die Arbeit in Sri Lanka aufbaut. Der optisch perfekte Inder, der so viel Lachen in sich trägt. Der ihn 1976, als er auf dem Weg von Vietnam nach Innsbruck einen Stopp in Delhi eingelegt hatte, beeindruckte. Der Dreiundzwanzigjährige fand die richtigen Worte. Über Kutins Schmerz. Gab zu, nicht zu fassen, was da passiert war. Siddhartha hatte kein Mitleid mit ihm gehabt, sondern offene Fragen. Wie es ist, wenn alles weg ist, für das man so sehr gekämpft hat. Die Kontrolle zu verlieren. Ferngesteuert sein. Hilflosigkeit. Kinder zurücklassen. Er gab zu, es nicht zu verstehen. Kutin verstand damals auch nicht. Dieser Siddhartha sah, dass es ihm nicht um Amerikaner und Kommunisten geht, um eine befreite Welt. Es war etwas Persönliches.

Das hier ist auch persönlich. Hermann wird sterben, Kutin lässt den Gedanken zum ersten Mal zu, atmet tief aus.

Gmeiner war in Kalkutta einmal am Ganges gestanden. Eine frische Brise. Er sagte zu Kutin: „Ich spüre hier Ehrfurcht vor den Toten, deren Asche der Ganges von überall her in die Unendlichkeit des Meeres trägt. In die Erlösung vom Dasein."

Kutin will ihn heute nicht verlieren.

Schwester Anna-Maria ist zurück. Ohne zu fragen, schenkt sie Kutin Kaffee ein, stellt ihn auf den Tisch. „Sie sind auch nicht verheiratet. Wie er."

Kutin setzt sich auf die Bank. Ein Schluck. Warm, gut. „Das war meine eigene Entscheidung. Ich könnte mich nicht so einbringen, wenn ich eine eigene Familie hätte. Die eigene Brut geht eben vor." Lächeln einander an. „Das habe ich in Vietnam entschieden. Ich könnte sonst nicht von den Müttern verlangen, dass sie auf Ehe und eigene Familie verzichten." Denkt nach. Wem macht er eigentlich etwas vor. „Sicher habe ich als Präsident auch die Nachfolge als Oberhaupt und Vater einer riesengroßen Familie von Gmeiner übernommen." Ein Schluck, Blickkontakt. „Nicht der leibliche Vater, aber der Vater für alle."

Anna-Maria hält die Tasse mit beiden Händen. „Hat Ihnen nie eine Frau gefehlt?"

Kutin ist von der Offenheit nicht überrascht. „Ohne Beziehung hat das nicht in mein Wertegerüst gepasst." Von seiner eigenen schon. „Der Gmeiner war nie ein Kostverächter. Hat aber die Liebesbekundungen vieler Mütter und Mitarbeiterinnen geschickt abgewehrt." Ein Seufzen. „Ich weiß nicht, ob er sich darüber im Klaren war, welchen Preis er im Alter dafür zahlt. Es hat ihn zum einsamen Menschen gemacht." Schaut sie wieder an. „Diese Nachfolge möchte ich nicht antreten."

Anna-Maria nickt sanft. „Es ist traurig, wenn niemand zu einem Patienten kommt. Wenn sie alleine da liegen, bricht es mir das Herz."

Kutin legt den Kopf in den Nacken, starrt auf die Quadrate der Deckenkonstruktion. Gebrochene Herzen, immer wieder. Er will kein Herz brechen und eine Ehe kann neben seinen Reisen nicht funktionieren. Langsam Kopf vor, Blickkontakt. „In Bangladesch habe ich, weil das als Vater so üblich ist, die Hochzeiten für die ersten Mädchen aus dem Kinderdorf arrangiert. Ich lud in meinem Namen ein, und die Minister dachten, ich heirate selbst." Ha-Ha, verhalten. „Der Staatssekretär ist mit Goldgeschenken angerauscht und dann wollte er sie wieder einpacken. Aber ich hab gesagt", Kutin lehnt sich vor, „‚lassen Sie's gefälligst da!' Das Mädchen hat Hochzeitsgeschenke bekommen, gewaltig." Ein lautes Lachen ertrinkt im Gedanken. „Ihr Mann musste dann wegen der Arbeit in den vorderen Orient. Und derweil hat sie zu Hause der Bruder vergewaltigt. War alles zu Ende." Beide starren auf den Tisch. Kein Wort. Durchatmen.

„Schreckliche Geschichte."

„Ja, war schrecklich. Ich habe diese Ehe unterstützt. So viele Liebesheiraten, die wir in Asien und Afrika unterstützt haben, endeten in großer Not. Unsere Lebensform ist nicht die einzig richtige. Die arrangierten Hochzeiten, die Zwangsverheiratungen, haben immer den Rückhalt beider Familien. Das schaut vor Ort ganz anders aus als von Europa aus betrachtet."

„Wir müssen alle Lebensformen akzeptieren. Aber es ist schwer, oder?" Anna-Maria mag dieses Gespräch.

„Ist manchmal absurd." Lächeln, positiv. „Im nördlichen Teil Nepals, in Mustang, kommen die Männer einmal im Jahr nach Hause. Sonst sind sie mit ihren Herden unterwegs. Jede Frau hat sechs oder sieben Männer. Wer immer sie in diesen zwei bis drei Wochen schwängert, ist halt der Vater dieses Kindes. Das funktioniert in dieser Kultur. Die Frau bestimmt, wen sie nimmt, nicht der Mann."

„Die Frau bestimmt?"

Kutin nickt deutlich. „Ist eine der wenigen Ausnahmen. In Afrika gibt es auch ein paar Ausnahmen, nicht-patriarchalisch, sondern matriarchalisch. Sie bestimmt, von wem sie ein Kind kriegt. Im nächsten Jahr kommt der Mann zur gleichen Frau, wenn sie ein Kind geboren hat. Wenn nicht, versucht er, eine andere zu finden. Entscheidend ist …", kurze Pause, „entscheidend ist, dass das Kind in eine gesunde Welt hineinwächst und Kind sein darf."

„Wir dürfen einfach nie vergessen ..."

„… dass wir es mit Menschen zu tun haben." Er schaut sie an. Tiefes Verständnis. Kutin postuliert. „Werden wir nicht immer wieder herausgefordert, über den Schatten unseres in eingefahrenen Denkweisen gefangenen Ichs zu springen? Sind wir nicht stets nur so frei, wie wir bereit sind, Herausforderungen anzunehmen?"

„Das haben Sie schön gesagt."

„Das hat der Gmeiner gesagt." Beide schauen zur Tür Richtung Gang.

„Er betet viel."

Kutin nickt wortlos. Hängt in den Gedanken. Denkt an die Reisen mit Gmeiner. An das Dorf Greenfields. An den jungen Siddhartha. An Gespräche. An das Abendgebet um sechs Uhr, zwanzig Minuten; alle, Mütter, Tanten, Erzieher, Werkstattmeister, Gärtner, Grasmäher. Und Kinder, Kinder, Kinder, beten und meditieren. Asien fehlt ihm. Sieht sich selbst, der große Mann und hunderte Kinder, auf dem Strand, lange Koteletten und Jeans, hochgekrempelt. Es fehlt.

„Gmeiner hat die heilige Stille des abendlichen Gebetes geliebt. Da ist man Teil der Familie, kein Kind schaut, was der Langnasige macht. Er hat mich einmal gefragt: ‚Helmut, sind unsere Dörfer im Westen diesbezüglich ärmer?' Vielleicht."

Anna-Maria, versunken in weit entfernten Bildern, löst den Blick nicht von Kutin. „So war der Gmeiner?"

Kutin presst die Augen zu, Hand vor die Augen. Dann klar. Langsam und deutlich. „So ist er." Kaffee. „Eine Erscheinung. Bewundernswert und manchmal bösartig. Mit der gleichen Intensität seiner Gutartigkeit kann er bösartig sein. Allerdings hat er die Gabe, sich zu entschuldigen."

„Das können nicht viele."

„So ist er. Er hat viel Schlechtes gesehen. Seine Mutter ist früh gestorben."

„Ihre auch, nicht wahr? Ihre Geschichten ähneln einander."

Der Gedanke überrascht Kutin. Stimmt. Er nickt ganz leicht. „Ich hatte eine unbeschwerte Kindheit. Teilweise. Von außen betrachtet nicht, aber ich empfand sie als gut. Jetzt habe ich so viele Kinder um mich …" Mit einem Schwung steht er auf. Eine schnelle

Geste zur Entschuldigung. Geht den Gang hinunter. Öffnet sanft die Tür. Hermann liegt unverändert da. Kutin streichelt ihm über den Kopf. Wie es eine Mutter getan hätte.

In einem südamerikanischen Indio-Dorf auf viertausend Metern hatten ein neunjähriges Mädchen, ihr siebenjähriger Bruder und ein acht Monate altes Baby mit der Mutter und der Tante gewohnt. Der Mann war längst verschwunden. Eine Steinhütte zwei Kilometer außerhalb der Siedlung, ein paar kleine Gärten. Jeden Tag sind die Frauen zum Markt und haben das bisschen Gemüse verkauft. Auf dem Weg gab die Mutter ihre zwei älteren Kinder in der Schule ab, das Baby am Rücken. Eines Tages auf dem Heimweg ein paar Wahnsinnige, Geld heraus. Die Frauen hatten nur ein paar Pesos verdient. Später gehen die beiden Kinder von der Schule nach Hause. Auf dem Weg finden sie Mutter und Tante, mit Macheten ermordet. Das schreiende Baby noch auf dem Rücken der Mutter.

Kutins Hand auf Gmeiners Stirn. „Solche Kinder zurück ins Leben holen. Ihnen zeigen, es gibt auch eine andere Welt. Dazu bedarf es einer Mutter. Übergroßer Liebe."

Gmeiners Augenlider zittern. Kutin lehnt sich näher zu ihm. Gmeiner schnappt nach Luft. Presst die Augen zusammen, will sie öffnen, noch ein Versuch. Kutin drückt den roten Knopf.

Sehr langsam öffnen sich die Augen. Milchgrau, starr, die Pupille sucht einen Punkt. Erkennt Kutin. Die Schwester läuft herein und hört, was Gmeiner sagt. „Muss ich sterben? Ich will im Dorf begraben sein." Augen zu, das Morphium wirkt.

Anna-Maria legt die Hand auf Kutins Schulter. Flüstert ihm ins Ohr. „Die Leute wissen alle, dass sie streben müssen. Aber keiner will es wahrhaben." Kutins Augen sind geschlossen. Er will es nicht wahrhaben.

Noch einmal Gmeiner. Ein schwaches Räuspern. Er hebt die Schultern vom Bett, die Schwester stützt ihn. Gmeiner greift Kutins Hand. „Helmut, ich will ein Testament machen."

„Aber Hermann ..."

„Ich will. Und einen Wein will ich auch."

Kutin schaut die Schwester an. Sie deutet Richtung Zimmer. „Rufen Sie einen Rechtsanwalt, den braucht es. Ich verständige den Arzt." Ihre Augen geben Kutin Sicherheit. Sie sagen, dass es jetzt nicht schnell gehen muss. Sondern, dass es auf das Zeichen ankommt. Kutin geht hinaus, zum Schwesternzimmer. Kögl ist Anwalt. Er bleibt stehen. Das Zeichen. Keine Eile. Keine Hektik. Er dreht um. Als er ins Zimmer kommt, ist Gmeiner wieder weg. Die Schwester hat ihre Hand auf seiner Stirn.

Kutin setzt sich auf den Sessel. Erschöpft. „Sein Vater ist über achtzig geworden. Er sagt, er wird mindestens neunundneunzig Jahre alt."

Sie lächelt milde. Es geht um das Zeichen.

Wieder. Anstrengung in Gmeiners Gesicht. Sehr schwache Stimme. „Helmut, ich bin so einsam, du weißt gar nicht, wie einsam ich bin." Flaches Atmen. „Manchmal ist es für mich so schwer, manchmal glaubt man, der Weg hört auf – und je mehr in der Öffentlichkeit, umso mehr bin ich allein. Ich möchte mein Werk auf Erden vollenden." Augen zu.

Kutins Augen auch. Er hasst Tränen. Er geht zum Fenster. Öffnet es. Spricht in die Nacht. „Er war in den letzten Jahren ein sehr einsamer Mensch. Die ganze Nacht wach, und in der Früh hat er erzählt, dass er nun doch wieder seinen Frieden mit Gott gefunden habe. Es hat nicht gestimmt." Dreht sich zu Anna-Maria. Ihr Blick ist noch immer sicher. „Er hat sein Leben so nicht mehr ertragen. Und dann der Alkohol." Wieder zum Fenster. Er schluckt die Tränen hinunter. Er hätte nicht so oft mit Hermann saufen sollen. Nein sagen. Abhalten. Aber jeder wusste, der Gmeiner ist erträglicher nach ein paar Schluck Rotwein oder Whiskey. Es ist gut, dass er selbst seit Jahren nicht mehr trinkt. Kutin schließt das Fenster. Setzt sich auf den Sessel. Die Augen sinken zu. Sein Körper sinkt zusammen. Schweres Atmen. Anna-Maria schließt leise die Tür hinter sich.

Er wird nicht so einsam, auf keinen Fall. Eine positive Autorität wie Gmeiner. Aber nicht einsam. Kutin hört leise Musik. Vertraut.

Verdi, „Aida“. Gmeiner, eingemauert in einem unterirdischen Tempel. Ägyptischer Kopfschmuck und ein Goldband um Hals und Schultern: „*Ich seh' mein Grab vor mir.* Helmut, wehre dich gegen die Kritiker, die wollen, dass wir Armenhäuser bauen. Aber bleibe bescheiden.“ Im Gang brennen Fackeln an der Wand. „*Ich bin es.* Wenn wir ein Armenlager bauen, werden wir keinen Schritt in die Zukunft tun. Wir müssen sie aus dieser Armut herausheben, damit sie sich später voll dafür einsetzen, diesen bescheidenen Lebensstandard selbst zu erreichen.“

Kutin in weißem Gewand. Er hebt die Hand, will Gmeiner stützen.

Gmeiner kommt näher, aber der Gang rückt weg: „*Sieh' dort den Todesengel, sich nah'n in Glanz und Strahlen.* Das Kind kann aber durchaus einmal erleben, dass man am Monatsende nur mehr Pellkartoffeln mit Käse isst, weil das Budget zu Ende ist.“

Kutin ruft Gmeiner zu: „*Trägt auf gold'nen Schwingen, zu ew'gen Freuden fort. Schon öffnet sich des Himmels Tor, dort enden alle Qualen, Begeisterung, Glück, wohnen unsterblich dort.*“

Gmeiners Stimme wird stärker: „Letztendlich macht das die Kindheit aus, dass es viele Möglichkeiten gibt, Dinge zu erleben, die für das spätere Leben von großer Bedeutung sind. *Leb' wohl, oh Erde, oh du Tal der Tränen, verwandelt ward der Freudentraum in Leid.*“ Plötzlich nah bei Kutin, Stirn an Stirn. „Eines noch: Nimm dich selbst nicht so wichtig.“

Gmeiner entfernt sich. Kutin kann ihn nicht halten. „Wichtig ist das Wohl dieses Kindes.“ Immer kleiner. Ende des Gangs. „*Sei dir der Frieden im Tode beschieden.* Der Frieden. Dein Frieden.“

„Helmut. Helmut, ich bin da.“ Kutin hört die weibliche Stimme. Er öffnet die Augen, richtet sich im Sessel auf. Vor ihm Gmeiners Nichte Erika. Er streckt sich, findet sich.

„Ich bin eingeschlafen.“

„Du bist erschöpft. Geh nach Hause. Ich bin jetzt da.“

Kutin wehrt sich nicht. Er steht auf, nimmt seine Jacke und den roten Akt. „Danke. Wenn etwas ist ...“

„... ruf ich dich an. Mach dir keine Sorgen. Du wirst die Kraft brauchen." Entmutigte Blicke treffen einander. Sie glauben nicht mehr.

Kutin biegt in die Schöpfstraße ein. Sein Blick fällt auf Gmeiners Wohnungsfenster.

Aus diesem Fenster hatte Gmeiners Neffe mit der Posaune die ganze Straße aus dem Bett geblasen, Aufregung, Entschuldigungen. Es war das Fest zum runden Geburtstag von Gmeiners Schwester Elsa gewesen, Kutin hatte für Gmeiner alle lebenden Geschwister und deren Kinder in Innsbruck einquartiert. Drei Tage feiern. Ende der 1970er-Jahre. Exzesshaftes Saufen war ihm schon in den Tropen-Jahren zu viel geworden. Aber direkt nach dieser Feier musste Kutin nach Bangladesch, er wurde sehr krank. Kutin sagte sich: Es reicht. Kein Alkohol mehr. Gar nichts mehr. Schluss! Seitdem kein Tropfen. Die zwei Ausnahmen: Wodka mit dem kasachischen Diktator Nasarbajew und Krauterer Schnaps mit den Wildschönauer Schützen. Je einen.

Gmeiner hasste Kutins Abstinenz. „Du Pharisäer!" Er hatte gehofft, dass auch Gmeiner sich ein bisschen einschränken würde. Tat er nicht.

Als sie gemeinsam den Dalai Lama erstmals in Dharamsala trafen – schlichte Holzhütte, umgeben vom strengen Hofstaat der Tibeter – wies er Kutin an: „Frag ihn, ob er einen Whiskey will." Kutin übersetzte tatsächlich und erkannte in sich sofort einen blutjungen Trottel. Riesenlacher des Dalai Lama, immer Lacher, darin ist er Kutin ähnlich. „Zuerst trinken wir einen guten und gesunden tibetanischen Tee, dann können wir über den Whiskey reden." Weder Kutin noch Gmeiner brachten den intensiven, eigenwilligen Tee hinunter.

Kutin sperrt die Haustür auf. Denkt an ihre Reisen. An die Treffen. Die Vorarlberger Sturheit Gmeiners, das Nichtbeachten jeglichen Protokolls und jeder Etikette hatte den meisten Staatsoberhäuptern ein Lächeln entlockt. Der philippinische Präsidentendiktator Ferdinand Marcos sagte: „Es tut einmal richtig gut, jemanden zu treffen, der nicht über Politik spricht, sondern ausschließlich seinen Kindern helfen will."

Als Kutin seine Wohnung betritt, sagt er: „So muss man es machen." Und weiß, dass er „ich" meint.

Am 26. April 1986 um acht Uhr fünfzehn läutete in Helmut Kutins Wohnung das Telefon. Gmeiners Nichte Erika sagte nur „Es ist vorbei. Seine letzten Worte waren: ‚Mama. Mama. Mama.'" Kutin war voll Schmerz. Seine Mitmenschen erlebten ihn in solchen Momenten immer sehr verschlossen.

Tran Ti Sin arbeitete nach Vietnam im SOS-Kinderdorf Senegal. Kutin sah sie noch zwei Mal. Sie half in Imst, die vietnamesischen Flüchtlinge zu integrieren. Damals schon vom Krebs gezeichnet. Bei dieser besonderen Aufgabe lebte sie ein letztes Mal auf. Als sie später nach Chemotherapien und Bestrahlungen nur mehr zweiundzwanzig Kilo wog, besuchte sie Kutin in Paris. Sie starb fünf Jahre nach der Flucht aus Vietnam.

Helmut Kutin hatte Gmeiner verloren. Seinen engsten Freund. Seinen Vater. Den Gründer. Ab sofort war er alleine und verantwortlich. Entscheidend waren die tragenden Mitarbeiter an seiner Seite, sie haben ihn in diesen bittersten Tagen so gut wie möglich abgeschirmt.

Kutin verlässt das Spital als Präsident. Gmeiner war schon fortgebracht worden. Er zieht ruhig eine Zigarette, atmet die klare Luft, die auch an diesem Apriltag schon heiß wird. Er zündet an und bläst mit dem Rauch den Gedanken in die Luft: Nimm dich selbst nicht so wichtig. Wichtig ist das Wohl dieses Kindes.

Alexander Gabriel kommt. Schwerer Kopf, rote Augen. Kutin schaut ihn traurig an. „Es ist vorbei, Alex."

„Ich weiß es schon." Gmeiner war für ihn noch mehr Vater gewesen.

Gabriel schaut Kutin in die Augen: „Nun bist du Präsident." Die positive Autorität. Gmeiner war es bis zuletzt gewesen. „Jetzt ist er weg und alle Ehemaligen hoffen, dass du für sie da bist." Kutin nickt. Langsam, aber bestimmt.

Er geht. Kein Taxi. Kein Ziel. Seine Präsidentschaft beginnt mit Gmeiners Ende. Zielloses Gehen. Schwerer Atem. Innsbrucker Straßenbahnschienen. Das Gestern, das Jetzt. Ver-ant-wort-ung. Das Morgen. Kutin seufzt. Das Begräbnis. Hermann möchte in Imst begraben werden. In seinem Dorf. Die Behörden überzeugen, Bewilligungen bekommen. Gmeiners Familie überzeugen, Grab nicht daheim in Alberschwende, sondern in Imst. In unmittelbarer Nähe des ersten Hauses, Haus Frieden. Kutin schaut auf den Inn. Schließt die Augen. Und hört Gmeiner. Nicht die schwache Stimme eines Sterbenden mit eingefallenen Augen, sondern die laute, vorarlbergerische. Von der Nordkette hinunter hallen die Worte über ganz Innsbruck. „Haus Frieden! Sein Name soll ausdrücken, dass alle unsere Bemühungen um das im Stich gelassene, hilflose Kind auch als ein Beitrag zum Frieden in der Welt verstanden werden sollen."

Kutin weiß, was zu tun ist. Allen Führern auf der Welt, allen Politikern, allen Spendern und allen Menschen, vor allem den Müttern und Kindern, sagen, dass der Gmeiner tot ist. Und sie verantwortlich sind, dass sein Geist lebt. Er wird beim Begräbnis anfangen. „Wir schämen uns nicht unserer Trauer, aber wir wissen auch, dass du von uns verlangst, dass wir diese Trauer in Freude umwandeln, Freude, die in dieser Welt so selten geworden ist. Wir sollen nicht verzweifeln. Hermann Gmeiner hat uns nicht allein gelassen. Er hat uns zusammengeführt."

Kutin hebt die Hand zur Straße und steigt in ein Taxi. Auf das Ziel zu. Anpacken. Der Welt etwas geben. Es liegt in seiner Hand. Kutin atmet durch.

Im gleichen Moment macht der sowjetische Werksfotograf Anatoli Rasskasov von einem Hubschrauber aus erste Bilder einer radioaktiven Rauchfahne. Sie steigt vom zerstörten Reaktorblock vier des Kernkraftwerks Tschernobyl auf.

Tag 8.
November 1989. Ho Chi Minh City.

Die Maschine fliegt eine letzte Kurve, setzt zum Anflug auf Ho Chi Minh City an. Kutin am Fenster. Dunst liegt über der Ebene Südvietnams, er kann keine bekannten Gebäude oder das Kinderdorf ausmachen. Aber er weiß, dass es da ist. Dass die Renovierung läuft. Er lehnt sich zurück, schließt für die letzten Minuten die Augen. Zufrieden, ein Lächeln im Stillen. Wie oft war er seit 1976 über das Land geflogen, eigentlich knapp daran vorbei. Auf dem Weg nach Korea oder Taiwan oder auf die Philippinen. Über Vietnam Flugverbot, aber zehn Kilometer von der Küste entfernt, über dem südchinesischen Meer. Seine Gedanken immer bei den Kindern da unten. Die Gedanken brachten nichts. Das Kinderdorf Go Vap war von der kommunistischen Regierung zu einem Ausbildungscamp der Vietkong umfunktioniert worden. Die größeren Kinder in Arbeitslager oder zum Militär gekommen. Die Kleineren mit den Müttern auf die Straße gesetzt. Die Geschichten, die er hörte, waren traurig. Manche nicht wahr, viel Jammer, jeder hat noch wildere Details hinzugefügt. Er hoffte, die Geschichten stimmen nicht. Es war dunkel in Vietnam. Über Mittelsleute schickte er Geld und Verpflegung, aber Licht konnte er nicht schicken. Eine Sekretärin war heimlich im Land geblieben, hatte ein verworrenes Netz von Adressen aufgebaut. Ihre Wohnung hatte acht verschiedene Hausnummern, die Vietkong merkten es nicht, oder wollten es nicht merken, Medikamente und Nahrungsmittel waren ihnen egal. Trotzdem hörte Kutin, dass die ehemaligen Kinder irgendwann die Mütter anklagten: „Ihr habt so viel bekommen, wir fast nix." Arme Zeit. Jeder gegen jeden.

Wenn der Krieg endet, bleiben Not und Misstrauen. Manchmal fängt das Elend erst mit dem Ende an. Frieden entsteht langsam.

Während seiner geheimen Vietnamreise als Tourist traf Kutin einige Mütter und Kinder an entlegenen Plätzen, in Kirchen, auf belebten Märkten. Es war gefährlich, für sie und für ihn. Fürchterliche Momente. Die meisten waren vertrieben worden, die Dörfer aufgelöst. Das Bürohaus weg. Einige Kinder konnten sie aus Vietnam bringen, andere flüchteten. Aber die Geschichten aus den Lagern für vietnamesische Flüchtlinge an der thailändisch-kambodschanischen Grenze waren noch schlimmer, Kutin suchte oft im Dreck nach bekannten Gesichtern.

Der Landweg durch Kambodscha war für die Flüchtlinge wegen der Roten Khmer tödlich. In den Booten nach Thailand verhungern, verdursten, kurz vor der Küste die Piraten. Sie raubten den Menschen, die den Krieg und dann das Nord-Regime überlebt hatten, das Hemd vom Körper. Mehr hatten sie nicht dabei.

Als das Flugzeug steht, berührt ihn Siddhartha Kaul sanft an der Schulter. Er ahnt, woran Kutin denkt. Sie verlassen das Flugzeug, Kim Sung mit ihnen. Alle drei lächeln.

Am Gepäckband gehen sie vorbei, eine Tasche bei sich. Mehr hatten sie für ihre zweitägige Reise nach Dalat nicht gebraucht. Nur Kutins Blick bleibt an der Anzeige hängen. „Dalat." Sie kommen gerade aus Dalat. Seinem Dalat.

Vor dem Flughafen der Himmel. Glühend, hell, die Hitze im weißen Dunst. Kaul und Sung gehen vor Kutin. Ein kräftiges „Ha-Ha". Sie drehen sich mit einem Ruck um und sehen einen glücklichen Mann. Den Kopf weit nach hinten gestreckt, den Himmel im Blick. Der Mund offen, Begeisterung und Freude. Kopf wieder nach vorn, Blick zu ihnen. Strahlen. Er ist wieder hier. Beim Lächeln seiner Kinder. Perle Saigon. Auch wenn sie jetzt Ho Chi Minh City heißt. Ha-Ha. Die vorbeigehenden Vietnamesen erschrecken, verwunderte Blicke, Sätze fallen, das Wort Farang. Kutin lacht wieder. Farang, der Ausländer. Der glückliche Farang. Er schaut noch einmal in den Himmel. Denkt an Gmeiner. Er müsste hier sein. „Helmut Kutin wird es nie überwinden, dass unsere SOS-Kinderdorf-Perle im Fernen Osten verlorenging", hatte Gmeiner gesagt. Und auch sich selbst gemeint.

„Hermann, für dich. Wir sind zurück."

Kutin zieht eine Zigarette aus der Brusttasche, steckt sie an, Gesicht noch Richtung Himmel, die Marlboro wie ein Leuchtturm.

Kaul schiebt Sung weiter. Er weiß, dass Kutin nicht nur eine Zigarette braucht. Sondern den Moment. Kaul schaut um sich, sieht den Wagen, der sie abholt. Darauf zu. Taschen Kofferraum. Er schaut Sung an, lächelt. Sie versteht. Beginnt zu verstehen. Beginnt Kutin kennen zu lernen. Seit einem Jahr lernt sie ihn immer wieder kennen. Seit die Akte SOS-Kinderdorf in Vietnam wieder geöffnet worden war. Ihre Akte, ihre Aufgabe als Beamte des Arbeits- und Sozialministeriums. Verhandlungen, erster offizieller Besuch. Sie begleitete Kutin, seinen Sekretär Richard Pichler und den Inder Siddhartha Kaul auf der Fahrt durch das ganze Land. Die Menschen nennen Kutin „Bo". Vater, Großvater. Als sie ihm zum ersten Mal Tee einschenkte, dankte er auf Vietnamesisch. Sie begann zu verstehen, dass er den Kindern nützt. Die Kommunisten hatten genau das bezweifelt. Sie wollten es bezweifeln.

Kutin wusste von Anfang an, dass Kim Sung auch Berichte abgeben musste. Er holte sie nach dem positiven Abschluss der Verhandlungen trotzdem als Sekretärin und Übersetzerin zu SOS. Oder deswegen.

Er ist stark, trifft Entscheidungen, hat Herz. Und er kann vergeben. Das fiel Sung besonders auf. In einem Land, das noch nicht wieder gelernt hatte, zu vergeben. Am meisten beeindruckte sie Kutins Art zu kommunizieren. Direkt. Und mit allen gleich. Hohe Kommunisten, Mächtige, der Fahrer, der kleinste Mitarbeiter. Vor allem die Kinder. Er teilt ihre Probleme.

Sie dreht sich zu Kaul. „Wissen Sie, ich habe von ihm gelernt, alle Menschen ernst zu nehmen." Kaul lächelt. Zieht die Augenbrauen hoch und nickt. „Können Sie sich erinnern, auf der ersten Fahrt, wir alle durch das Land. Nach einem Mittagessen habe ich zwei übriggebliebene Bananen mitgenommen." Kaul lächelt, die Augenbrauen hinunter, leichtes Kopfschütteln. „Vor dem Lokal eine Bettlerin. Ich legte ihr die Bananen in die Hand. Und er ...", nickt mit dem Kopf zu Kutin, „ging hinter mir. Ich habe gesehen, dass er die Bananen aus ihrer Hand nimmt. Und Geld hineinlegt."

„Ja. Das passt zu Helmut."

„Nicht übriggebliebenes Essen, sondern Geld. Auch dem Bettler. Nicht das Essen, das uns zu viel ist. Es war eine Lektion."

„Sie haben es verstanden." Sung nickt. Erst als Kaul lacht, lacht sie auch.

Kaul schaut zu Kutin, er braucht noch Zeit. Kaul lehnt sich gegen den Wagen. „Mir ging es ähnlich. Er war einmal richtig wütend. Ich werde es nie vergessen, sehr verstörend damals." Sungs Augen weit offen, sie will es hören. „Ich war für SOS in Sri Lanka, im Norden herrschte Bürgerkrieg. Flüchtlinge in mieser Verfassung. Helmut kam und wir fuhren zu einem Flüchtlingscamp. Er sprach nicht viel, aber zurück im Büro wurde er deutlich. Wütend. ‚Was soll das? Wie behandelst du sie? Patriarchal! Du kannst sie besser behandeln. Sie sind arm, fühlen sich wertlos. Aber du hast die Pflicht, sie als Gleiche zu behandeln.' Ich verstand das nicht. So verhalten sich Asiaten eben. Sie reden so miteinander. Ich sagte zu ihm: ‚Du weißt das doch, das ist nicht patriarchal.' Er blieb dabei. Und später habe ich es verstanden. Es geht nicht darum, der Konvention gerecht zu werden. Sondern darum, sie wirklich als gleichwertig zu empfinden. Das ist der Grundgedanke."

„Sie haben es verstanden." Kaul nickt. Beide lachen. Er schaut hinüber. Auf einen anderen wäre Helmut damals nicht so wütend gewesen. Eigentlich eine Auszeichnung. Ein Lehrer und sein Schüler. Achtundvierzig und fünfunddreißig. Dreizehn Jahre Altersunterschied. Und tausend Jahre Erfahrung. Trotzdem auf Augenhöhe.

Sung schaut Kaul sanft an. „Die Verbindung zwischen Menschen hängt nicht vom Alter ab. Es sind die Augen, das Handeln, das Ha-Ha. Und", beide synchron, „die Luftballons." Freies Lachen.

Kutin hat fertig geraucht. Ein paar rasche Schritte, er sieht beide lachen. „Denken Sie daran, Frau Sung, nie wieder einen Mittelsitz!" Beim Hinflug von Ho Chi Minkh City nach Dalat musste Kutin in der Mitte sitzen. „Sonst sind Sie gefeuert." Ha-Ha. Sie steigen ins Auto. Kutin diesmal zu Kaul auf den Rücksitz.

„Ich verstehe deine Liebe zu Dalat, Helmut." Kaul war zum ersten Mal in Dalat gewesen.

Kutin schaut ihn an: „Die Stadt war lange hohen kommunistischen Funktionären als Urlaubsort vorbehalten. Ich habe jetzt auch noch keine Ausländer dort gesehen. Wir dürften die ersten sein, die zurückkommen." Noch immer Strahlen.

„Und wir haben jede Menge Artischockentee im Dorf." Gute Stimmung, Kaul vergnügt. Kutin lächelt schwach. „Ja, das ist wahr. Artischockenfarm. Die Roten haben Ideen, wirklich." Ernster. „Die Bauern waren nicht erfreut. Können ja auch nichts dafür." Das Ausatmen mündet in einem Lächeln. Trotzdem, jetzt werden in Dalat wieder Kinder aufgezogen. Sie hatten das Grundstück innerhalb von sechs Monaten renoviert. Sogar den Nachbargrund haben sie bekommen. Jugendhaus, Mitarbeiterwohnungen gebaut, Kindergarten und Schule als Vision. Kutin ist zufrieden. „Der Gärtner war superb, gell."

Kauls Kopf wackelt. Weniger als bei anderen Indern. Aber manchmal doch. „Ich habe seine Geschichte nicht genau verstanden."

Kutin räuspert sich. „Chu tich bedeutet Präsident. Das kleine Mandl mit dem verbeulten Mantel ist jetzt der Präsident von der ganzen Provinz Dalat. Und bis '75 hat er als Gärtner im Dorf gearbeitet." Ha-Ha. Kaul versteht. „Er hat damals einen Ort gebraucht, an dem er sicher war. War Kommunist und hat nur darauf gewartet, dass der Norden einmarschiert. Als Gärtner im Kinderdorf verschanzt." Beide lachen, absurd. Sung sitzt vorne und schmunzelt heimlich mit. Sie ist der Norden. „Es ist mir nie aufgefallen, das kleine Mandl."

Lachen klingt aus, Kaul schaut ihm tief in die Augen. „Ich gratuliere dir. Willkommen daheim."

Fast synchron drehen sie die Köpfe auseinander, zum Fenster. Kutin weiß, Dalat wird auch für Kaul eine Heimat. Eine weitere. Er ist froh, ihn mit dem Wiederaufbau betraut zu haben. Für Gmeiner war Vietnam eine Herzensangelegenheit gewesen. Und er hatte ihn damit betraut. Kaul ist nicht nur Mitarbeiter. Ein guter Schüler.

Kaul sieht die Stadt vorbeiziehen. Er möchte es beweisen, Vietnam ist ein gutes Land. Kein Scheitern. Sich beweisen, es Helmut beweisen. Er gibt ihm Antworten in der Suche. Hatte seine Ideen immer verstanden. Die fantastischen Bilder, die er Helmut beim Aufbau der SOS-Dörfer in Südindien mit Worten malte. Helmut kann Ideen visualisieren. Ein guter Zuhörer. Dessen Zustimmung Wert hat. Fremden Ideen zuhören und bereit sein, gemeinsam zu entwickeln. Wer Ideen als gut oder schlecht bewertet, stiehlt sie. Wer sie weiterspinnt, überlässt sie dem Schöpfer.

Er ist nicht nur ein Schüler, denkt Kutin. Er erinnert sich an Kaul als jungen Mann im SOS-Kinderdorf Greenfields, dessen Weisheiten alle am Abendtisch mit offenem Mund und Herz anhörten. Philosophie-en. Kutin schmunzelt beim Fenster hinaus, Kaul muss es nicht sehen. Die Fragen und Worte dieses jungen Mannes nach der Vietnam-Ausreise. Er hatte sein Leid nicht bewertet, behauptet es zu verstehen. Hat es Kutin nicht gestohlen, er ließ es ihm, aber stützte ihn.

Synchron. „Diese Mopeds." Sie schauen sich mit einem Ruck an. Und lachen. Sung lacht auch. Der Fahrer. Alle lachen.

Kutin erkennt die Straße. Er deutet nach vorne. „Das war mein Friseur in Saigon. Lieber war ich aber immer bei dem in Dalat. In dem Salon ist mir fast schwindlig geworden, wenn es so gedampft hat. Gleich darüber ist ein Schneider. Aber mein Lieblingsschneider ist in Bangkok. Da brauche ich nix mehr tun, der hat die Maße. Anruf und das war's." Sung und Kaul schauen von der Straße weg zu Kutin. „Was? Man muss überall einen Fixpunkt haben. Etwas, das man kennt. Das nicht ständig neu ist. Sondern bekannt und gut."

„Helmut, du sprichst von deinem Zuhause." Kauls dunkle Augen haben etwas Vertrautes.

Kutin schaut ihn an. „Meine Heimat sind die Menschen. Heimat ist für mich die Verbundenheit mit anderen Menschen, die für Kinder Gutes tun, die kein Zuhause haben. Ich trage Heimat in meinem Reisegepäck herum und packe sie dort aus, wo ich verantwortlich bin."

Der Wagen biegt ein. Darauf hatte er gewartet. Rue Catinat, Tu Do, Dong Khoi. Egal. „Und jetzt schaut da rechts. Das Café. Da drin oder gegenüber im Hotel Continental, da saßen wir mit den Journalisten. Diese Meute musste man über sich ergehen lassen. Hans Wilfried von Stockhausen, irre Namen, irre Typen. Aber immer die neuesten Informationen. Was sich tut. Bis März 1975 waren sie sich alle sicher, dass Saigon nie fallen wird." Alle drei schauen aus dem Fenster, auf Ho Chi Minh City. Die Straßen ziehen vorbei, Kutin liest sie wie ein altes, gutes Buch.

Er steigt schon vor dem Kinderdorf Go Vap aus, um Zigaretten zu kaufen. Die anderen beiden fahren mit hinein.

Helmut Kutin überquert die Straße, Verkehrsgewühl, Hitze, Dunst, Lärm. Staub, Kutin hustet. Schwindelgefühl. Sieht eine Bettlerin, zerrissenes Gewand, der Schmutz verbirgt die Farbe. Zusammengekauert, die Hände auf dem Bauch. Auf den zweiten Blick sieht er, dass sie schwanger ist. Kutin greift in die Tasche, lehnt sich hinunter, legt ein paar Dong in die Hand, für eine warme Mahlzeit. Sie schaut auf, böser Blick. Nimmt die Scheine, wirft sie vor seine Füße. „Gib mir wenigstens genug Geld für Gift, damit ich mich und das Kind töten kann." Verstört, Schritt zurück. Entschuldigung, leise, zögerndes Murmeln. Manchmal geht es nicht um ein paar Dong. Bei der Hand nehmen, gemeinsam hinsetzen, ein Glas Milch teilen, eine Lösung finden. Nicht Mildtätigkeit, sondern Augenhöhe.

Ein Ausländer tritt an Kutin heran. Überreicht ihm eine große Summe. Will ein Foto mit den Kindern. Kutin gibt ihm das Geld zurück. „Es tut mir leid, aber wir haben keinen Rahmen zum Präsentieren. In diesem Rahmen habe auch ich keinen Platz. Nicht einmal Gmeiner. In diesem Rahmen steht das Kind."

Die Bettlerin nickt mit geschlossenen Augen.

Als er durch das offene Tor ins Kinderdorf geht, sieht Kutin einen ausgeleierten, sehr alten Luftballon an der Mauer hängen. Plötzlich stürzen zwei Mädchen auf ihn zu. Eine zur anderen: „Schau, der Präsident ist zurück!" Sie hatten ihn erwartet, seit er vor zwei Tagen vom Dorf Go Vap nach Dalat aufgebrochen war.

Die andere. „Die Großen nennen dich Vater."

Kutin zieht zwei Luftballons aus der Tasche. Hintereinander

bläst er sie auf, gibt sie den Mädchen. „Weil ich ihr Vater bin. Ihr beide könnt mich einfach Onkel nennen." Beide nicken zustimmend, das gefällt ihnen. Sie laufen mit ihren Schätzen davon.

Die Kinder von 1976 waren schon erwachsen. Eines der Mädchen war am 24. Dezember 1968 mit seinen vier Geschwistern ins SOS-Kinderdorf Go Vap gebracht worden, nachdem beide Eltern unter Bomben gestorben waren. Er hatte Zeit für sie alle. Kutin wurde der zweite Vater in ihrem Leben. Der erste starb, es kam wieder einer. „Bo Kutin" brachte ihr ein gutes Leben. Als ihr die Brille zerbrach, war sie zu schüchtern, es zu sagen. Als er das herausfand, nahm er sie an der Hand und fuhr zum großen Markt, um eine neue zu kaufen. Eine Woche später stolperte sie beim Laufen, und als sie wieder zum Markt fuhren, erwartete sie, dass er schimpfte. Er sagte: „Wenn du klein bist, musst du gut zu Menschen sein. Und wenn du groß bist auch."

1989 war das Mädchen schon seit ein paar Jahren Besitzerin eines Goldschmuck-Geschäfts auf dem großen Markt. Jeder Vater ist stolz, wenn seine Kinder im Leben stehen.

Er nimmt nicht den direkten Weg vom Tor zu seinem Haus. Auch nach einer Zigarette macht er weiter Umwege durch das Dorf. Er hat etwas aufzuholen. Atmet immer wieder tief ein. Die Hände hinter dem Rücken. Langsam. Aus einem der Familienhäuser quillt vietnamesische Tanzmusik. Kutin schließt die Augen und sieht die Berge rund um Dalat, dann das Mekong-Delta. Wenn ein Russe singt, sieht er Moskau, Tundra und Taiga, getragene Weite. Spielt ein Kirgise auf seiner Komuz, erscheint der See Yssykköl von Tscholponata aus gesehen. Die sanfte Stimme eines Bengalen, der seine Ballade darbringt, Ganges. Kutin bleibt stehen, dreht sich, sucht das Haus. Ja, das. In dem hatte er den Müttern Go Vaps auf dem Handplattenspieler die „Kleine Nachtmusik" von Mozart vorgespielt. Ihre Gesichter senkten sich, alle Blicke auf ihm, alle haben gekichert. Konzert Ende. Damals.

„Sie sind wirklich immer zurückgekommen, Bo Kutin." Stimme hinter sich. Er dreht sich um. Eine Mutter. Dang Thi Hoa. Er merkt sich Namen immer gut, aber jetzt ist es nichts Besonderes. Dang war von 1968 an dabei gewesen. Eines ihrer SOS-Kinder war behindert. Es hatte immer wieder den Wohnraum angeschissen und beschmiert. Als sie mit ihrer Kraft am Ende war, klopfte sie um vier Uhr früh bei Kutin und sagte: „Jetzt nehmen Sie es. Weil es gehört der gesamten Familie. Nicht mir alleine." Richtig, alle haben Sorge zu tragen. Er hätte die Überforderung früher erkennen müssen, denkt er.

„Ich habe versprochen, dass ich wiederkomme." Sie lächelt ihn an. Ehrlich. Kutin kennt das Asien-Gemüt. Hinter der Fassade des Lächelns kann alles stecken. Das Gesicht zu wahren, ist das Wichtigste im Leben. Immer lächeln. Er hatte lange gebraucht, um die Realität dahinter zu erkennen. Denn ein Lächeln kann ohne Übergang in Weinen übergehen.

Dangs Lächeln ist echt. „Haben Sie jetzt eine Frau, Bo?"

Kutins Lächeln auch. „Ihr seid meine Familie. Eine große Familie." Er schaut zum Tor.

„Was wurde aus Tran?" Dang ist direkt, sie hatten alle genug erlebt, um direkt zu sein.

Schaut sie an. Ein Moment, blickt zu Boden. „Sie ist gestorben. Schon lange."

„Darf ich Sie etwas fragen?" Kutin nickt. „Haben Sie Tran geliebt?" Er weiß, wie schwer ihr die Frage fällt. Indiskret. Aber die Mütter wollen es wohl wissen.

Er atmet zweimal. Ein. Aus. Sie haben eine Antwort verdient. „Ich hatte Hochachtung vor dieser gewaltigen Frau. Aber keinerlei Gefühle als Mann. Wir waren sehr enge Freunde. Sie war eine fantastische Mitarbeiterin, Herz und Seele. Und ein Garant dafür, dass das Dorf in besten Händen war, wenn ich unterwegs war." Die Mutter nickt. „Liebe. Vielleicht im übertragenen Sinn, aber nicht auf anderer Ebene. Sie war unbezahlbar." Es ist gut. Sie hat eine Antwort.

Kaul kommt, seine typischen Schritte. Ein gemütlicher Mann. Dang verneigt sich, fast unmerklich, und geht. Kutin zieht eine Zigarette aus der Brusttasche. Raucht sie an, deutet Kaul, mit ihm zu gehen.

Kaul zu seiner Rechten. „Du gehst derzeit viel." Er schaut ihn an, kurzer Blickkontakt. Er weiß, dass Kaul eine Frage stellen wird.

„Siddhartha, ich spaziere immer, wenn ich in ein Kinderdorf komme durch die Randbezirke. Dort sehe ich, hat das Dorf einen Charakter, ist das Dorf in Ordnung? In der Mitte spüre ich gar nichts. Alles beginnt am Rand abzubauen, später innerlich. Dann ist das Dorf nur noch ein Arbeitsplatz. Das Beste, das wir zu bieten haben, ist der Schutz einer Dorfgemeinschaft." Wie Imst. „Das brauchen Kinder, die gelitten haben, sie brauchen Zeit, bis sie sich wieder hinaustrauen." Innsbruck. „Sie müssen eine innere Stärke entwickeln, um sich selbst zu behaupten." Vietnam.

Kaul sagt nichts. Kutin weiß, er versteht ihn.

„Ich brauche diese Runden. Die Gespräche mit den Mächtigen sind anstrengend. Kinder sind echt. Das echte Leben ist hinter den Häusern, nicht auf den schönen Wegen. Dort sind aber auch die brutalen Geschichten jeder Familie zu Hause."

Kaul schaut ihn an. Dankbar. Kutin bleibt stehen. Dreht sich zu Kaul. Er schaut ihm in die Augen. Langsam hebt er beide Arme. Umarmt Kaul. Löst sich, lässt eine Hand auf seiner Schulter. „Du bist nun Teil dieser Familie." Kutin schließt die Augen, Hand weg.

Kaul starr. Bewegt und starr. Er kennt Kutin. Er lädt ihn in seine Familie ein. Nicht als Gast. Als Mitglied. Kaul schaut zu Boden, erschlagen von dem Moment. Als er wieder aufschaut, ist Kutin schon ein paar Meter entfernt. Er geht ihm nach. Erst kurz vor dem Haus, in dem sie beide untergebracht sind, schließt er auf.

Kutin stellt einen Aschenbecher auf den Terrassentisch.

Kaul sucht Worte. Aber es ist alles gesagt. „Wie viel rauchst du eigentlich?"

Kutin setzt sich auf die Bank der Sitzgruppe, Kaul auf den Sessel. „Über dreißig sind es nie. Die meisten hau ich ja halb fertig geraucht weg. Es wirkt mehr." In welches Kinderdorf er auch kommt, man stellt ihm einen Aschenbecher hin. Sogar in den streng rauchfreien Kinderdörfern in China.

„Es ist ungesund." Kaul betreibt Konversation.

„Ha-Ha, du auch noch! Überall sagen sie: ‚Papa, don't smoke, please! Smoke is harmful to your health.' Absolut korrekt. Weißt du, Siddhartha", Kutin schaut ihn an, Kaul erwidert den Blick, „ich habe nie einen Jugendlichen zur Rede gestellt, wenn er geraucht hat. Wäre unfair. Außer da drüben." Kutin hebt den Arm, zeigt auf einen verwachsenen Winkel im Dorf. „Wir haben zwei super Typen gehabt: zwölf Jahre alt und getschickt wie irre. Ich musste was tun. Beide hierher, drei Schachteln Marlboro hin, die zwei da auf dem Boden, ich auf deinem Stuhl. Eine Zigarette nach der anderen. Der eine hat nach fünfundzwanzig Stück gespieben, nie wieder geraucht. Der andere", Kutin lehnt sich vor, reißt die Augen auf, Kaul stumm, „hat bei der sechzigsten immer noch gegrinst. Heimgeschickt, weil ich hab keine mehr gehabt." Beide werfen sich mit einem Ha-Ha in ihre Lehnen.

Ein Europäer kommt ums Eck, knapp dreißig. Kutin steht auf, breites Lachen. „Herr von und zu Pichler, wie schön. Hat alles geklappt auf den Philippinen?" Der Europäer nickt. Umarmung, auch von Kaul.

Pichler stellt seine Tasche ab. Er sieht vor der Haustür drei Paar sauber geputzte Schuhe von Kutin. „Ich sehe, du putzt Schuhe. Es geht dir gut." Kaul zieht verwundert seine buschigen Augenbrauen zusammen.

„Sehr richtig."

Schuhe putzen ist eine Marotte Kutins. Richard Pichler wusste das, seit er 1988 sein persönlicher Assistent im gesamten Asien-Geschehen geworden war.

1976 musste der fünfzehnjährige Kinderdorf-Bub Richard Pichler bei einer großen Versammlung in der Hinterbrühl einen Vortrag auf Englisch halten. Kutin war gerade aus Vietnam zurück, Gmeiner teilte ihn ein, mit dem Buben zu üben. So lernte Pichler in Gmeiners Büro in der Hinterbrühl den ausgebildeten Lehrer Kutin kennen. Bei späteren Hinterbrühl-Besuchen erkundigte sich Kutin über den Pichler und mit der Zeit richtete er sein Fernrohr auf ihn. Nach der Wahl zum Präsidenten bat er Pichler zu einem ausführlichen Gespräch. Es dauerte einen Nachmittag lang. „Es wird Zeit, dass du fertig studierst, wir brauchen da wen." Nach der Uni sollte Pichler in Südkorea mitarbeiten, Medienbetreuung für das SOS-Kinderdorf, weil während der Olympischen Spiele 1988 alle Welt auf Seoul schauen würde. Betriebsinformatiker Pichler verzichtete auf lukrative Angebote aus der Wirtschaft. Nach den Olympischen Spielen brauchte Kutin Unterstützung. Pichler wurde Regionaldirektor von Südostasien. Und Nationaldirektor von SOS-Kinderdorf auf den Philippinen, obwohl Kutin mittlerweile den Aufbau einheimischer Führungskräfte forcierte.

„Wie war es in Dalat?" Pichler trinkt mit Kaul auf der Terrasse Tee. Kutin hatte sich zurückgezogen.

„Er ist sehr glücklich. Dalat lebt wieder." Ein Schluck. „Es ist faszinierend, die Kinder hier reagieren noch stärker auf ihn als überall sonst."

Pichler schaut in seine Tasse und nickt leicht. „Ja, er kann mit seinen achtundvierzig Jahren mit einem Dreijährigen auf dem Boden sitzen und kommunizieren, wie wenn es das Natürlichste der Welt wäre."

Kaul denkt an die vergangenen Tage. „Und genauso mit einem Präsidenten." Pichler schaut auf. „Oder mit ihm eine Zigarette rauchen." Gemeinsames Grinsen. „Er ist irrsinnig andockfähig. Und dabei authentisch."

„Empathisch." Kaul rückt vor, die Tasse auf dem Tisch, Ellenbogen auf den Knien. „Wie er mit den Kommunisten redet, das ist beachtlich."

„Er spürt, was das Gegenüber jetzt gerade braucht, um einen guten Draht zu haben. Für die Kinder ..."

Kaul grinst noch. „... ist ihm jedes Mittel recht. Was glaubst du, mit wem redet er lieber. Mit dem Präsidenten oder dem Dreijährigen?"

Pichler überlegt nur, weil er immer überlegt, bevor er spricht. Beide kennen die Antwort. „Dem Dreijährigen. Den Staatspräsidenten nur dann, wenn er ihn sich aussuchen kann. Mit ein paar auf der Welt ist er ja auf einer Wellenlänge." Die beiden schauen in den Himmel. Beide haben ihre Erinnerungen an solche Treffen, an Kutins Seite. Dämmerung. Der Tag ist fast zu Ende. Dabei sollte noch so viel geschehen.

Die ersten Verhandlungen zur Rückkehr von SOS führte die vietnamesische Regierung mit Kutin nur zum Schein. 1978. Die Kommunisten in Hanoi wussten nicht, wie gut sein Vietnamesisch war, was er verstand. Immer wieder tuschelte der Vizeminister mit seinen Mitarbeitern. Kutin verstand nur zehn Prozent, aber das genügte. Nach den zahnlosen Gesprächen ließ ihn das Ministerium auf dem Flug nach Ho Chi Minh City von zwei Bewaffneten bewachen.

Sein Heimflug nach Europa war charakteristisch für den Zustand Vietnams und der Welt. Ziel war Berlin über Moskau, Kutin der einzige Nicht-Kommunist an Bord. Beim ersten kleinen Zwischenstopp ließ man ihn als Einzigen nicht aussteigen. Kalkutta – Delhi – Karatschi. Kurz vor Karatschi zwang sie ein Sturm zur Landung. Der Pilot sagte, kein Sprit mehr, zwei Möglichkeiten: Vierundzwanzig Stunden auf Sprit warten oder der Versuch, Karatschi zu erreichen. Wenn es sich nicht ausgeht, würde er rechtzeitig umdrehen. Die Passagiere stimmten ab, Kutin hatte keine Stimme. Karatschi ging sich aus, Kutin durfte nicht hinaus, Weiterflug nach Taschkent. Kurz nachdem das Flugzeug wieder gestartet war, sagte der Pilot durch: Wegen der großen Verspätung kein Stopp in Moskau, direkt nach Berlin. Nach über fünfundvierzig Stunden waren erstmals alle anderen still. Kutin jubelte alleine.

Er versuchte immer wieder neue Verhandlungen mit Vietnam.

Korruption kam für ihn nie in Frage. Wer einmal zahlt, muss immer zahlen. 1987 lud die Regierung ihn zu Gesprächen ein. Überraschend. Kutin machte die Rückgabe von Dalat und Go Vap zur Bedingung. Und bot ein weiteres Kinderdorf in Hanoi an. Auch im früheren Nordvietnam lebten Kinder im Elend.

Vor Weihnachten 1988 holten sie ihn wieder. Der Vizeminister tuschelte diesmal mit ihm: „Machen Sie das jetzt sofort. Ich bin nicht mehr lange im Amt. Ich habe SOS-Kinderdorf studiert, das ist gut für unsere Kinder." Unter großer Emotion kam es zu einem schnellen Vertragsabschluss. 1989 zogen die ersten Mütter und einige Kinder zurück nach Go Vap und Dalat.

Mit geschlossenen Augen sieht Kutin den Vizeminister vor sich. „Sie wissen, es wäre schneller gegangen, wenn Sie auf Dalat verzichtet hätten?"

„Dalat ist meine Heimat."

Im Gehen sagt der Vizeminister: „Ich kann Sie verstehen. Es ist schön da oben."

„Und die Heimat meiner Kinder." Der Vize lächelt. Es ist gut. Kutin ruft ihm nach: „Warum sind Sie eigentlich gekommen?"

Er dreht sich noch einmal um. „Ach ja. Wir wollen, dass Sie bis 1992 in Hanoi ein Dorf errichten."

Kutin stoisch. „Machen wir. Sie haben unsere Voraussetzung erfüllt. Wir erfüllen eure." Der Vize geht zwei Schritte. Dann Kutin: „Aber das Haus in der Stadt, unser Bürohaus. Das gehört uns. Vergessen Sie mir das nicht."

Der Vizeminister nimmt ein Lächeln aus dem Dorf mit.

Nach dem Essen reden Kaul und Pichler auf der Terrasse, Kutin schaut Nachrichten. Plötzlich Bilder aus Berlin. Er lehnt sich vor, versteht aber nicht recht, sein Vietnamesisch ist zu schlecht. Eine Einblendung der Nachrichten aus der DDR. Der Sprecher liest teilnahmslos vom Blatt: „Günter Schabowski vom SED-Politbüro erklärte gestern, am 9. November, bei einer Pressekonferenz im Presseamt von Ost-Berlin die neuen Reiseregeln für Bürger der

DDR. Jeder Bürger dürfe über Grenzübergangspunkte der DDR ohne Vorlegen von Voraussetzungen ausreisen. Die Genehmigungen werden kurzfristig erteilt. Auf Nachfrage eines Zeitungsreporters, wann diese Regelung in Kraft trete, stammelt Schabowski verwirrt: „Das tritt nach meiner Kenntnis … ist das sofort, unverzüglich." Wieder der Sprecher. „Nach dieser Information zogen gestern Tausende Ost-Berliner zu den Grenzübergängen und verlangten die sofortige Öffnung. Um einundzwanzig Uhr zwanzig passierten die ersten DDR-Bürger die Grenze. Kurz nach dreiundzwanzig Uhr wurden auch die Passkontrollen eingestellt." Der Sprecher blickt in die Kamera. „Die Grenze ist offen. Die Tore in der Mauer stehen weit offen." Bilder von Menschen, die auf der Berliner Mauer stehen und jubeln.

Kutin rutscht die Fernbedienung aus der Hand. Stummes Lachen. Mehr Ton. Plötzlich bricht es aus ihm. „Ha-Ha! Superb." Er steht auf, schnelle Schritte auf die Terrasse, stößt die Tür auf. Kaul und Pichler schauen ihn an.

„Die Mauer ist gefallen. Die Berliner Mauer." Sie fassen es nicht gleich. „Wir sind zurück hier. Es geht etwas auf. Es bewegt sich." Sie verstehen. Stehen auf. Pichler zum Fernseher.

Kaul schaut Kutin an: „Wein? Zur Feier?" Kutin scheint kurz zu überlegen. „Nein, danke." Er geht zum Geländer, schaut in die Nacht. Kein Flackern von Bomben, kein Rauch. Das Ende des Kommunismus hat begonnen. Das sollte Hermann erleben. Der Ostblock kurz vor dem Fall. Die nächste Baustelle, die nächste Chance. Seit 1970 arbeitet SOS-Kinderdorf in der Tschechoslowakei, seit 1983 in Polen, seit Kurzem in Ungarn. Aber hinter dem Eisernen Vorhang warten viele Kinder. Sehr viele Kinder.

Kutin dreht sich um. Pichler ist zurück, stößt mit Kaul an. Er schaut die beiden an. „Auf Hermann!"

Sie stehen auf. „Auf Hermann!"

Beim Hinsetzen ein Blick von Kaul. „Was hätte er jetzt gemacht?"

Kutin nimmt eine Zigarette. Erster Zug. „Wir müssen das Positive belassen und der heutigen Zeit gerecht werden." Kaul schmunzelt, er braucht keine Antwort. Trinkt vom Wein. Kutin schaut in das nächtliche Schwarz. „Ich habe heute viel mit den Müttern gesprochen. Vielleicht müssen wir uns einmal öffnen, vor allem in Österreich und Deutschland, im Westen." Pichler und Kaul schauen einander fragend an. Helmut spricht. Nicht mit ihnen. Zu ihnen. „Es geht um das Mutterbild. Es kann nicht ewig so sein, dass eine Kinderdorf-Mutter austreten muss, wenn sie heiraten will. Die Zeit ist gekommen und es bricht uns kein Zacken aus der Krone. Macht es auf. Aber es darf in der Gemeinschaft nichts verloren gehen. Entscheidend ist, dass jede Mutter weiß, dass im Nebenhaus der Dorfleiter wohnt, sollte etwas passieren. Dorfleiter, die nicht im Kinderdorf wohnen, wären der erste Schritt in eine Institutionalisierung."

Kutin schaut zu ihnen. „Wir dürfen uns selbst nicht so wichtig nehmen. Wichtig ist das Wohl des Kindes. Das müssen wir bei allen Veränderungen bedenken." Er dreht den Kopf zur Nacht, prostet ohne Glas zum Himmel. „Auf Hermann!"

Tag 9.
Ende Juli 1994. Ruanda.

In den ersten Jahren hatte Helmut Kutin die Feierlichkeiten bei seinen Dorf-Besuchen nie besonders genossen. Die Kinder versammeln sich zur Begrüßung am Eingangstor, singen oder behängen die Gäste mit Blumenkränzen. Manchmal Zeremonien mit Instrumenten und Reden, Tanzvorführungen. Gmeiner hatte das geliebt. Er konnte keine Fremdsprache, kommunizierte perfekt mit Lachen und mit den Augen, so dass jedes Kind spürte, dass es angenommen war. Mehr wollte er ihnen gar nicht sagen. Mit der Zeit erkannte auch Kutin den Wert dieser Feste: Die Kinder haben schulfrei oder dürfen in bunten Kostümen etwas vorführen. Der große weiße Mann, den alle Präsident nennen, schaut und hört ihnen zu. Sie sind wichtig. Bald konnte er die Feste wie Gmeiner genießen. Denn beide wurden durch die Realität oft auf den Boden zurückgeholt.

Während eines Spaziergangs durch ein Dorf versperrte einmal ein neunjähriges Mädchen Kutin den Weg. Es schaute zu ihm hinauf. „Ich hab gewusst, dass du kommst."

„Das ist ja wunderbar. Wieso denn?"

Es stemmte die Hände in die Hüften. „Seit vier Wochen tun wir nichts anderes als üben und putzen! Wenn du da bist, gibt es immer ein Fest." Am nächsten Tag tanzte Kutin mit dem Mädchen und allen anderen Kindern bei der Zeremonie. Er tanzte oft mit.

Aber die Feierlichkeiten im SOS-Kinderdorf Bukavu im Kongo konnte Kutin lange nicht genießen. Das Dorf hatte während des Völkermordes in Ruanda viel gelitten. Bukavu ist Grenzstadt zu Ruanda. Unter die kaputten Flüchtlinge mischten sich die kaum von ihnen zu unterscheidenden Täter und die Panik des Krieges. Wie damals in Vietnam.

Die Spaliere, die Kinder in diesem Dorf für ihn machten, waren für Kutin ein Tiefpunkt. Aber er wusste, dass diese Momente für die Kinder und Mitarbeiter zu den wenigen Gelegenheiten zählten,

Armut und Kriegswehen zu vergessen. Seine Anwesenheit zeigte ihnen, ihr seid nicht vergessen. Es wäre vermessen gewesen, zu sagen: Ich brauche diese Feiern nicht.

Sie brauchten sie.

Der Konflikt zwischen Hutu und Tutsi führte zwischen April und Juli 1994 zu einem Völkermord, den nicht einmal die Welt übersehen konnte. In Ruanda töteten die regierenden radikalen Hutu in wenigen Wochen etwa eine Million Tutsi und gemäßigte Hutu. Die Worte Vergewaltigung, Folter, Verstümmelung sind zu schwach, um die Grausamkeit dieses Genozids zu beschreiben. Blanker Hass. Das Ende der Welt, zum Teil auch für die Nachbarstaaten. Wunden, die für Generationen bestehen.

SOS-Kinderdorf erlebte 1994 in Ruanda ein ähnliches Scheitern wie in Vietnam. Die Dörfer Kigali und Gikongoro mussten vorübergehend evakuiert werden. Neun Mitarbeiter und neun Kinder wurden getötet. Jeder im SOS-Kinderdorf Ruanda hatte Angehörige oder die ganze Familie verloren.

Dabei gab es nach dem Völkermord in Ruanda etwa vierhunderttausend neue Waisenkinder. Ihnen musste man helfen.

Kutin schließt die Tür zu seinem Zimmer hinter sich. Er schluckt, aber die Beklemmung lässt sich nicht hinunterschlucken. Er geht zum Fenster und blickt in das leere Kinderdorf Gikongoro. Ein heißer, trockener Tag. Er atmet schwer. Schwach. Setzt sich auf sein Bett. Ellenbogen aufgestützt, Gesicht in die Hände. Ein Haufen Elend.

Zum zweiten Mal ein leeres Dorf, nach Dalat. Die Kinder waren über die Grenze nach Kongo ins Kinderdorf Bukavu evakuiert worden. Statt ihrer hat sich der Dämon Ruandas im Dorf breitgemacht. Er war nicht mehr kontrollierbar. Kutin ist schwarz vor Augen.

Daniel schluchzt am anderen Ende der Leitung. „Ich lege sie um. Ich habe in der Stadt zehn Handgranaten und zwei Maschinengewehre gekauft. Ich bin auf dem Weg zu ihnen." Kutin hat Daniels Gesicht vor sich. Hochintelligent, studiert, früher UNO, jetzt Mitarbeiter bei SOS. Man hatte ihn aus der Heimat Burundi angerufen, seine Eltern, freundliche Farmer, immer gut zu den Nachbarn, waren im Zuge des Aufstands von diesen Nachbarn umgebracht worden. Wegen der Grundstücke.

Kutin spricht langsam und ruhig. „Hör mir zu: Bitte bleib noch einmal stehen auf dem Weg. Überleg dir das. Deine Eltern werden dadurch nicht lebendig und die Täter sollen darunter leiden, dass sie diese Wahnsinnstat begangen haben."

„Einfach abgeknallt. Wegen ein bisschen Land."

Kutin versteht, dass er einfach in alle hineinfeuern will. „Aber es ist keine Lösung."

Weniger Schluchzen. „Sie waren immer gut zu den Nachbarn."

„Das waren sie bestimmt. Und ihr Sohn ist auch gut."

Daniel fuhr zurück und hat die Waffen wieder verkauft.

Kutin hebt das Gesicht aus den Händen. Die Innenflächen sind nass. Schweiß und Tränen. Er wischt sich über die Augen. Waffen, der Beginn jeglicher Tötung. Vor dem Fall von Saigon hatte er auch welche gekauft. Kalaschnikow, Schrotflinte, Winchester. Sicherheit. Wie lächerlich. Die beste Verteidigung, Hände in die Luft und fragen: „Was soll das?"

Kutin presst die Augen zusammen. Eine Million tot. Wie viele hatten am Schluss die Hände in der Luft.

Bei seiner Wiederwahl als Präsident, 1993, war Kutin längst bei allen anerkannt. Seine Führung stand in keinem Zweifel. Er hatte sich behauptet. Wollte nicht Gründer werden, lebte damit, dass alle über Gmeiner sprachen. Er war anders. Weniger scharf im Ton. Kutin konnte mit vielen Menschen ohne Dolmetscher sprechen. Disziplin in der Führung der Organisation, das hatte Gmeiner hinterlassen. Die Expansion war auf dem starken Fundament Gmeiners vorangetrieben worden, Kutin brachte notwendigerweise mehr Struktur hinein. Gmeiner hatte gesagt „Geht hinaus, lasst die Blumen blühen und macht Kinderdörfer in der ganzen Welt."

Kutin hatte nun den Wildwuchs im Garten in den Griff bekommen. Nach dem Vorbild Asiens. Diesen Garten hatte Kutin selbst gebaut. Und strukturiert.

Es klopft an seine Tür. Kutin reißt die Augen auf. Hebt sich langsam. Er öffnet. Der Dorfleiter. Sie gehen schweigend in das Besprechungszimmer nebenan. Vor das große Fenster ist der Vorhang gezogen. Dahinter liegt das leere Dorf. Der Dorfleiter nimmt Platz, schenkt Kutin und sich selbst Wasser ein.

Der Leiter atmet stotternd aus, durchbrochen von Schluchzen. Er wischt sich über die Augen, blickt auf den Tisch. „Die Mädchen wurden vor ein paar Tagen begraben. Wenigstens begraben." Schaut Kutin an. „Oft haben die Hutu verboten, die Leichen zu begraben. Sie haben sie den Tieren zum Fraß ..." Er presst die Augen zusammen, Gesicht voll Qual.

„Schon gut. Die Mädchen sind begraben." Kutin kennt Krieg zu gut, als dass er Details hören will. „Ich werde den Mädchen dann die letzte Ehre erweisen. Wollen Sie mitkommen?"

Der Dorfleiter schaut ihn an, leerer Blick. Er will. „Ich kann das nicht mehr."

Kutin nickt, in Ordnung. „Was war mit der Schule?"

Der Dorfleiter räuspert sich. Er möchte professionell sein. Eine Stütze. Aber der Boden ist ruiniert. Nichts steht. Atmet ein, kräftig aus. Blickt ins Leere. Protokoll. „Die Berufsschule der deutschen Entwicklungshilfe unterhalb des Dorfes, noch in Bau, eine Baustelle, dort haben sich vor ein paar Wochen etwa zweitausend Tutsi versammelt. Anfangs dachten alle, in Kirchen und Schulen und Krankenhäusern wäre es sicher. Aber dann gingen die Hutu-Truppen auch in die Kirchen und die Schulen. Zuerst geschossen. Dann haben sie die Zweitausend in eine Baugrube geschmissen, niedergemetzelt. Und angezündet." Der Dorfleiter schafft es nicht, presst die Augen zusammen. Wischt eilig, weiter. „Sie haben da unten diese zweitausend Menschen verbrannt." Er schaut Kutin an. „Unser Dorf war leer. Schon evakuiert."

Kutin unterdrückt jede Emotion. Protokoll. „Und die Schutztruppen?“

„Die Schutztruppen, französische. Sie waren auch oberhalb der Schule, nicht weit von unserem Dorf. Sie haben nichts getan.“

„Nichts?“ Kutin kann es nicht fassen. „Zumindest ein paar Schuss. Zeigen, dass es so nicht geht.“

„Nichts.“ Der Dorfleiter sieht Verzweiflung in Kutins Augen. Das macht es ihm leichter. „Sie haben gesagt, dass sie kein Mandat haben. Auf Anweisung der französischen Regierung durften sie nicht eingreifen.“

Kutin, Hand vors Gesicht. „ Was soll das alles?“

Die Dimension eines Krieges setzt sich aus tausenden Geschichten zusammen. Das ganze Bild ist zu groß, um es wahrzunehmen.

Kutin steht mit einem Ruck auf. Der Dorfleiter schaut ihn an. Zum Fenster. Zigarette. Er schiebt den Vorhang zur Seite. Die Sonne in ihrer ganzen Härte. Das leere Dorf. Ein kräftiger Zug. Zum Dorfleiter. „Wir werden tausende Kinder übernehmen müssen. Kurzfristig müssen wir Armenhaus sein. Im Hühnerstall, in den Küchen, überall müssen wir sie unterbringen, wenn es sein muss. Wir müssen ihnen so schnell wie möglich das Leben zurückgeben.“

Der Dorfleiter dankbar. Der nächste Schritt. Zukunft. „Die Menschen werden alle aus dem Land wegwollen.“

„Ja. Sie werden mitten in der Nacht an dein Fenster klopfen, ich habe das erlebt. Jammern und wegwollen aus dem kriegsversehrten Land.“ Kutin setzt sich zum Tisch. „Wir haben sie zu beruhigen, zu motivieren, im eigenen Land zu bleiben. Wir müssen ihnen die Möglichkeit geben, vor Ort bodenständig zu werden. Das Leid überwinden, ein Leben aufbauen. Und es besser machen.“ Wieder zum Fenster, Blick hinaus. „Denk daran, was die SOS-Lehrerin in Ghana sagt, Margaret Nkrumah: ‚Wir müssen erkennen, dass wir alle miteinander verbunden sind und uns nur gegenseitige Unterstützung weiterbringt. Das Wichtigste ist die Selbstachtung. Kindern muss man Selbstvertrauen verleihen.‘“ Kutin dreht sich zu ihm. „Das ist nun unsere Aufgabe.“

Der Dorfleiter schaut auf den Tisch. „Sie sind enttäuscht von mir. Nicht wahr?"

Kutin setzt sich wieder. Denkt an die sechs Mädchen, presst die Augen zusammen. Der Mann hätte die Mädchen nicht verraten dürfen. Es war ihr Todesurteil. Fehler. Tod. Krieg. Der Krieg besteht nur aus Fehlern. Er schaut ihn an. „Das sind die Fakten und du leugnest sie nicht. Vertrauen muss es in guten und in schlechten Zeiten geben."

Kutin steht auf, geht um den Tisch, Hand auf die Schulter. Er weiß, dass der Dorfleiter noch viel unter diesem Fehler leiden wird. Kutin geht. Er muss zu den Mädchen.

Im Zimmer wäscht sich Kutin das Gesicht mit Wasser ab. Geht zu seinem Koffer, zum Kasten. Das schönste Gewand. Das haben die Mädchen verdient.

Am 6. April 1994 wurde aus der Jahrzehnte währenden Jagd der Hutu auf Tutsi ein Völkermord. Er war schon länger vorbereitet worden, der Abschuss der ruandischen Präsidentenmaschine beim Anflug auf die Hauptstadt Kigali diente den Hutu als Start. Es folgten hundert der schlimmsten Tage der Menschheit.

Das SOS-Kinderdorf Kigali musste Anfang Juni evakuiert werden. Sechs Tutsi-Mädchen, sechzehn und siebzehn Jahre alt, entschieden sich für Flucht auf eigene Faust. Sie hatten zwei Monate Völkermord überlebt, aber sie hatten Angst. Die Mädchen schlugen sich quer durch das Land Richtung Südwesten. Ihr Ziel, das Kinderdorf Gikongoro. Und das Leben, das sie noch leben wollten. Einhundertfünfzig Kilometer durch Wälder, über Hügel und Berge, Ödland. Jede Nacht suchten sie ein Versteck. Keine Hilfe. Vertrauen war abgeschafft, auch die Zivilbevölkerung nahm an der Jagd teil. Im Krieg wollen sich viele bei den Mächtigen gut stellen. Der Verrat von Tutsi-Verstecken war häufig. Nach drei Wochen erreichten die Mädchen das SOS-Kinderdorf Gikongoro.

Während des Genozids wurden auch gemäßigte Hutu ermordet. Weil sie gegen den Mord waren und den Tutsi Versteck boten. Der

Dorfleiter in Gikongoro war ein gemäßigter Hutu. Als die Mädchen vor ihm standen, zerrissen von einer dreiwöchigen Flucht, hatte er Angst. Er ließ die Mädchen nicht ins Dorf, sondern versteckte sie in einem Gebäude daneben. Aber er hatte Angst. Er meldete das Versteck den Hutu. Noch am gleichen Abend fuhr ein Lastwagen vor und lud die sechs Mädchen auf.

Am folgenden Morgen kam der Lastwagen wieder. Vor dem Eingang des SOS-Kinderdorfes kippte er die Ladefläche. Die Körper der sechs Mädchen schlugen auf dem Boden auf. Aufgeschlitzte Leichen.

Helmut Kutin kam vierzehn Tage später in das evakuierte SOS-Dorf Gikongoro. Die Mädchen waren neben dem Dorf begraben worden.

Er hatte gedacht, dass die Zeit und die grausamen Erlebnisse ihn abgehärtet hätten.

Es stimmt nicht.

Seit Minuten steht er vor den Gräbern. Seinen Blick auf die grobe, trockene Erde. Er war alleine gekommen, die Mitarbeiter des Dorfes ertragen es nicht. Mädchen, die im eigenen Dorf ihr Schicksal fanden, in ihrer Heimat. Eine Heimat, die SOS-Kinderdorf ihnen gegeben hatte. Die er ihnen gab. Seine Aufgabe, den Kindern ein Zuhause geben.

Kutin spürt den Druck. Der ganze Himmel lastet auf ihm. Es bilden sich Wolken, die Hitze fordert Opfer. Der große Kutin kann sich nicht halten, der Himmel drückt ihn nieder. Er geht auf die Knie. Er ist zu schwach. Er bricht. Sein Herz.

Die zwanzigjährige Christine kniet neben ihm. Sie schaut ihn an. „Sie sind alle an gebrochenen Herzen gestorben." Das Ei. Das Kücken. Der Brennerpass. Zingerle. Im Dorf wohnt der Dämon, die Kinder sind weg.

„Dieses Ende hat keinen Anfang." Kutin schaut zum Himmel. Warum. Seine Kinder. Was soll das alles auf dieser Welt. Schwache Stimme. „Die Menschen werden nicht gescheiter, Hermann. Sie lassen es immer wieder zu." Was kann er schon tun. Gegen die ganze Welt.

Kutin spürt sein Herz. Es schmerzt, die ganze Welt, Dämon in den Menschen, die Kriege in Afrika, die Flüchtlinge, die Lager, der Völkermord hier.

„Aber geweint habe ich um die Mädchen."

Wie in Trance steht Kutin auf. Er muss raus. Sein Afrika hat die Krallen ausgefahren. Der Kontinent mit dem unglaublichen Verständnis des Mutterbildes. Gestandene afrikanische Mütter. Dieser Sinn für Familie. Manche ehemalige Kinder tauften ihre Kinder Kutini oder Kutina, verrückt. Dieses Afrika, so bunt, so froh, so reiche Menschen. So wahnsinnig. So blutig.

Kutin geht die staubige Straße entlang, weg vom Dorf, vorbei an großen Blutlacken, weg von den Menschen. Seine Füße wirbeln mit jedem Schritt Staub auf. Sein Schicksal. Kein vorbestimmter Weg. Er steigt im Geist über die Kinder Go Vaps. Er hatte sich doch vorgenommen, nur mehr nach vorne zu blicken. Kinder brauchen jemanden, der mit ihnen in die Zukunft schaut.

Der Weg immer leerer. Gottgewollt trostlos. Wie Russland. Murmansk nach Kandalakscha, zweihundert Kilometer Apokalypse, ruiniert für die Stahlindustrie, Ruinen-Bäume, Ruinen-Wiesen, Ruinen-Menschen, hemmungslos besoffen mit Wodka. Berliner Mauer, offener Ostblock. Es war für Kutin eine besondere Aufgabe gewesen, diesen Ostblock einzuordnen. Tatkräftige Jahre. Reisen zu sämtlichen europäischen Vereinen, Reisen nach Afrika, gemeinsame Reisen nach Asien, auch um Mitarbeitern zu zeigen, wie man es anders machen kann. Wofür? Armenien, Bulgarien, Kroatien, Rumänien, überall. Das Kinderdorf in Minsk, als Reaktion auf die Tschernobyl-Katastrophe, mit SOS-Sozialzentrum für die krebskranken Kinder und ihre Eltern.

So viele Projekte. So viel Liebe. So viele Kinder. Wofür, wenn hier sechs Mädchen aufgeschlitzt werden.

Wofür unterdrückt er die Abneigung vor manchen Mächtigen. Li Peng, verantwortlich für das Massaker am Platz des Himmlischen Friedens, hatte ihn in Peking in der Verbotenen Stadt empfangen. Jedes Kinderdorf hat das Bild aufgehängt, Kutin schüttelt Li Peng die Hand, das setzt lokale Behörden unter Druck. Soll er die Mächtigen künftig fragen: „Wie kann man das tun?“ Wenn er den Tutsi-Anführer Paul Kagame trifft, soll er ihn fragen, warum auch er Hutu abgeschlachtet hat?

Kutin bleibt stehen. Augen zu, Kopfschütteln. „Nein. Nein. Es ist nicht unsere Aufgabe, Politik zu ändern. Jedes Land hat das Recht, sich selbst zu entwickeln und sich die Gesetze zu geben, die es braucht. Die sechzig Kinder in Lhasa ...“ Starrt auf den Boden. Unter ihm liegt Tibet, Lhasa, eine amerikanische Gruppe hatte die Genehmigung für ein Waisenhaus bekommen, sofort engagierten sich die amerikanischen Mitarbeiter auch als politische Lautsprecher. Als sie bei Nacht und Nebel ins Flugzeug gesetzt wurden, übernahm das Kinderdorf die sechzig Kinder, plötzlich hatte jede Mutter fünfzehn Kinder im Haus. „Ich muss mich entscheiden: Für diese Kinder, ganz bescheiden, in der lokalen Systematik. Oder nicht.“ Aber hier in Ruanda war die Systematik am Ende.

Kutin will weitergehen, hebt den Kopf. Eine Lehmhütte mitten auf dem Weg. Er hatte sie vorher nicht gesehen. Er dreht sich um. Hinter ihm eine große Gruppe. Präsidenten, Kommunisten, Militärs, Uniformen, hohe Priester, Könige, Fürstinnen, Häuptlinge, Führer. Er hatte sie alle schon einmal getroffen. Sie lächeln ihm zu, sie folgen ihm, seinen Weg.

Kutin geht auf die Hütte zu, die Gruppe folgt. Der kleine Eingang bröckelt schon. Kutin hört Stimmen aus der Hütte. Er geht zum Eingang, bückt sich, tritt ein. Eine Frau hält ein Baby, der Ehemann ist längst verschwunden, zehn Kinder, es stinkt drinnen. Sie bietet Kutin einen Platz, er setzt sich. Lächelt sie an. Schaut zur Tür. Ein Mächtiger nach dem anderen steckt den Kopf herein, verzieht Nase und Gesicht. Sie werfen Geld in die Hütte bis der Boden voll damit ist. Die Frau schenkt Kutin Tee ein. Sie reden. Sie schaut ihn an, nicht das Geld auf dem Boden. Es wird mehr, reicht bald bis zu den Knien. Sie schaut Kutin an. Sie reden, zwei Menschen reden. Er hört ihr zu. Tanzt mit den Kindern, streichelt über ihre Köpfe. Als er geht, bedankt er sich, greift in seine Tasche, zieht einen Geldschein heraus und legt ihn in die Hand der Frau. Sie lacht ihn an. Das Geld auf dem Boden ist verschwunden.

Kutin tritt vor die Tür. Die Mächtigen im Halbkreis, unter ihnen ehemalige Kinderdorf-Kinder. Alle schauen auf ein Rednerpult neben dem Eingang. Kutin tritt hin, legt beide Hände auf das Pult. „Wir haben heute alle eine soziale Komponente in der Ausbildung zum Menschsein. Aber nur aus Charity zu Menschen zu gehen, bringt nichts. Ihr müsst wirklich als Geschwister hingehen, nicht nur aus Mitgefühl, sondern mit dem wahren Gefühl: Ich bin dein Bruder, ich bin deine Schwester. Wenn ich einen anderen Lebensstandard durch meine Eltern bekommen habe, gibt es mir nicht das Recht, hinunterzuschauen. Hört auf zu glauben, dass wir Armut wegputzen können. Es wird immer Arme und Reiche geben. Nur dieser spitze Berg sollte endlich runder werden. Begegnet der Armut mit Würde."

Kutin schaut in die Gruppe. Die Mächtigen werden kleiner. Sie schrumpfen. Plötzlich sind sie weg. Die ehemaligen Kinder lächeln ihn an. Hinter ihnen erkennt Kutin Nelson Mandela. Er hatte ihn vorhin noch nicht gesehen. Er tritt vor, legt den Arm um die Kinder neben ihm: „SOS-Kinderdorf stillt nicht nur Grundbedürfnisse, es schafft für seine Kinder auch die Möglichkeiten, selbstständige und dynamische Erwachsene zu werden, die einen Beitrag zur Entwicklung unseres Landes leisten. Das ist von großer Wichtigkeit." Kutin schaut zu den Kindern, es sind jetzt auch Kleine dabei. Mandela schaut sie an. „Ihr, die SOS-Kinder von Kapstadt, seid die Zukunft Südafrikas. Die Hoffnung unseres Regenbogenlandes."

Kutin dreht sich um. Die Hütte ist weg. Wieder um. Alle weg.

Er geht seinen Weg weiter. Die Schritte werden leichter. Furchen, es wächst kaum Gras. Die Staubstraße zieht einen Hügel hinauf. Am Ende des Hügels weiter Blick. Kutin erkennt am Horizont Karen bei Nairobi. Karen Blixen hatte das Stück Land dem Kinderdorf überlassen. Er bleibt stehen. Ein sanftes Lächeln. „Der fantastisch ruhigste Ort der Welt." Er schaut in den Himmel, die Wolken werden dichter. „Wird das ein Regen?"

Die Stimme Gmeiners. „Ich erzählte dem Heiligen Vater, Papst Paul VI., dass ich erkannt habe, dass die Kinder keinen Unterschied machen, welcher Rasse und Farbe sie angehören. Wenn in einer weißen Kinderdorf-Familie auch ein oder zwei schwarze Kinder sind, wachsen sie ganz natürlich miteinander auf. Erst später dann im Leben reden es die Erwachsenen den jungen Menschen ein, dass der andere anders sei."

„Hermann, heute und hier ist später." Er schaut zu Boden. „Wird das ein Regen?"

„Es wird ein Gewitter, Helmut."

„Wie sollen wir im Donner die Schreie der Kinder hören?"

„Jeder einzelne Schrei ist Teil des Lebens. Es sind nicht die verlassenen, verlorenen Kinder. An der Basis spüren wir das. Dort nehmen wir sie in den Arm."

Kutin setzt sich auf den Boden. Versteckt sich in seinen Händen. Was soll er den Kindern Ruandas sagen, wenn sie vor ihm stehen. Worte helfen nicht mehr. Nur in Demut um Verzeihung bitten, ohne Worte. „Ihnen das Gefühl geben, es gibt auch eine andere Welt."

„Wem willst du das geben?" Kutin dreht sich mit einem Ruck um. Hinter ihm steht ein Bub, vielleicht zehn oder zwölf Jahre alt. Weiß. Er trägt eine kurze schäbige Hose, ein Hemd ohne Kragen, die Knöpfe geschlossen. Wie in Südtirol, damals. Dunkle, dichte Haare, nicht gekämmt. Im Gesicht ein bisschen Schmutz. Die Hände in den Hosentaschen. Er schaut Kutin erwartungsvoll an.

„Den verletzten Kindern." Kutin dreht sich wieder um. Grüne Hügel vor ihm.

Der Bub setzt sich neben Kutin, ohne zu fragen. Er schaut auch in die Ferne. „Wer bist du?"

Kutin schaut zum Himmel. Auf den Boden. Atmet schwer. „Auch ein verletztes Kind."

Der Bub schweigt. Schaut weiter geradeaus.

„Aber ich war schnell erwachsen. Und alles wurde gut."

Der Bub dreht den Kopf zu ihm. „Was machst du?"

„Wir alle sind verantwortlich für die verletzten Kinder. Wir geben ihnen Liebe, Herz, ein Stück Zuneigung. Wir müssen sie in den Arm nehmen."

„Das machen die Mütter. Aber was machst du?"

Kutin dreht den Kopf zu ihm. In den Augen des Buben ist nichts Freches. Er fragt nur. „Der Präsident ist die zentrale Integrationsfigur von SOS-Kinderdorf, er verbindet die weltweiten Vereine, die unterschiedlichen Kulturen, die jüngere mit der älteren Generation." Kutin mag seine Antwort nicht.

„Und was tust du?" Der Bub auch nicht, denkt Kutin.

Kutin überlegt. Er repräsentiert. Mahnt zu mehr Augenhöhe. Treibt Geld auf. „Meine Aufgabe ist der Zusammenhalt des gesamten weltweiten Werkes." Wieder nicht. Er schließt die Augen. Er mag diese Sprache nicht, das Offizielle. Aber jetzt gerade braucht er die Oberfläche. Er steckt ohnehin tief genug drin. Er wartet auf eine Frage. Der Bub schweigt. Kutin öffnet die Augen, er schaut ihn noch immer an. „Wir müssen Unterschiede überbrücken, in jedem Land eine starke SOS-Kinderdorf-Familie aufbauen. Verschiedene Sorgen, aber ein gemeinsames Werk, getragen von einer Einstellung. Die zu fördern und sicherzustellen, das ist meine Aufgabe."

„Ich verstehe dich nicht." Kein Vorwurf. Nur Kinderaugen.

„Die Welt hat sich geändert. Sie ändert sich. In Europa gibt es kaum noch Waisen. Aber Sozialwaisen. Trotzdem sind die Grundbedürfnisse aller Kinder die selben, auf der ganzen Welt. Gelebte Liebe, keine großen Worte, ein Umarmen, eine Heimat."

„Umarme mich." Kutin schaut den Buben an. Zieht die Augenbrauen zusammen. Verwundert. Aber er lächelt. Ohne es zu wollen. Der Bub schließt die Augen, grinst und streckt die Arme in die Luft. Kutin umarmt ihn zögerlich. Der Bub drückt ihn fest. Wieso? Er hat doch keine Verantwortung für dieses Kind. Wer gibt ihm das Recht für diese Umarmung. Aber wer gibt ihm überhaupt das

Recht. Kutin löst die Umarmung. Die sechs Mädchen. Er legt eine Hand auf die Augen. Spürt die Träne.

Der Bub fragt weiter. „Du kennst dich doch auf der Welt aus?" Kutin zieht die Hand von den Augen und wischt dabei die Träne weg. „Wo ist am meisten Glück?"

Ein großes Thema. Kutin streckt die Beine aus. Schaut auf den Horizont. „Naja. Glück hat viele Bedeutungen. Wenn man jemanden aus tiefster Not herausholen kann, das ist ein glücklicher Moment. Oder wenn man mit sich selbst zufrieden ist, dann ist man auch glücklich", er dreht sich zum Buben, „wenn die Welt aus dem Schlechten, aus der Not, aus der Dunkelheit einen Schritt hinaus macht. Das gibt es immer wieder."

„Jetzt verstehe ich dich." Der Bub lächelt ihn an.

„Aber ich glaube: Glück macht man nicht. Glück entsteht."

Der Bub nickt. „Es ist wie mit dem Frieden."

Kutin schaut auf das Land Ruanda. Er sieht Tausende tote Menschen. Verstümmelte Leichen. Es gibt kein Morgen mehr. Die Welt muss wieder bei Null beginnen.

„Bist du glücklich?"

Kutin dreht sich zu dem Buben. „Ein guter Freund hat einmal gesagt: Gutsein macht glücklich. Und dass der Mensch nie alles hat. Diejenigen, die alles wollen, haben zuletzt gar nichts."

„Ein schlauer Freund." Der Bub schaut auf das Land. „Aber es sind nicht alle Menschen gut."

„Es ist unsere Aufgabe, den Menschen die Möglichkeit zu geben, Gutes zu tun."

Der Bub steht auf. Er schaut zu Kutin hinunter. „Komm mit, ich will dir etwas zeigen."

Der Bub geht auf einem kleinen Pfad den Hügel entlang. Kutin hinter ihm. Ohne sich umzudrehen spricht der Bub weiter. „Wann warst du das letzte Mal verliebt?"

Kutin schaut auf den Weg. „Ich bin immer wieder verliebt. In meine Söhne und Töchter von Lateinamerika über Afrika bis Imst. Platonisch, und die Mütter haben in mir einen Mann, den sie angreifen können, ohne Angst vor sexuellen Begierden." Kutin verstummt. Er hatte vergessen, dass der Bub ein Kind ist. „Einen Mann, der sie ernst nimmt." Der Bub geht schnell, Kutin muss sich anstrengen. „Zum letzten Mal wie ein Erwachsener verliebt habe ich mich 1979 bei der Generalversammlung. Wir haben ordentlich gefeiert. Daraus wurde eine kurze Beziehung mit einer österreichischen SOS-Mitarbeiterin. Sie hat mich dann in Sri Lanka besucht und wir sind gemeinsam nach Thailand gereist. Aber ich habe eine innere Bremse gespürt." Der Bub noch schneller, Kutin keucht. „Ich habe jahrelang Mütter motiviert, sich auf die Rolle der Mutter zu konzentrieren. Und ich sollte nun einen anderen Weg einschlagen? Wollte ich das? Meine eigene Kinderdorf-Mutter hatte selbst sehr darunter gelitten, dass ich keine eigenen Kinder habe." Der Bub bleibt an einer Weggabelung stehen. Kutin macht die letzten Meter, steht vor ihm. „Und dann bin ich darüber hinausgewachsen." Er schaut sich um. Weites Land. Der Bub lächelt ihn an.

Kutin steckt eine Hand in die Tasche. Der letzte Luftballon. Er streckt ihn dem Buben entgegen.

„Brauchst du ihn nicht selbst?" Der Bub greift nicht hin. „Du könntest damit davonfliegen."

Kutins Hand sinkt. „Willst du ihn nicht?"

„Was mache ich mit einem Luftballon?"

Stirnfalten. Kutin versteht nicht. „Er bringt die Kinder immer zum Lachen."

Der Bub dreht sich um. Zeigt auf das Land. „Aber löst er ihre Probleme?"

Kutin stellt sich vor den Buben. Nah. Schaut ihm in die Augen. „Manchmal brauchen sie nichts so sehr wie das Gefühl, zu jemandem zu gehören. Letztens musste ich am Flughafen von Douala eine ganze Nacht lang warten, das Flugzeug kam nicht. Neben mir eine Mutter mit zwei kleinen Kindern. Eingesperrt in der Abflughalle, wir durften nicht hinaus. Ich habe den beiden Luftballons gegeben. Da haben die zwei Kinder etwas gehabt während dieser furchtbaren Nacht. Kalt und nichts zu essen. Aber Luftballons."

Der Bub grinst. „Was wolltest du mir eigentlich zeigen?“

Der Bub deutet auf den Weg, der abzweigt. Kutin schaut entlang, er führt hoch hinauf, Kutin erkennt nicht, wie weit nach oben, Wolken, Himmel.

„Was soll ich da?“

„Geh den Weg.“

Kutin schaut noch einmal hin. Der Weg ist ewig. Kein Ende. Kein Ziel. Auf den Buben. Blickkontakt. Kutin gibt dem Buben den Luftballon. Und geht los.

Der Bub hinter ihm.

Der Weg windet sich in Serpentinen, steil. Kutin schaut sich um, er sieht den Flüchtlingsstrom Richtung Kongo. Die Straße ist voll. Mit Bündeln auf dem Kopf, wie ein Fieber. Diesmal können die Menschen nicht zu Hause bleiben. Zu Hause heißt der Dämon Krieg, in den Flüchtlingslagern heißt er Elend. In den Ländern, in die sie flüchten, heißt er Ausländerfeindlichkeit. Der Flüchtling entkommt dem Dämon nicht. Kutin denkt an die Aufregung über afrikanische Flüchtlinge. Sollen die Österreicher alle einmal hierher kommen, sich das Detail ansehen. Wie viele Europäer flüchteten nach Amerika, nach Südamerika. Wie haben sie sich dort verhalten. Die Afrikaner rotten uns nicht aus.

Kutin dreht sich um, der Bub schaut ihn an. „Weiter. Geh weiter.“

Der Weg ist beschwerlich, Kutin kommt nur langsam voran. Manchmal rutschen die Steine unter seinen Füßen zurück. Manche Schritte macht er dreimal. Sie sind schon hoch, das Land unter ihm ferner. Von hier sieht man keine Leichen. Der Flüchtlingsstrom ist erkennbar, aber Kutin sieht auch Bukavu, das Ziel. Immer wieder eine neue Chance. Immer ein Ziel.

Es donnert. Die Wolken sind schwarz. Dahinter ist die Sonne, denkt Kutin. Dahinter ist immer die Sonne. Gmeiner wurde als kleiner Bub einmal auf der Alp beim Hüten der Herde von einem schweren Gewitter überrascht. Die Wucht des Unwetters schreckte ihn. Er hätte sich am liebsten unter einem Stein verkrochen. Man hätte es dem kleinen Buben bestimmt nicht übel genommen. Aber er war verantwortlich für das wenige Vieh der Familie. Er nahm sich zusammen und kümmerte sich um die Herde, damit die verängstigten Kühe nicht in Panik über die steilen Hänge abstützten. Eine Stunde später hellte der Himmel auf. Bis auf die Haut durchnässt und durchfroren war ihm, als hätte er die erste große Aufgabe seines Lebens erfolgreich bestanden.

Kutin hatte geschworen, nie wieder zurückzuschauen. Er hatte ein Versprechen abgegeben. Für eine Zukunft. Der Dämon durfte nicht gewinnen. Der Luckteufel durfte nicht gewinnen.

Er dreht sich um. Der Bub, der ihn antreibt. Der kleine Teufel. Dahinter Kutins Mutter Josefine, sein Vater, die Schwester Getrud, Tran. Alle waren sie gekommen. Und Gmeiner. Er ruft ihm zu: „Ich erlasse diese Proklamation anlässlich der Eröffnung des bisher größten SOS-Kinderdorfes der Welt, als ein einfacher Mensch, als einer, der sich nur in den Dienst des verlassenen Kindes in der Welt gestellt hat." Kutin holt tief Luft. Dreht sich um. Er ist auf dem Gipfel. Auf dem höchsten Berg. Nimmt den größten Trichter, führt ihn an den Mund. „Die Welt, in der ich leben möchte, kann selbstverständlich nicht nur eine Kinderwelt sein. Doch ebenso wenig eine Erwachsenengesellschaft", seine kräftige Stimme ist tausendfach verstärkt. Woraus besteht Menschlichkeit. Trägt man sie in sich. Entsteht sie aus den schlechten Erfahrungen, die ein Mensch macht? Führt das Böse zum Guten? Der Weg aus der Dunkelheit führt immer Richtung Licht.

Überall hören Menschen seine Worte. Ein Donner. Im Land schlägt ein Blitz ein.

„Wer sind wir, dass wir einen Friedensnobelpreis wollen, wenn wir diese sechs Mädchen ablehnen? Wie können wir die Spenden annehmen? Wir müssen den Frieden nicht erfinden. Wir müssen friedvoll leben, dann wird Frieden kommen."

Die Mauern stürzen ein, aber die Häuser bleiben stehen.

„Es beginnt in der kleinsten Zelle, der Familie. Wenn einhundert Familien einander nicht mehr die Gärten zerstören, sondern die Zäune einreißen, dann ist das ein erster Schritt. Wir können noch so viele Friedensabkommen unterzeichnen, wunderschöne Deklarationen der Vereinten Nationen, die auf dem Papier wunderbar klingen, aber nie umgesetzt werden. Nicht umgesetzt werden können. Frieden entsteht nicht an den internationalen Gerichtshöfen, sondern in den Gärten der Familien."

Mit Blitz und Donner setzt Regen ein. Dicker, schwerer Regen.

„Wäre jeder Mensch geliebt, gäbe es keinen Krieg. Ein Mensch, der geliebt wird, setzt nichts aus blinder Wut aufs Spiel. Geliebte Menschen hassen nicht. Ein Kind, das mit Liebe aufgezogen wird, kennt Hass nicht. Nur ein geliebtes Kind kann ein liebender Erwachsener werden."

Der Sturm ist stark. Er nimmt alles Schlechte mit.

„Die Reformen, die Revolutionen, die Umstürze, haben sie im Endeffekt nicht immer wieder nur Not und Elend über weite Kreise der Bevölkerung gebracht? Es sind nur die kleinen, gesunden, starken Schritte. Wer zu schnell geht, stolpert. Auch wir als SOS-Kinderdorf müssen aufpassen, nicht zu schnell zu gehen. Sonst verliert man die Bodenhaftung."

Der Regen hört schlagartig auf. Kein Donner. Ein letzter Blitz. Kutin sinkt auf die Knie, auf Augenhöhe.

„Wir müssen schauen, wo unsere Kinder hingehen, nicht wo sie herkommen. Das Kind ist nicht ein verstoßenes Kind, nicht ein verlassenes Kind, nicht ein armes Kind, nicht ein Waisenkind. Es muss spüren, ich bin im Herzen dieser Mutter. Das ist meine Familie. Und ich bin ein Kind."

Kutins Kopf kippt vor, das Kinn gegen die Brust, Augen zu. Durch die dunklen Wolken bricht ein einzelner Sonnenstrahl.

Ohne aufzuschauen fragt er den Buben. „Was wolltest du mir zeigen?"

„Den Weg. Den Weg ins Morgen. Wenn sich eine Gruppe auf dem Berg nicht sicher ist, welchen Weg sie nehmen muss, um ans Ziel zu kommen, gibt es zwei Möglichkeiten: Alle diskutieren, die Entscheidung wird immer schwieriger. Oder es gibt den einen, der den Weg bestimmt. Auch wenn er nicht ganz sicher ist. Es geht nicht immer um den Weg. Sondern darum, die Verantwortung zu übernehmen."

Kutin kennt den Weg. Er war nie sicherer. Er öffnet die Augen. Er kniet vor sechs Gräbern mit sechs einfachen Holzkreuzen. Eine letzte Träne fällt auf den Boden. Sie versiegt im Staub.

Im Jahr nach dem Völkermord in Ruanda erhielt SOS-Kinderdorf einen Beraterstatus im Wirtschafts- und Sozialrat der Vereinten Nationen. Das Lobbying für Kinderrechte und Kinderschutz wurde intensiviert.

Als der zweiundfünfzigjährige Helmut Kutin im Juli 1994 am Grab der sechs SOS-Kinderdorf-Mädchen stand, die einhundertfünfzig Kilometer durch das Hutu-Gebiet geflüchtet und am Ziel ermordet worden waren, weinte er zum letzten Mal.

Tag 10.
Anfang November 2012. Innsbruck.

Drei Kinder hinter einem Mikrofon, alle im Saal schauen zu ihnen. Alle Festgäste stehen, manche halten die Hand ihres Tischnachbarn. Das kleinste Kind beginnt. „Wir wollen an alle denken, die unserer Gemeinschaft angehören." Die anderen beiden Kinder stimmen ein. „Im Geiste vereint, bitten wir dich, guter Vater im Himmel: Bewahre uns in deiner Hand und zeige uns stets den rechten Weg. Du hast uns zusammengeführt." Einige im Saal beten mit, die meisten nicht. „Lass uns dir eines Herzens dienen. Gib, dass in unserer Gemeinschaft immer Eintracht und Einigkeit herrsche. Bewahre das Kinderdorf vor allem Bösen, vor Sünde und Not. Verlasse auch unsere Angehörigen nicht und vergilt es denen, die uns Gutes tun. Wie du, guter Heiland, uns alle liebst und uns verzeihst, so schenke auch uns füreinander Liebe und Verzeihen. Dank sei dir, unser Gott und Herr. Amen."

Helmut Kutin hat mitgebetet. Er löst linke und rechte Hand, klatscht laut. „Bravo! Ha-Ha." Das Kinderdorf-Gebet, er hat es lange nicht gehört. Alle im Saal klatschen, während er schon Platz nimmt.

Alle setzen sich. Jeder am Ehrentisch schaut zu Kutin, einundsiebzig Jahre alt, die Glatze voll entwickelt. Koteletten trägt er schon lange keine mehr.

„Herr Präsident, wenn du erlaubst." Der Landeshauptmann von Tirol neben ihm steht auf und geht zum Mikrofon. Kutin mag ihn. Die Leute dürfen noch Präsident sagen, denkt er, Ehrenpräsident von SOS-Kinderdorf International und Präsident von SOS-Kinderdorf Österreich.

Ganz hinten im Saal flüstert ein Mädchen einem anderen zu: „Hast du schon einmal mit ihm gesprochen?" Die andere antwortet, den Blick auf Kutin: „Es gibt Menschen, die wir im Leben nur kurz treffen, die aber für immer in unserer Erinnerung bleiben. Ich werde ihn bis zum Ende meines Lebens in Erinnerung behalten."

Der Landeshauptmann richtet das Mikrofon ein. „Lieber Herr

Präsident, liebe SOS-Familie!“ Kutin schaut in den Saal. Diese Feier noch, ein paar Besprechungen. Aber bald fliegt er. Die Latte der herbstlichen Verpflichtungen ist niedriger, seit Siddhartha der Präsident ist. Kutin schmunzelt. Er wird bald in Dalat sein.

Kutin steigt in Gedanken aus dem Wagen. Vor der Hermann-Gmeiner-Schule Dalat, die Trommler setzen ein. Schüler-Spalier, Musik und Gesang verstärken sich an drei Seiten des zweistöckigen Gebäudes. Gewänder in Festfarben, Kutin tanzt zum Rhythmus. Sie spielen für ihn, er tanzt für sie. Im Festsaal erste Reihe gegenüber der Ho-Chi-Minh-Büste vor der Bühne. Der Schuldirektor spricht, die Kinder tratschen, es ist schulfrei. Ein Teenager-Mädchen im roten Tüllkleid betritt die Bühne, alle Kinder johlen. Kutin: Bravo! Siebenjährige Tänzerinnen tragen die gelben Kleider voll Stolz. Auch die Papierblumen. Kutins Fuß wiegt im Takt. Ein älteres Mädchen als Solosängerin, verpasst die Töne. Kutin initiiert Mitklatschen und hört auf, als der ganze Saal klatscht. Singende Lehrer, lauteres Johlen. Auszeichnungen für schulische Leistungen. Kutin redet auf Vietnamesisch. Die Kinder zerkugeln sich vor Lachen. Er tritt an die Rampe: „Aber vergesst eure Brüder und Schwestern nicht, die nicht in die Schule gehen können. Geht gemeinsam, auch wenn Lehrer und Eltern oft mühsam sind, reicht einander die Hand. Tanzt mit den Kleinsten!“ Alle hören zu.

„Weshalb ich dir, lieber Präsident, auch mit großer persönlicher Freude den Ring des Landes Tirol verleihen darf.“ Applaus. Umarmung. Übergabe.

Die beiden kehren an ihren Tisch zurück. Kutin schaut zum Dorfleiter, klopft auf die Uhr. „Jetzt wird es aber Zeit mit dem Essen. Zwölfe hat's geheißen.“ Pünktlich um zwölf heißt für Kutin zehn Minuten vor zwölf. Sanfter. „Was gibt's denn?“

Der Dorfleiter rächt sich. „Zwiebel.“ Er lacht, Kutin lacht mit, in keinem Kinderdorf der Welt würde man ihm Zwiebel geben. Er freut sich auf das Essen in Vietnam. Der Dorfleiter unterbricht den Gedanken: „Helmut, du musst noch ein paar Worte sagen.“

„Ja, ja. Jetzt sollen alle einmal essen, dann kriegen sie schon ihre

Rede." Kutin steht vom Ehrentisch auf. Eine Dame im prallen Dirndl ruft „Pssst!". Aber er hält keine Rede. Er geht an Tischen vorbei, wortloses Zunicken. Einem Anzugträger um die vierzig klopft er auf die Schulter. „Aus dir ist ja ein prächtiger Mann geworden." Das R rollt, das T weist auf ein falsches Gebiss hin. Stolz im Gesicht des Anzugträgers. Kutin geht weiter zum Kindertisch, nur vier der sechs Kleinen schauen ihn an. Zwei bleiben bei ihren Zeichnungen. Er nimmt einen Kinderstuhl und setzt sich.

„Was zeichnest du denn da?" Ein Bub schaut ihn an. Kleines Gesicht, große Ohren. „Gehört das Licht auf dem Feuerwehrauto nicht blau?" Kutin zeigt auf das grüne Drehlicht.

Hinter Kutin und dem Buben eine verstellt hohe Stimme. „Na, aber eine schööööne Zeichnung. Toll hast du das gemacht!" Beide drehen ihre Köpfe nach hinten. Das pralle Dirndl.

Der Bub zu Kutin: „Ich mach das Tatü-Licht immer grün. Gefällt mir besser."

„Ha-Ha. Ist in Ordnung." Das R. Hier ist Kutin Tiroler. Südtiroler.

Die Menschen im Saal des SOS-Kinderdorfes Imst beobachten ihn. „Gut mit Kindern", „lieb", „herzlich". Aber Kutin sitzt einfach gerne am Kindertisch.

Nach dem Schnitzel steht Kutin auf. Ohne Mikrofon. Sesselrücken, alle Blicke auf ihm.

„Herzlichen Dank für diese Auszeichnung. Eine große Ehre. Meine Mitarbeiter haben sie verdient und ich darf sie tragen." Lachen. Dann ernst. „Wir müssen uns in der Kunst des Dialogs mit Kindern üben." Blick zum Zeichner, keiner zum Dirndl. „Wir müssen ihnen gegenüber ehrlich und aufmerksam sein." Zustimmendes Murmeln. „Mich hat es immer bedrückt, wenn ich mit Präsidenten oder Ministern unterwegs war, wenn Kinder eine Vorführung begonnen haben und nach einer halben Minute sagt der Gast: ‚Tut mir leid, ich hab dann noch einen Termin.' Wir sagen, das Kind ist die Zukunft, aber wenn es darum geht, diese Kinder wahrzunehmen, ist keine Zeit. Sie tanzen nicht für uns. Sie tanzen für sich. Wir sind nur der Aufhänger dafür. Wir haben gefälligst mit großer Begeisterung zuzuschauen." Die Gäste der Feierlichkeit schauen Kutin an. Manche klatschen. „Ich sage manchen Spendern: Wenn ihr sie behandelt wie Zootiere, braucht ihr nicht mehr zu kommen! Kommt als Familienmitglieder. Sie sind nicht die armen Kinderlein, an die man ein paar Zuckerln verteilt." Rundblick. „Das einzig Ideale sind sowieso Luftballons." Einige lachen, andere lachen mit. „Begegnen wir ihnen auf Augenhöhe. Unsere Kinder sollen die Sicherheit mitbekommen, dass sie nichts Besonderes sind. Nehmen wir uns selbst nicht so wichtig. Wichtig ist das Wohl dieser Kinder." Applaus. Kutin setzt sich.

Nach dem Essen bleibt Kutin nie lange sitzen. Als der Letzte am Ehrentisch seine Dessertgabel auf den leeren Teller legt, steht er auf. „So, genug." Zum Landeshauptmann. „Herzlichen Dank."

Kutin geht zum Wagen. Die Hände hinter dem Rücken. Die Festgemeinde im Rücken. Er atmet ein. Imster Luft. Ein trockener Herbsttag, kalt und wunderschön. Tirol eben.

Sein Blick fällt auf ein Haus. Grinsen. Im Frühjahr war Kutin mit einem bayrischen Fernsehteam da gewesen, alles vorab angekündigt, weil manche Mütter nicht so begeistert über Besuche sind. Sie bekommen viel Besuch, hier im ersten Dorf. Als er klopfte, öffnete ein Bub, davor der Dorfleiter und Kutin und die Kameras. „Ich werde die Mama fragen, ob Sie reinkommen können." Patsch, die Tür zu. Als der Bub wieder öffnete: „Ihr könnt alles sehen, aber mein Zimmer ist tabu! Der Kutin darf raufgehen, aber ihr nicht!"

Laut Ha-Ha. Die Menschen schauen ihn an. Er darf hier alles.

Der Wagen steht beim Ausgang des Dorfes bereit. Dahinter malerisch die Schneise ins Ötztal. Erst auf den letzten Schritten löst sich sein Blick davon. Zum Auto. Siddhartha Kaul lehnt da und grinst. Der bauchige Inder mit dem dichten Schnurrbart, Kutins Augen groß. „Oh, Herr Präsident, welche Ehre." Herzliche Umarmung. „Was machst du hier?"

Kauls Augen lachen. Wie fast immer. „Bin gerade gelandet. Als mich der Fahrer vom Flughafen abholte, sagte er, er holt dich nachher von hier ab. Da bin ich mit." Die beiden realisieren die vielen Menschen rundherum. Alle strahlen. Zwei Präsidenten in Imst.

Das hat es seit 1986 nicht gegeben. Kaul und Kutin schauen gleichzeitig zu Gmeiners Grab hinüber. Wieder Blickkontakt. Ein Lächeln. „Verabschiede dich in Ruhe, ich warte im Auto." Kaul steigt ein, Kutin verteilt Lächeln, Händeschütteln. Und Luftballons.

Das Auto biegt aus dem Kinderdorf Imst. Kutin schaut Siddhartha an. Er sieht müde aus. „Ist alles gut in Welt?"

Kaul seufzt und lächelt. „Sie fragen nach dir. Überall."

„Nicht gut. Ich besuche sie ja weiterhin. Aber du bist der Präsident, das müssen sie lernen." Kutin schaut tief in Kauls Augen.

„Es bedeutet viel, wenn du das sagst." Kaul dreht den Kopf zur Scheibe. Tirol. Sein Arbeitsplatz. Anders als Delhi. Wenn Helmut überzeugt ist, gibt er einem viel Freiheit. Dann wird der alte Mann geduldig. Verzeihend. Er hatte erlebt, wie Kutin Fehler verzieh, auch solche, die ihn persönlich getroffen hatten. Verzeihen können, ein Ziel. Vielleicht nicht so sehr wie Helmut. Auch Pichler hatte das letztens gesagt. Dass Helmut manchmal zu sehr gutmütiger Onkel ist, manche „Non-Performer" zu lange hält. Sich lange hinter einen Mitarbeiter oder Jugendlichen stellt, der versucht, ihn über den Tisch zu ziehen. Wenn er jemanden zu sehr mag, das ist seine Schwäche. Es ist eine dünne Linie zwischen Mögen und Verzeihen.

Kaul dreht sich auf dem Rücksitz zu Kutin, so gut es geht. „Immer flexibel bleiben, nicht wahr?"

„Richtig." Das R. „Ohne Flexibilität bewegt sich nichts. Dann wird's starr und wir sind eingeengt. Nur muss man enorm aufpassen, wenn die Emotion zu groß wird. Wir haben eine Realität. Deinen Nachfolger als Dorfleiter im Süden Indiens habe ich einmal nach den Kinder-‚Files' gefragt. Sagt der: ‚Files? I don't have files.' Das geht natürlich nicht." Kutin imitiert das Kopfwackeln eines Inders. Kaul lacht, sein Körper bebt. „Aber sonst: die Dinge vereinfachen. Siddhartha, du hast das verinnerlicht. Bemerkenswert für einen Inder, der gerne zwei Probleme aus einem macht. Nicht mehr Papiere als nötig produzieren. Das wird den Kindern nicht helfen."

Bei der Generalversammlung in Innsbruck am 22. Juni 2012 hat

Helmut Kutin den Inder Siddhartha Kaul nicht als Nachfolger bestimmt. Sondern vorgeschlagen. Auf einer Terrasse im indonesischen SOS-Kinderdorf Meulaboh hatte er ihn gefragt, ob er das Amt akzeptieren würde. Das Dorf Meulaboh war Teil des größten Nothilfeprogramms, das SOS-Kinderdorf je durchgeführt hat, nach dem Tsunami 2004: In Indonesien, Sri Lanka, Indien und Thailand wurden über zweitausend Familienhäuser gebaut, einundzwanzig Gemeinde- und Sozialzentren und sechs Dörfer. Dreihundertvierzig Fischerboote zur Verfügung gestellt.

Kutin ließ Kaul eine Wahl, der besprach es mit Frau und Kindern. Vor der Wahl gab es ein Auswahlverfahren und andere Kandidaten. Beraterfirmen kamen zu dem Schluss, SOS-Kinderdorf müsse sich vom „Divine Dictator"-Präsidenten befreien. Statt einer Kränkung nahm Kutin die Botschaft wahr. In den ersten zehn Jahren als Präsident hatte er weltweit jedes Kinderdorf in der Planung begleitet. Das war für niemanden mehr möglich. Aber eine gesichtslose Organisation zu schaffen, hielt er für Schmarrn.

Helmut Kutins Favorit hatte einigen Gegenwind, aber Gewicht. Kaul wurde Präsident. Er wusste, dass die Latte hoch liegt. Als Präsident und als Persönlichkeit. Er wusste, dass Kutin Erwartungen hatte und betonen würde, keine zu haben. Wusste, dass die Organisation welche hatte. Fünfhundertdreißig Kinderdörfer. Eintausendachthundert Programme. Sechsunddreißigtausend Mitarbeiter in einhundertdreiunddreißig Ländern und Territorien. Sechzigtausend Ehemalige und achtzigtausend aktuelle Kinder und Jugendliche erwarteten von ihm den Geist Gmeiners und Kutins. Vor allem die Mütter. Kauls Heimat Indien war mir einundvierzig Dörfern das größte SOS-Land. Er legte seine Selbstzweifel dar, für Kutin die Voraussetzung, die Rolle auszufüllen.

Nach Gmeiner hatten viele geglaubt, endlich vom mächtigen Gmeiner erlöst zu sein, Kutin könne man sich hinbiegen. Er bog schlussendlich sie.

Kaul bat Kutin noch auf der Generalversammlung in Innsbruck, Mentor und wacher Beobachter zu bleiben. Eine Organisation, die groß geworden ist, verliert leicht die Seele. Große Bilder verbergen kleine Pinselfehler. Kutin solle mahnen, wenn es nicht mehr ist, als was es begonnen hat.

Die Umstände haben sich nicht verändert. Kinder in Not.

Gemeinsam kommen sie ins Büro. Freudige Begrüßungen, Jacke, Kaffee, nein, Tee. Mitarbeiter kommen. Mehr Begrüßungen. Kutin lässt Kaul in dem Trubel allein.

In der Tür seines Büros bleibt er stehen. Seufzen. Andere Gedanken. Bald weg. Nur ein paar Besprechungen. Erstmals nur ein paar. Er schüttelt lächelnd den Kopf. Auf dem Schreibtisch liegt der Pass. Dienstpass. „Schaut auch nur gut aus." Nur in Bangkok bringt er ihm etwas. In Innsbruck reicht sein Gesicht. Blättert, die kommende Reise, alle neuen Visa da. Für Laos hat er ja ohnehin ein Fünfjahresvisum. Der Außenminister ist sein Freund. Er stoppt beim Visum von Kambodscha. „Das muss ich dem Hun auch einmal sagen, dass wir hier eine Dauerlösung brauchen." Premierminister Hun Sen.

Kutin legt den Pass neben den Werbeprospekt. Laptops. Seine Mitarbeiter versuchen es immer wieder. Er hat es nie zusammengebracht, im Flugzeug zu arbeiten. Steigt nur ein, versucht zu schlafen. Ein Buch zu lesen, manchmal Musik zu hören. Sich auf die Ankunft zu freuen.

Er öffnet das Fenster, kalt aber schön. Zieht eine Zigarette, raucht sie an.

Er betritt das Besprechungszimmer, ein Stuhl ist frei geblieben. Die Mitarbeiterrunde schaut ihn an, er nimmt Platz. Sie hören zu, noch bevor er etwas sagt. War er eigentlich zuerst „Divine Dictator" oder waren sie zuerst still geworden? Kutin denkt an das Ei. Sie wollen etwas Modernes hören. Ihre Sprache. Er will ihnen den Gefallen tun. Gleich. „Bevor wir anfangen, möchte ich etwas ansprechen, das mir nicht gefällt." Alle Augen auf ihn. „Heute in Imst kamen Kinderdorf-Mütter zu mir und haben hinter vorgehaltener Hand erzählt, sie hätten früher das Kinderdorf-Gebet gerne gebetet. Aber das sei jetzt nicht mehr gefragt."

Als erster rollt der Mitarbeiter vom Marketing die Augen. Wer sonst. Kutin kümmert es nicht. „Ich erlebe, dass ein erzkonservativer Papst von der Jugend umjubelt wird, weil die Menschen das brauchen. Wenn es im Kinderdorf Leute gibt, die das nicht brauchen, nehme ich es zur Kenntnis. Aber ich kann es den anderen nicht wegnehmen." Er lehnt sich zurück. „Lasst doch den Leuten die Hoffnung, dass es noch etwas mehr gibt als uns Menschlein." Er wollte das nur sagen.

Marketing. „Aber Religion passt nicht zu SOS-Kinderdorf, Herr Kutin."

Kutin schaut den Mann an, vielleicht dreißig. Betont sanft. „Es geht dabei um die Mütter, die das brauchen. Wir hatten die Diskussion schon wegen der Gmeiner-Bilder in den Dörfern auf der ganzen Welt. Meinetwegen auch wegen der Bilder von mir. Das brauchen die Mütter, wenn sie keinen direkten Kontakt haben, oder nur alle paar Jahre." Kutin schaut ihm in die Augen. „Das Gefühl: Irgendwo ist noch jemand da." Er steht auf, geht zum Fenster. Das Sitzen im Büro. Seufzt. Dreht sich um. „In jedem asiatischen Kinderdorf ist das buddhistische Gebet jeden Abend ein berührender Moment, zehn Minuten alle Kinder und Mütter. Das Kind merkt: Ich bin noch immer da." Lauter. „Es hat während des Tages Zores gegeben, aber jetzt sitzen wir alle zusammen." Greift zum Fenster, ohne den Blick zu wenden. „Wir danken dem Herrgott, dem Lord Buddha, dem Lord Krishna, völlig wurscht, für einen gemeinsamen Tag." Ein Ruck, offen, Zigarette.

Richard Pichler nützt den Moment. „Lassen wir das Thema." Köpfe zu ihm. Er ist seit 1995 Generalsekretär. „Nächster Punkt. Fundraising-Vorgaben 2013."

Kutin schaut aus dem Fenster. Bescheidenheits-Vorgaben. Empathie-Vorgaben. Kinder-in-den-Arm-nehmen-Vorgaben. Gutsein-Vorgaben. Administration ja, aber was war vor dreißig Jahren möglich, die Hälfte an Projekten, aber nur ein Zehntel an Büroraum. Jemand in der Runde sagt „zeitgemäß". Kutin denkt an Gmeiners Worte, SOS-Kinderdorf war nie außerhalb der Zeit, es ist die unmittelbare Antwort auf gesellschaftliche Verhältnisse und deren Auswirkungen auf das Leben von Kindern. Hermann, wir sind groß geworden. Können nicht mehr nur auf Idealismus bauen, professionell, strukturiert und ... marktwirtschaftlich.

Kutin wirft die Zigarette weg, Fenster zu. „Wir müssen immer wieder die SOS-Kinderdorf-Idee in den Vordergrund stellen." Er dreht sich um, weiß nicht, wen er unterbrochen hat. „Sie ist so faszinierend und einmalig. Die größte Tat Gmeiners war, dass er diese Idee so einfach und bescheiden konzipiert hat." Setzt sich. „In ihrem Sinn vertrauen uns Spender Geld an." Blick zum Marketing-Mann.

„Aber Herr Kutin. Wir müssen planen. Es gibt eine Wirtschaftskrise."

„Ich glaube nicht, dass ein Kind an dieser Finanz- und Wirtschaftskrise beteiligt war." Kutin schaut dem Marketing in die Augen. Pichler schaut auf den Tisch. Er kennt die Rede, Produkt der Erwachsenenwelt, Kinder haben es nicht zu verantworten, nicht auszubaden. Er möchte hier weiterkommen. Blick auf Kutin, Augenbrauen hochgezogen.

Kutin sieht ihn. „Ja, wir müssen planen. Wir sind groß, das muss finanziert sein. Aber Spenden zu planen, grenzt für mich an Präpotenz: Wir müssen so und so viel lukrieren. Wir können es nur erbitten."

Pichler schaut Kutin an. Die Lider sind schlaff geworden. Wie oft hatten sie das diskutiert. Veränderung, Professionalisierung, die Familienstärkungsprogramme, Kinderrechtsthematik. Helmut sagt Verwässerung. Es ist eine neue Zeit. Die letzten sieben Jahre waren schwer gewesen. Er hatte vieles eher mitgetragen als unterstützt. Schwierig. „Advocacy"-Tätigkeit im Wissen, dass der Präsident nicht überzeugt ist. Diszipliniert, aber nicht überzeugt. Pichler lächelt Kutin an, der schaut zur Decke. Die Hände auf dem Tisch, ineinander gefaltet. Alte Hände. Die Diskussionen sind schwieriger geworden. Ein wenig versteht er ihn. Eine Unzahl an Einflüsterern. Harte Schale, um auszusieben. Aber warum tut er sich das noch an. Helmut ist ein guter Großvater. Wäre ein guter. Er hatte immer wieder gesagt, da müssen jetzt junge Menschen ran, die müssen beweisen, dass ihre Ideen gut sind. Aber den Anstoß will er noch geben. Damit es in die richtige Richtung geht. In die für ihn richtige Richtung.

Bei den Budgetzahlen entschuldigt sich Kutin. Er schließt die Tür hinter sich.

Siddhartha Kaul sitzt noch in der Runde. Er schaut auf die Tür, durch die Kutin gerade gegangen ist. Er hatte bis jetzt nichts gesagt. Dreht den Kopf, der Marketing-Mann erläutert Zahlen, wieder zur Tür. Helmut bewertet Menschen, aber nur nach der Frage: Gut für SOS oder nicht? Er unterscheidet nicht zwischen sich und der Organisation. Seine große Schwäche. Seine große Stärke. Vielleicht konnte er nur deswegen diesen langen Weg gehen. Kaul nickt ganz leicht, keiner merkt es.

Kutin holt seine Jacke und hinaus. Eine Runde um das Gebäude. Raus aus dem Büro. Noch ein Meeting und noch eines und eine Besprechung und noch diese juristische Sache und diese. Statt etwas zu tun! Alle jetten zu irgendeinem Meeting, nicht einmal mehr mit Freude, nur Pflicht. Sie kamen früher gerne nach Innsbruck. Zentrale. Kutin schaut durch die gesamte Eingangshalle, dann Schritt ins Freie. Er atmet ein, schaut zum Himmel. „Fundraising-Vorgaben. Ha-Ha." Er greift in die Tasche, eine rauchen, Zigarette, Feuerzeug. Ein Zettel. Der Zettel, ah, Libanon, kleines Mädchen, er hatte sie Prinzessin genannt. Er hatte ihr versprochen, die Botschaft erst später zu lesen. Er steckt die Zigaretten zurück und faltet das Briefchen vorsichtig auf. Halblaut: „Ich konnte mir nie vorstellen, dass Sie ein so normaler Mensch sind. Prinzessin." Kutin schaut auf den Eingang ins Büro. Er ist lieber hier bei dem Zettel.

Er spaziert los, Hände hinter dem Rücken. Gmeiners Dogmen. Seine Dogmen. Zeitgemäß. Er denkt. „Die letzten sieben Jahre waren schwierig." Passt das. Passt das noch. Er muss klare Worte sprechen. Das braucht jeder. Nachdenken für sich. Dann klare Worte. Aus Zentral- und Lateinamerika weitestgehend zurückgezogen, der Kontinentaldirektor wollte größeren Freiraum, war zum Beispiel ein Fehler. Rückschläge gehören dazu. Aber eigentlich volles Vertrauen in die Mitarbeiter. Nur müssen sie etwas tun. Verantwortung hat man nicht. Verantwortung entsteht.

Das Werk langsam übergeben. Auch wenn es schmerzt. Dinge in die Bahnen lenken. Österreich braucht noch klare Führung, die vielen Zweigvereine, Föderalismus. Er lächelt. Es ist nicht mehr alles so ernst. Früher wollte er über jedes Detail Bescheid wissen. Redet vor sich hin: „Ich nehme für mich in Anspruch, dass ich das, was ich konnte, gemacht habe. Es ist an der Zeit für eine neue Generation."

Kutin stoppt, schaut zu den Bergen über Innsbruck. Es liegt Schnee. Er war schon seit zwanzig Jahren nicht mehr Ski fahren. „Es muss ja auch weitergehen, wenn ich nicht mehr da bin."

Auf dem Gang vor seinem Büro ein bekanntes Gesicht. Kutin hebt einen Arm zum Gruß, über dem anderen die Jacke. „Dieter, was tust du in Innsbruck?" Breiter Tiroler Dialekt.

Der blonde Mann lacht zurück. Auch Dialekt. „Ah, wir haben eine Besprechung. Ich muss aber heut' wieder heim." Dieter ist seit vielen Jahren Leiter des SOS-Jugendhauses Osttirol. „Weißt', wir haben da grad einen unheimlich schwierigen Fall."

Kutin hebt die Augen. „Einen Fall. Erzähl!"

„Eine unheimlich schwierige Siebzehnjährige. Da ist nix gegangen. Stunde um Stunde Therapie, Psychotherapie. Ist einfach nicht geworden ..." Kutin stoisch. Er hört zu. „Und an einem Tag hab ich nicht mehr können, weißt', ich hab nicht weiter gewusst. Also hab ich irgendwie den Mut zusammengenommen ... und hab sie einfach fest umarmt." Kutin lächelt ihn an, weiter. „Und gesagt: ‚Schau, wir mögen dich doch.' Da ist sie zusammengebrochen." Kutin zieht die Augenbrauen hoch. „Nein, Helmut! Das war gut. In Tränen ausgebrochen, alles raus." Dieter schaut zu Boden.

Kutin schaut ihn an. Sanfte Worte: „Sie hat eben zum ersten Mal erlebt, dass es nicht nur technisch, psychologisch oder psychotherapeutisch ist, sondern dass da ein Mensch ist."

Dieter hebt den Kopf. „Ja, genau. Das hat den Unterschied gemacht. Jetzt greift halt auch die Therapie viel besser."

Auf den Punkt gebracht, denkt Kutin. „Und wieso ist die jetzt ein Fall, Dieter?"

„Ist sie eh nicht. Aber wir haben das diskutiert. Riesengefährlich." Dieter tritt näher, schaut Kutin in die Augen. „Im nächsten Moment hätte ich wegen sexueller Nötigung angeklagt sein können. Normal ist besser: Hände weg!"

Kutin legt seine Hand auf Dieters Schulter. „Aber dann fehlt der menschliche Kontakt, der letztendlich das Wunder vollbringt, dass Kinder aus der Not zurückfinden. Wir haben in Europa – auch aus Schuldgefühlen – eine überzogene, psychiatrisch-psychologische Welt aufgebaut. Und ein paar haben davon profitiert. Aber die große Masse nicht. Es ist uns abhandengekommen, ganz natürlich mit diesen Kindern umzugehen." Er zieht die Hand langsam weg. Dieter nickt. Er hatte diese Worte gebraucht, nicht mehr. Verabschiedung. Kutin schaut Dieter nach. Zurück zur involvierten Pädagogik. Eine Kinderdorf-Mutter hatte zu ihm gesagt: „Wir wollen Mütter sein! Die psychologische Arbeit sollen die Mitarbeiter machen, aber Mutter bin ich. Ich will nicht Psychologin sein, nicht die Überpädagogin. Ich will ganz einfach Mutter sein."

„Helmut!", aus der offenen Tür zum Büro. Die Sekretärin hatte seine Stimme gehört. „Helmut, Telefon. Vietnam!"

Kutin in sein Zimmer, Jacke auf den Sessel, Hörer. Eine Tochter. Kutin mit dem Blick eines Vaters. Knappe Begrüßung, Lächeln. Alles gut. Kutin steht. Nickt, noch einmal. Schüttelt den Kopf. Hört zu. Dann plötzlich: „Hör mal, es reicht. Jetzt seid ihr alle über vierzig Jahre alt und kommt noch immer mit aufgehaltener Hand." Setzt sich an den Schreibtisch. „Was heißt, zu wem sollt ihr sonst gehen? Ihr seid vierzig." Aber junge Menschen haben das Recht, immer wieder zu ihren Eltern zu kommen. „Dafür werde ich jetzt ausnahmsweise kein Geld hergeben!" Das bleibt bis ans Lebensende. Er kratzt sich mit der freien Hand am Kopf. „Ich sage Nein. Außerdem bin ich in ein paar Wochen bei euch. Dann reden wir weiter."

Er legt den Hörer auf. Schüttelt den Kopf, verdreht die Augen. Und lächelt. Blick in die Luft. Er bleibt an der Vitrine mit den Auszeichnungen hängen. Langsam wandernder Blick. Königsorden Thailand, Großes Verdienstkreuz Deutschland, Päpstlicher Orden, Großes Goldenes Ehrenzeichen Österreich. Das Silberne auch, das hatte ihm mehr bedeutet, er hatte in Vietnam wirklich Österreich vertreten. Schaut auf den neuen Ring am Finger, zum ersten Mal seit heute Mittag. Wieder zur Vitrine. „Ha-Ha. Free man of Zanzibar." Sekretärin, was? „Nix. Eh nix." Der Präsident von Sansibar hatte ihm gesagt, dass Kutin als „Free man" jederzeit einreisen könne. Beim ersten Versuch hatte am Flughafen noch nie jemand von „Free man" gehört. „Ha-Ha." Die Ehrung durch den König in Nepal, wirklich schön. Vietnam. Die Ehrungen aus Vietnam. Stolz. Die hatte er sich verdient.

Helmut Kutin erhielt einhundertdreiunddreißig große Orden, Ehrenmedaillen, Medaillen, Ehrenzeichen, Verdienstkreuze, Verdienstorden, Ehrenurkunden, Freundschaftsorden, zivile Auszeichnung, Zivilorden, Entwicklungsmedaillen, Ritterkreuze, Kulturabzeichen, Ehrenmitgliedschaften, Sterne, Ehrentitel, Abzeichen, Ringe und Becher. Und viele kleinere Auszeichnungen. Er selbst zählte sie nie. Er ist Ehrenbürger der Städte Tacloban, Mexiko City, Santo Domingo, Tehuacán, Campeche, Ho Chi Minh City, Thrissur, Nanchang, Lekenik, Cisnădie, Kotai, Yantai, Arequipa, Rio de Janeiro, Managua, Caicó, Antofagasta, Juigalpa, Colon, Almaty, Puntian, Ürümqi, Lhasa, Kaifeng, Astana, Battonya, Chiloé-Ancud, Chengdu und Moosburg, sowie der Staaten Laos und Sansibar. Einen Ehrendoktor bekam er nie verliehen. Er nahm Gmeiner nie übel, dass daraus nichts wurde.

Es war ihm stets klar, viele Politiker ehrten ihn, um sich selbst zu ehren. Kutin hatte es nie gestört, dass sie sich mit einem neuen Kinderdorf schmücken. Er schlug daraus immer Kapital für die Kinder.

Kutin ist der einzig bekannte Mensch, dem sowohl die südvietnamesische Regierung als auch die Kommunisten-Regierung ihre höchsten Auszeichnungen ansteckten. Ein gemeinsamer Nenner der Kriegsparteien. Es ist über politische Grenzen hinweg möglich, durch die Arbeit für Kinder zu überzeugen. Nach seiner Vietnam-Rückkehr nahm Kutin sich auch der Ehemaligen an, der heruntergekommenen Ex-Kinder Südvietnams. Das machte die kommunistischen Führer erst skeptisch, dann schlug die vietnamesische Seele durch: Sie bewunderten ihn dafür. Es geht nur um die Kinder.

Der Vizeminister, Ex-General und einer der höchsten Kommunisten Vietnams, war während der Verhandlungen hart gewesen. Kurz vor seinem Tod 2002 schrieb er an Kutin. „Die schönste Zeit meines Lebens verdanke ich dem SOS-Kinderdorf."

Im gleichen Jahr erhielt SOS-Kinderdorf die weltweit höchstdotierte humanitäre Auszeichnung, den Conrad N. Hilton Humanitarian Prize.

Blick aus dem Fenster. Noch immer ein schöner Tag. Zu schön. Kutin steht mit einem Ruck auf, geht um den Schreibtisch und nimmt die Jacke vom Sessel. Es reicht. Er geht aus seinem Büro, nickt der Sekretärin zu. Klopft an Richards Büro. Öffnet, noch bevor Pichler „herein" sagt. Kaul am kleinen Besprechungstisch, Tee in der Hand, Beine breit übergeschlagen. Pichler beim Schreibtisch. Kutin schaut Kaul an. Er beneidet ihn nicht um den großen Verein, den er ihm übergibt. Er macht einen Schritt zu ihm, legt die Hand auf seine Schulter. „Größe hat eine wunderbare Kraft, wir können wesentlich mehr Kindern helfen. Das birgt aber die Gefahr, überproportional präpotent zu werden. Bescheidenheit ist ein tragendes Element der Kinderdorf-Arbeit."

Kaul steht auf, Hand auf Kutins Schulter. Tief in die Augen. Ich werde nie du sein. Aber wir sind Freunde. „Helmut, hör nicht auf, uns zu mahnen." Pichler beobachtet die beiden. Schweigt. Kaul sanft. „Bleib geduldig, wenn du uns überzeugst, von der Idee." Äußere Ruhe Helmuts, innerlich verrinnt die Zeit. Er hat keine Zeit mehr. Um Hürden zu überspringen. Die Visionen anzupacken. Um der Welt etwas zu geben. Kutin war einmal ein zorniger junger

Mann gewesen. Irgendwann hat er seine Mitte gefunden. Der alte Mann findet seinen inneren Zorn wieder. Kaul löst sich mit einem Lächeln. „Und jetzt, mein lieber Freund, muss ich auf die Toilette." Er geht, zieht die Tür leise zu. Hält die Schnalle noch in der Hand. Sorgen. Helmut hatte sich immer nur nach innen gekehrt. Familienbesuche, Ehemalige treffen, offizielle Termine mit Politikern. Kaul schaut zu Boden. Nie einen Tag draußen verbracht, Museen, Kirchen, oder zum Strand. Es war ihm früher nicht so aufgefallen. Vielleicht ist Europa nicht gut für Helmut. Vielleicht muss er da raus.

Helmut setzt sich auf Kauls Sessel. Blick zu Pichler. Der schaut auf den Schreibtisch. „Richie, ich weiß, du meinst es gut. Aber wir haben verschiedene Einstellungen. Das Werk ist administrativ viel zu groß geworden."

Pichler schaut auf. Lehnt sich zurück. Entspannung. In Ruhe. „Es ist in der heutigen Zeit nicht anders machbar. Helmut, du hast mit enormer Disziplin an dir gearbeitet, ich weiß es, gegen viel Widerstand. Aber diese Professionalisierung ist notwendig, glaube mir." Er steht auf, um den Schreibtisch. Zieht den Sessel zum Besprechungstisch. Näher. „Du hast uns ein Werk hinterlassen, mit dem wir weiterarbeiten können. Und immer zurückschauen sollen: Was hat der Kutin uns da Essenzielles mitgegeben."

Kutin schaut aus dem Fenster. Es wird früh finster. Augen zu. Erst gestern waren sie in Go Vap auf der Terrasse gesessen, als die Berliner Mauer fiel. Blick zu Pichler. „Ich habe dir immer zu viel Freiraum gelassen. Tausendmal gesagt: So nicht! Und dann doch wieder eingewilligt." Schwere Augen. Sanfte schwere Augen. „Das hätte ich nicht tun sollen. Nicht immer." Kutin steht auf, zum Fenster, Blick hinaus. Dreht sich wieder um. Nachdruck. „Aber du hast es gut gemacht. Und hattest sicher mit manchem recht." Pichler senkt den Blick. „Ich bin der Großvater deiner Kinder, das fehlt mir. Ich werde dich zu Hause bald wieder besuchen. Und dann ..." Pichler hebt den Kopf. Ein Blick, gleichzeitig. „Kein Wort über's Geschäft." Lachen. Eine Absichtserklärung. Kutin geht zur Tür.

Pichler steht auf. „Helmut“, Kutin dreht sich um, „verwurzle dich wieder ein bisschen in Tirol, werde sesshafter. Schieb es nicht ewig vor dir her. Die alten Lebensfreundschaften, ruf sie einmal an.“ Kutin atmet ein, langsam durch die Nase aus. Blick zur Decke. Pichler sanft. „Gönn dir einmal ein paar private Tage.“ Kutin greift zur Türschnalle. Ein Nicken zu Pichler.

Er geht.

Der Taxifahrer ist genervt. Er schlägt regelmäßig auf das Lenkrad. Im Radio ABBA. Kutin dreht den Blick von der Bergisel-Schanze zum Lenker. „In Saigon ist der Verkehr noch schlimmer. Taxifahrer in Saigon und ein Loch im Kopf, meine allerletzten Wünsche.“

Der Fahrer schaut in den Rückspiegel. „Was meinscht?“

Kutin grinst. Schüttelt den Kopf. Nichts. Bald Saigon.

„Da darf man auch nicht durch. Teufel.“ Der Taxifahrer biegt vor dem Umleitungsschild rechts ab.

Stadtteil Pradl. Hier ist Kutin fast nie. Er schaut auf die Häuser. Stau auf der Umleitungsstrecke. Sein Blick fällt auf einen düsteren Hauseingang. Koflerstraße siebzehn. Sagt ihm etwas. Siebzehn, Koflerstraße. Zingerle. Hier hat der Zingerle gewohnt. Das Taxi fährt weiter. Das hatte er vor zwei Jahren in einem Buch über das Monster Zingerle gelesen. Danach war er noch einmal, nach dreißig Jahren, nach Glaning gefahren, unheimlich. Das kleine Marterl für Gertrud ließ er renovieren. Zingerle. Die Stadt zieht vorbei wie ein Leben. Rote Ampel. Kino. Filmplakat. Klingt interessant. Er war ewig nicht im Kino. Sesshaft. Mit einem Ruck dreht er den Kopf nach vorn. „Ich gehe heute um acht da her. Ins Kino.“

„Ja, super.“ Taxifahrer ohne Regung.

Casablanca, das war ein Superfilm. Ein Fisch namens Wanda auch. Ha-Ha. Taxifahrer blickt in den Rückspiegel. Letztens der Film in Laos, nein, Vietnam. Bangkok, ja Bangkok. Er hatte einen Krimi angeschaut, im Fernsehen: Ein Informant sagt in der Bar etwas zum anderen, und der wieder: „I’m overfuckingwhelmed“. Dann fiel der Strom aus.

Es platzt aus Kutin. „Overfuckingwhelmed." Der Taxifahrer schaut nicht einmal mehr.

Kurz nach sieben tritt Kutin vor das Haus. Schöpfstraße. Innsbruck ist finster, kalt und feucht. Er zieht den Reißverschluss zu. Kino. Er schreitet die Straße entlang. Er schaut um sich. Die Heimatstadt. Er geht ins Kino. Vorbei an einer Kirche. Vielleicht schafft er es am Sonntag wieder einmal um neun in die Herz-Jesu-Kirche.

Aus der Kirche kommt eine Dame, sein Alter, sie schaut auf die Stiegen, vorsichtiger Schritt. Unten angekommen hebt sie den Kopf. Er schaut sie an. Sie ihn. „Ja, grüß Gott, Herr Kutin." Sie gibt ihm einen Moment. „Kennst' mich noch?" Vorarlberger Dialekt.

Augen groß, Mund auf. „Natürlich. Griaß di, Schwester Anna-Maria."

„Aber du hast vergessen, was ich dir gesagt habe: Anna genügt."

„Hab ich nicht. Weißt du, ich hab so ein Kastensystem: In dem Moment, wenn ich in einem Land ankomme, mache ich die richtige Erinnerungs-Lade auf und dann hab ich alles." Er lacht sie an.

„Mein Gott, wie lange haben wir uns nicht gesehen?"

„Zwölf Jahre. Ich hab dich damals auf der Straße, gleich da drüben, erkannt. Und aus alter Dankbarkeit auf einen Kaffee eingeladen. Und du hast gesagt: Anna genügt." Er strahlt sie an. „Siehst du, wie mein System funktioniert?"

Sie lächelt, fast verlegen. „Du, ich hab gestern was gespendet für euch. Aber nur zehn Euro."

Kutin hebt den Zeigefinger. „Nix nur. Die Stärke des Kinderdorfes war immer der kleine Spender. Die verstehen das, weil sie es am eigenen Leib spüren. Wenn man viel Geld hat, ist es wahnsinnig schwer, sich davon zu trennen."

Anna lacht: „Sag, hast du nicht gerade Geburtstag gehabt?"

„Ja, ja. Wieder einmal." Kutin schaut zum Himmel.

„Na hör mal, in unserem Alter muss man das feiern."

Kutin schaut sie an. Seine Augen lächeln. „Vor ein paar Jahren gab es einmal in Kathmandu eine Geburtstagsfeier zu meinen

Ehren, immer eher unangenehm. Viele Kinder, Mütter, Mitarbeiter, Fahnen und Blumen. Zwischendrin versuchte sich ein kleiner Pimpf durch die Menschenmenge zu zwängen und wedelte mit einem Zettel. Als er endlich bei mir war, gab er mir das Stückl Papier. Weißt du, was d'rauf stand?" Anna schüttelt den Kopf, Augen weit offen. Sie mag seine Geschichten noch immer. „I also have birthday today." Beide lachen, sie leise, er Ha-Ha.

Sie schaut ihn an. Alt ist er geworden. Aber vor vierzig Jahren war sie auch noch jünger. „Und, was hast du dir zum Geburtstag gewünscht. Einen Traum erfüllt?"

„Ach, herrje. Träume. Meine Zeit ist fortgeschritten, ich träume nur vom Kinderdorf. Dass was wird aus unseren Kindern und Jugendlichen. Früher ...", Augen funkeln, ihre auch, „als wir das Kinderdorf bei Bangkok aufgemacht haben – da ist so ein kleiner Kanal daneben, Khlong nennen sie das –, da hatte ich immer den Traum, ein kleines Boot mit Außenbordmotor zu haben und statt in dem furchtbaren Verkehr auf diesem Khlong nach Bangkok hineinzufahren. Und auf den Philippinen wollte ich mir einmal eine kleine Insel kaufen, ein paar Tausend Schilling hätte das gekostet. Aber als ich dort war, war es furchtbar: nur Moskitos." Anna lacht auf. Sie denkt an die Narben auf seinen Beinen, damals im Krankenhaus. Mein Gott, vierzig Jahre. Kutin ernster. „Und der dritte Traum war die Transsibirische Eisenbahn. Der Hermann und ich wollten gemeinsam. Aber es ist immer was dazwischen gekommen. Afghanistan-Krieg, was weiß ich." Sie schaut ihm in die Augen. Was für ein Leben. „Ich hab eigentlich nur den Traum, dass wir endlich aufhören, uns gegenseitig zu erschießen für nix und wieder nix. Am Ende bleibt alles gleich. Die Armen werden wieder leiden und die Reichen ihr Geld gemacht haben."

Anna-Maria nickt. Die Glocke schlägt halb acht. Kutin muss ins Kino.

Die Halle des Kinocenters ist grell. Es riecht nach Essen. Kutin schaut zu einem der Stände. Spezialitäten aus Vietnam. Er schüttelt den Kopf, grinst. Die Geschäfte geschlossen. Hinter der Glaswand eines Elektrogeschäftes viele Fernseher, aber nur ein Programm. Nachrichten. Schlagzeilen. Leichen in Tibet. Kutin schaut. Denkt. „Sehen sich die in China auch europäische Leichen an?"

Die gute Freundschaft zwischen dem Dalai Lama und Helmut Kutin erlebte zwei Erschütterungen. Die Lieblingsnichte seiner Heiligkeit leitete das Kinderdorf Masuri. Bis der Dalai Lama sie zu sich beorderte, sie habe eine moralische Verpflichtung ihm und dem tibetischen Volk gegenüber. Kutin traf ihn zum Gespräch in einem Hotel in Delhi. „Das geht nicht. Unser Projekt kracht zusammen. Wir haben Tausende Patenschaften hier, ich brauche diese Frau." Der Dalai Lama reagierte böse. Die beiden Freunde trennten sich ohne Bruderkuss. Nach einigen Jahren kam die Schwester des Dalai Lama auf Kutin zu: „Seine Heiligkeit ist der Meinung, dass ihr jetzt in Tibet ein Kinderdorf machen könnt." Kutin fragte nach, überrascht. Wirklich? Ja, ja. Er verhandelte mit der chinesischen Regierung. Gegen das Versprechen, auch ein Kinderdorf in Ürümqi zu bauen, bewilligten sie jenes in Lhasa. Der tibetischen Exiljugend gefiel das Engagement nicht, sie kolportierte seiner Heiligkeit, dass Kutin eigenhändig chinesische Kinder bevorzugte. Absolute Funkstille.

Einige Zeit später waren Kutin und der Dalai Lama zugleich im indischen Varanasi, Kutin wartete auf seinen Flug. Als der Dalai Lama ihn sah, trat er unvermittelt auf ihn zu, umarmte ihn: „Long lost son." Warum und weshalb? Bruderkuss. Seitdem ist das Verhältnis wieder gut.

Bei einem Treffen in Masuri erklärte er Kutin, dass er über das Kinderdorf in Tibet nicht begeistert war: „Hast du darauf gedrängt, dass nur tibetische Kinder im Dorf sind? Nur tibetische Mütter? Tibetisch als Sprache?" Kutin: „Das ist unmöglich, außerdem gibt sowieso kein Chinese sein Kind zu Tibetern."

Die einzige chinesische Mutter im SOS-Kinderdorf Lhasa sprach besser Tibetisch als die tibetischen Mütter, sie liebte das tibetische Gedankengut. Die anderen Mütter sahen in ihr eine Spionin. Sie haben sie vertrieben.

Kutin blickt auf die Uhr, noch Zeit, starrt auf den Bildschirm. Syrien. Baschar al-Assad, Kutin schüttelt den Kopf, er hatte den syrischen Herrscher zweimal besucht, so etwas von Feinheit, Offenheit, Verständnis und Mitarbeit. Und jetzt das wahre Gesicht! Wie geht das? Wieso Krieg, schon wieder? Alle schreien, aber in einem Jahr wird Syrien von der Welt vergessen sein. Aus der Kritik wird immer Vergessen. Man muss froh sein, dass manche sich an Ruanda erinnern. Kambodscha schon weniger. Die ewigen Flüchtlingslager in Burundi oder in Südindien, seit dem Zweiten Weltkrieg. Längst leben dort die Kinder und Enkel der damals Geflüchteten. Kutin schaut in die Luft. Die Wichtigkeit des SOS-Kinderdorfes ist die Permanenz, noch da zu sein, wenn alle anderen schon wieder weg sind. Denn dann leiden die Menschen besonders, weil sich niemand mehr kümmert. Elend bleibt, auch wenn die Hilfe geht.

Blick auf die Uhr, fünf vor acht, Kutin dreht sich um. Kassa. Kino. Er kauft eine Karte. Als er vom Schalter weggeht, ruft ein Kind. „Opa, Opa!" Es läuft auf ihn zu. Die Mutter dahinter. Das Kind bleibt ein paar Meter vor ihm stehen. Die Mutter nimmt es an der Hand. „Entschuldigung, er hat sie wohl verwechselt."

Kutin schaut auf die Kinokarte. Zur Mutter. Auf das Kind. Große Augen. Er greift in die Jackentasche. Ein Luftballon für den Buben. Lächelt beide an. „Das macht nichts. Wissen Sie, wenn ich in Saigon spazieren gehe, kommt es vor, dass mir Kinder entgegenlaufen und ‚Opa, Opa' schreien. Das sind die Kinder von meinen Kindern."

Die Mutter zieht ihre Augenbrauen zusammen. Ihren Bub an der Hand, geht sie einen Schritt zurück. „Na, nix für ungut, auf Wiederschauen." Gequältes Lächeln. Weg.

Kutin schaut den beiden nach. Dann auf die Kinokarte. Bald Dalat.

Er geht.

Tag 11.
Bangkok.

Er legt den Pinsel zur Seite. Ein blauer Tropfen löst sich langsam. Trifft auf das grüne Wasser des kleinen Kanals, ein Khlong, der neben dem SOS-Kinderdorf fließt. Wo die Farbe einschlägt, bilden sich Wellen. Kutin verfolgt mit seinem Blick die erste, bis sie am gegenüberliegenden Ufer, zehn Meter weiter, ankommt. Er dreht den Kopf zu seinem Werkstück. Die blauen Linien glänzen in der Sonne. Der weiße Lack darunter ist längst trocken. Er schaut zum Himmel. Keine Wolke. Klar und warm, nicht zu heiß. Nicht schwül. Unüblich für Bangkok. Das Wetter hat seinen Frieden geschlossen.

Das Boot ist fertig. Holz, vier Meter lang, zwei Bretter zum Sitzen. Weiß und blau. Kutin mag blau. Er schaut auf seine kurze schäbige Hose. Dazu trägt er ein Hemd ohne Kragen, die Knöpfe geschlossen. Blick wieder auf das Boot. Es schaukelt sanft im Wasser. Ha-Ha, sehr langsam, sehr sanft. Das Leben hat ihn schlussendlich nach Bangkok gespült. Es war ein gutes Leben. Das Boot wird er selbst steuern. Nicht Zingerle, nicht Gmeiner, nicht die Kommunisten. Er hat es gebaut, mit asiatischem Fleiß. Er hat angepackt. Er wird es steuern.

In der Sonne trocknet der blaue Namenszug „Ku Tin".

Er schaut sich um. Kein Kind läuft durch das Dorf. Trotzdem ist es nicht leer. Auf der anderen Seite des Khlongs die Straße, immer wieder Mopeds. Von der Straße zum Dorf die Bogenbrücke. Hatte er bauen lassen, gegen das Gesetz.

Kutin geht rund um die „Ku Tin". Beim Außenbordmotor bleibt er stehen, kratzt mit dem langen Nagel des kleinen Fingers einen Kleberrest weg.

„Alter Freund, du bist noch da?" Die Stimme kommt von der Brücke. Kutin dreht sich um. Hun Sen. Alter Freund ist übertrieben. Er war für den kambodschanischen Premierminister eher das soziale Gewissen gewesen. Von Korruption und Macht alleine kann der Mensch nicht leben. Dafür zog ihm Kutin Unterstützung aus der Tasche. Von schönen Worten alleine können die Kinder nicht leben.

Kutin lacht ihn an: „Ich habe euch immer gesagt, wir sind nicht gekommen, um schnell wieder zu gehen, sondern um zu bleiben."

„Das haben wir gemerkt." Hun Sen kommt die Brücke herunter, breites Lachen, Umarmung. „Wenn du gekommen bist, wusste ich immer: Das wird teuer." Kutin lässt seine Hand auf Hun Sens Schulter. Sie schauen einander an, Erinnerungen ohne Worte.

Der Premierminister deutet auf die ausgebeulte Brusttasche von Kutins Hemd. „Du rauchst nicht mehr?"

„Ich habe immer gesagt, eines Tages werde ich die Zigaretten auch noch weghauen, bevor ich sterbe. Damit alles weg ist." Zuletzt hatte er nach der Wirbelsäulen-Operation im Jahr 2004 nicht geraucht. Zwei Tage lang. „Warum bist du gekommen?"

Hun Sen dreht sich zum Boot, streicht mit einer Hand über den weißen Lack. „Ich wollte …", er schließt die Augen. Blick zu Kutin. „Ich wollte dich um Verzeihung bitten."

Kutin zieht die Augenbrauen zusammen. „Du hast mir ja nichts getan."

Hun Sen dreht sich zu ihm. „Für uns alle. Sie haben mich geschickt. Die Länder. Die Herrscher. Weil du geblieben bist. Immer wieder. Du hast der Welt etwas gegeben."

Kutin hat den Mund offen. Pause. Dann plötzlich. „Ha-Ha." Er tritt auf der Stelle, Blick zu Boden, in die Luft, auf den Premier. „Also, das will ich nicht hören. Ich habe es genommen, wie es gekommen ist. Wie's kimp, wird's g'fress'n." Er dreht sich weg, greift nach einem kleinen Tuch, hebt den Pinsel auf, wischt ihn ab. Legt ihn weg. Zum Boot. Schaut es an. Wieder zu Hun Sen. „Wer bin ich denn? Bildet euch nichts ein. Ich bin für die Kinder eurer Länder über all die Schatten gesprungen. Bin kein Richter, bin nicht Gott. Man muss immer wieder die Hand zum Verzeihen ausstrecken. Nehmt euch selber nicht so wichtig." Zwei Schritte weg.

Der Premier nach, stellt sich vor ihn. „Ja, eben. Wir nehmen dich wichtig, Helmut." Kutin setzt sich ins Gras. Der Premier zögert.

Setzt sich auch. Beide schauen auf das grüne Wasser. „Ich dachte immer, du wirst am Ende in Dalat sein."

Kutin zupft einen Grashalm, steckt ihn halb in den Mund. „Es ließ sich nicht realisieren. Eine Wunschvorstellung. Klima gut, Menschen nett, Essen gut." Kaut auf dem Halm. „Aber Bangkok ist gut. Das Dorf ist wunderbar. Jetzt bin ich hier." Er dreht die Augen zum Boot, Kopf starr, heimlich. Lange wird er nicht mehr bleiben.

Er schaut den Premier an. „Ich wusste immer, es wird der Zeitpunkt kommen, wo es wahnsinnig schwierig wird. Wenn ich allein bin in Innsbruck. Ich hab viele, aber auch niemanden in der nächsten Umgebung. Einen Preis muss jeder bezahlen."

„Wofür zahlen? Du hast doch gegeben."

Kutin schaut ihn kurz an, dann steht er auf. Es genügt. Er legt Hun Sen die Hand auf die Schulter. „So, ich muss mich jetzt zurückziehen."

Vor dem Haus wird Kutin erwartet. Tim sitzt auf der Steinbank neben dem Eingang. Augen geschlossen, Kopf zurück, Gesicht zum Himmel. Kutin stellt sich in die Sonne. Tim blinzelt. Sie springt auf. „Papa!" Sie streckt die Hände nach oben, um den Hals, Kutin bückt sich ein bisschen. Seine thailändische Obertochter ist viel kleiner. Als sie ins Dorf bei Bangkok gekommen war, war sie vier Jahre alt. Und Kutin gerade aus Vietnam gewiesen worden.

Tim löst die Umarmung, steht vor ihm. Poloshirt, Schmuck, teure Sonnenbrille. Sie hat es geschafft. „Ich bin deine liebste Obertochter, stimmt's?" Tim grinst, ein Ritual.

„Jawohl. Das stimmt." Ein Moment, beide warten. „Die liebste Obertochter in Thailand." Sie lachen gemeinsam. In Kutins Kopf alle zwanzig Obertöchter rund um die Welt. Er hatte sie alle viel zu lange nicht gesehen. Obersöhne hatte es nie gegeben. Die Burschen wussten immer genau, dass er von ihnen mehr verlangt. Er lächelt Tim an.

Sie zieht ihn zur Steinbank. Setzen. „Es ist so schön, dass du wieder da bist, Papa."

Kutin nickt. Er zögert. Sie spricht weiter. „Du hast es mir beigebracht. Immer sagen, was man denkt. Gerade heraus." Er lächelt, blickt zu Boden. „Uns allen, Papa. Das hast du uns Asiaten beigebracht. Und Vertrauen, das auch." Sie legt eine Hand auf seine Schulter, er blickt weiter zu Boden. „Du musst nicht mehr stark sein. Wir haben immer gewusst, dass du weicher bist als du zugibst. Du hast es lange genug geschluckt." Tim macht ein lautes Schluckgeräusch. Er schaut sie an, ein kleines Lachen. Auch ihr zuliebe. Tims Scherze. Zur Aufheiterung. Wirksam.

„Als du mit deinen Geschwistern gekommen bist, habt ihr nichts mitgehabt. Ich bin noch am gleichen Abend mit zwei Müttern in ein kleines Geschäft für Ausländer gefahren, mitten in der Stadt, hab Windeln und Puder und Zeug gekauft. Die Mütter haben gelacht, die hätten das schon anders gelöst, aber ich habe geglaubt, das brauchen wir jetzt." Tim legt den Kopf ein wenig schief. Und lächelt. „Am nächsten Tag waren alle Zeitungen in Bangkok voll: Ausländer kauft mit seinen zwei Thai-Frauen Babysachen ein." Tim kneift die Augen zusammen, lacht, erst stumm, dann bricht es heraus.

Wieder ruhig. Sie legt die Hand auf seine Wange. „Danke, Papa."

Kutin presst die Augen zu. „Ich muss mich zurückziehen."

Er nimmt den Tennisschläger in die Hand. Dreht ihn. Erinnerung. „Nie verwendet." Kutin stellt sich in die Mitte der Kemenate, holt aus und macht einen langsamen Vorhandschlag in der Luft. Schaut den Schläger noch einmal an, legt ihn zu den Sachen, die nicht mitkommen. Neben den Henning-Mankell-Krimi. „Netter Kerl." Mankell hatte in Mosambik ein Dorf finanziert.

Er mustert den Raum. Schreibtisch, Schreibmaschine, Schlafplatz. Die gesamte SOS-Kinderdorf-Arbeit in Asien. „Hat auch funktioniert." Er schaut auf die Tür des zweiten Zimmers. Gmeiners Zimmer. Gedanken, Bekenntnisse und Eindrücke. „Gmeiners Philosophie-en". Kutin wendet sich wieder der Tasche zu. Seit der ersten Abreise in Innsbruck 1968 hatte er auf Reisen immer zu viel mitgenommen. Diesmal nicht. Wo er hinfährt, braucht er nicht mehr viel.

Kutin setzt sich auf die Couch, er ist müde. Starrt auf den Couchtisch. Wie viele Abende? Immer auf dem Sprung, Philippinen, Korea, Japan, Taiwan, Bangladesch, Nepal, Indien, Pakistan, wieder von vorne. Und Innsbruck. Innsbruck.

Es klopft.

„Ja, bitte." Kutins Stimme ist leise. Lauter: „Herein."

Die Tür wird langsam geöffnet. Der Schreiber steckt zuerst seinen Kopf herein. „Helmut, darf ich?" Nicken. Tritt ein. Handbewegung Kutin, der Schreiber setzt sich.

Kutin lehnt sich vor, Ellenbogen aufgestützt. Zögernd. „Mir ist ein Titel eingefallen: ‚Meine Töchter, meine Söhne'. Ist aber zu kitschig, gell?" Erwartungsvoll.

Der Schreiber wackelt sanft mit dem Kopf. „Sollte das Buch nicht eher von deinem Leben erzählen. Das mit einem Ende begann und gut geworden ist?"

Kutin schaut auf den Tisch. „Du machst das schon. Ich habe dir meine Geschichte erzählt, auch das Negative. Mach du etwas draus." Blick zum Schreiber. „Das Kind soll im Mittelpunkt stehen. Ich bin nur der Aufhänger." Er greift zu einem Stoffarmband auf dem Tisch. Ein Willkommensgeschenk aus Korea. Darauf gestickt: Mr. Ku Tin. Er steckt es in die Brusttasche.

„Eine Frage habe ich noch." Der Schreiber schaut Kutin an. Erst als Kutin den Kopf zu ihm dreht, fährt er fort: „Wie geht deine Geschichte aus?"

Aus Kutins Seufzen wird ein Lächeln. Unverbittert. Er schaut in den Raum. „Manches Mal denk ich mir: Herrgott, gib mir halt noch ein bisschen Zeit, dass ich diesen Scheiß erledigen kann. Aber der Tod wird kommen, wenn er kommt. Kurz und schnell, hoff ich, nicht ans Bett gefesselt, getragen werden und gewaschen. Das möchte ich nicht, denn ...", er dreht den Kopf zum Schreiber. Die Augen weit offen. Keine Regung. „Ich hab eigentlich niemanden, der das machen kann." Augen zu. Innere Ruhe. Das Boot wartet. „So, jetzt haben wir's. Ich werde mich jetzt zurückziehen."

Der Schreiber steht auf, ein Nicken, fast eine Verbeugung. Geht zur Tür.

„Eines noch." Kutin hält ihn zurück. „Schreib zum Schluss: Wenn ich im Ausland sterbe, will ich verbrannt werden. Da machen wir keinen Riesen-Zinnober mit Überstellung. Und falls in Tirol, dann in das Familiengrab auf dem Friedhof in Imst. Das passt besser als das Kutin-Grab in Bozen."

Der Schreiber nickt und zieht die Tür auf. Er stoppt. Zu Kutin. „Nicht im Dorf wie der Gmeiner?"

Kutin steht auf. „Das verbiete ich. Kommt nicht infrage." Er ist nicht der Gründer.

„Was soll auf dem Grabstein stehen?"

Er schaut hinunter. Denkt. Beißt sich auf die Lippe. Blickkontakt. Zuckt mit den Schultern.

Der Schreiber geht, Tür zu.

Kutin: „Wir sind alle gleich."

Ein Fuß im Boot, einer auf dem Steg. Kutin hebt die Tasche in die „Ku Tin". Es ist eine kleine Tasche. Er hebt das zweite Bein ins Boot. Setzt sich auf ein Brett, der Motor im Takt. Greift zum Steuer.

Kutin spürt eine Hand auf seiner Schulter. Er dreht sich zum Steg. Ein Bub, vielleicht zehn oder zwölf Jahre alt. Weiße Haut, dunkle, dichte Haare, nicht gekämmt.

Er schaut den Buben an. Er kennt ihn. Aber woher?

Der Bub steckt die Hände in die Hosentaschen und setzt sich auf den Steg. „Wohin willst du?"

Kutin lässt den Gashebel los. „Wo Frieden ist."

„Hier ist doch Frieden. Warum fährst du weg?"

„Es ist später geworden in meinem Leben. Mein Haus ist bestellt."

„Aber du hast kein Ziel."

„Oh, ich habe viele Ziele. Ich war nie auf Vanuatu." Schaut dem Buben in die Augen. „Hast du gewusst, dass dort die glücklichsten Menschen der Welt leben? Angeblich weil die Menschen weniger Ansprüche haben, mehr miteinander leben, sprechen, teilen. Dort könnte ich hin."

„Bist du glücklich?"

„Ich kann mich nicht beklagen."

„Hast du denn alles erreicht?"

Kutin dreht den Kopf, Blick ins Boot. „Ich habe mich immer bemüht. Nichts ist perfekt. Als ich das erkannte, lebte ich besser. Allen Kindern ein Zuhause geben, das bleibt eine Vision. Wer das Träumen aufgibt, gibt alles auf. Die Realität macht Menschen kaputt."

„Weißt du schon, wer du bist? "

Kutin nickt. „Ein ganz normaler Kinderdorf-Vater. Für die ganze Welt."

„Wo ist deine Familie."

„Über die ganze Welt verstreut." Kutin steht auf, das Boot schaukelt. Er steigt auf den Steg. Kniet sich vor dem Buben nieder. „Ich bin für immer dein Vater, aber ich kann nicht mehr für dich sorgen. Weil ich für dich verantwortlich bin."

Der Bub senkt die Augenlider. Ängstlich. „Warum kniest du?"

„Weil du es verdienst. Jedes einzelne Kind hat es verdient." Er streichelt dem Buben über den Kopf. „Leb wohl."

Kutin steigt in das Boot.

Der Bub steht auf. Schaut zu Kutin. „Fährst du ganz allein?"

„Das ist der Preis."

„Wofür? Hast du nicht immer gegeben?"

Kutin greift zum Gashebel. Er schaut den Bub an. „Ich habe viel mehr bekommen. Ein Leben. Wo keines vorgesehen war. Ich bin nicht einsam."

„Kommst du wieder?"

Kutin greift in seine Hosentasche und streckt dem Bub seinen letzten Luftballon entgegen. Der Bub lacht über's ganze Gesicht. Er nimmt ihn.

„Ich werde nie weg sein."

Danke

In Bangkok sagte Helmut Kutins „Obertochter" Kim zu mir: „Sie wissen, es ist eine große Ehre und ein Auftrag, das Buch über das Leben meines Vaters zu schreiben. Als er mir davon erzählte, habe ich ihn gefragt: ‚Vertraust du ihm?' Er sagte: ‚Ja. Er ist derjenige, dem ich es anvertraue.'"

Als ich dich zum Schluss unserer dreiwöchigen Gespräche fragte, wie du dir dieses Buch vorstellst, war deine Antwort: „Ich habe dir meine Geschichte erzählt, mach etwas daraus. Schreib auch das Negative. Ich möchte das Buch erst sehen, wenn es gedruckt ist."

Danke, Helmut. Für die Möglichkeit, für das Vertrauen. Und für die Freiheit. Es war mir eine Lektion.

Tina Vermeer danke ich für Organisation, Inspiration und die Vision für dieses Buch. Ebenso allen anderen, die im SOS-Kinderdorf Zeit für dieses Projekt aufgewendet haben. Und der Generali Österreich für die Finanzierung der Recherche-Reisen. Danke.

Carina Kerschbaumsteiner ist das Sicherheitsnetz, das ich beim Schreiben brauche. Es ist es schön, einen Verlag zu haben, der an ein solches Buch glaubt. Danke.

Ohne Lisa Arnold hätte es dieses Buch erst in vielen Jahren gegeben. Danke für die intelligenten Abschriften der Interviews.

Katrin, es ist so wertvoll, mit einem Mädchen verheiratet zu sein, das eine Vision so sehr unterstützt. Danke für die Opfer, die du gebracht hast. Ich verspreche dir, deine Visionen auch immer zu unterstützen.

Allen Kinderdorf-Müttern und Dorfleitern danke ich. Ihr habt mir gezeigt, was ein Zuhause wert ist.

Vor allem danke ich jedem Kind, dem ich begegnet bin. Gebt nie auf. Diese Welt gehört euch. Auch dir, mein Sohn Valentin. Ich liebe dich.

Herzlichen Dank an
die Generali Gruppe Österreich
für die Realisierung dieses Buches

Verlagsbüro W. GmbH
www.metroverlag.at

Printed in the EU
ISBN 978-3-99300-151-3